2018 年 10 月摄于上海

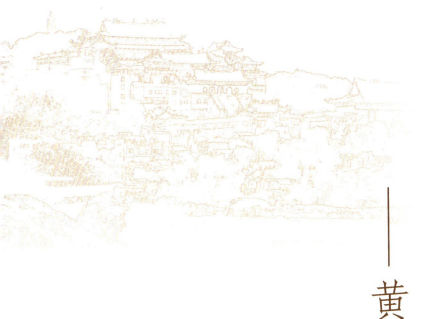

杏坛踏痕

——黄良汉文集

黄良汉 著

上海大学出版社
·上海·

图书在版编目(CIP)数据

杏坛踏痕：黄良汉文集/黄良汉著．—上海：
上海大学出版社，2022.9
 ISBN 978-7-5671-4514-6

Ⅰ.①杏… Ⅱ.①黄… Ⅲ.①高等教育—文集
Ⅳ.①G64-53

中国版本图书馆CIP数据核字（2022）第142284号

责任编辑　傅玉芳
封面设计　柯国富
技术编辑　金　鑫　钱宇坤

杏坛踏痕——黄良汉文集
黄良汉　著

出版发行	上海大学出版社
社　　址	上海市上大路99号
邮政编码	200444
网　　址	www.shupress.cn
发行热线	021-66135112
出 版 人	戴骏豪
印　　刷	上海华业装潢印刷厂有限公司
经　　销	各地新华书店
开　　本	787mm×960mm　1/16
印　　张	21.25
字　　数	348千字
版　　次	2022年9月第1版
印　　次	2022年9月第1次
书　　号	ISBN 978-7-5671-4514-6/G・3458
定　　价	80.00元

1956年7月,福建莆田二中初中毕业全班团员合影(一排左1为作者)

1958年12月,福建莆田二中高中毕业前全班团员合影(一排左1为作者)

1964年7月,华东师范大学数学系五九级函数班毕业师生合影(三排右3为作者)

1964年8月，华东师范大学毕业分配至教育部工作时在部机关门前留影

1969年，下放安徽凤阳五七干校时教育部中学司全体同志合影（二排左2为作者）

1975年，大女儿文莉4岁时一家三口合影于上海

1988年，在上海工业大学（现上海大学）听取常务副校长徐匡迪教授做学术报告（右2为作者）

1992年8月，与上海市政府教卫办教育处的同志在一起（右4为作者）

1993年春节，陪同上海市教卫办主任王生洪到上海音乐学院院长贺绿汀家拜年（右1为作者）

1992年11月,作为上海市咨询专家委员会主任参加"上海市与德国下萨克森州汽车工程专业合作会议"(一排右4为作者)

1993年7月,陪同吴启迪副校长(右1)感谢德国下萨克森州文教部部长对同济大学汽车系建设的支持与帮助

1994年11月,率上海市教育代表团访问德国狼堡市,《狼堡日报》刊登的消息与照片(左4为作者)

1996年6月，率上海市中学校长访问团考察台湾教育（右4为作者）

1996年10月，与杨国顺同志（左1）一起在上海接待国家教育部人事司司长钱一澄（中）一行

2000年1月，率复旦大学、上海交通大学等12所高校人事处处长赴北京招聘人才在清华大学合影（一排左8为作者）

2001年7月2日，上海市教委人事处全体同志参观中共一大会址（一排左4为作者）

2008年8月，与参加第八届澳门、上海、台北、香港青少年朗诵表演比赛获奖的上海学生合影

2003年11月17日，参加在南京举行的"苏步青数学教育奖"颁奖大会与复旦大学郭超豪院士合影

2008年12月，参加上海市福建商会年会时与吴孟超院士（中）、上海市经信委副主任陈跃华合影

2017年1月，与中国工程院院士林元培（中）、谢敬通高工在林院士办公室合影

2008年,上海新中中学校庆时徐阿根校长热情接待上海交大翁史烈校长(中)和作者

2014年3月,陪同上海市原副市长谢丽娟和复旦大学原校长王生洪在市政协会见爱国人士周肇源先生

2019年10月6日,参加华东师范大学校庆日活动与梅兵副校长(中)在会场合影

2008年,参加市教研室召开的会议时与老教育家吕型伟合影

2013年秋,参加市教改研讨会时与于漪老师合影

2015年10月,到福州拜访福建省委原秘书长黄文麟校友

2004年6月，作者作为全国高等院校人才联合会副会长参加广西南宁举行的年会

2004年7月，参加在呼和浩特市召开的全国教育基金会工作研讨会（一排左4为作者）

2007年9月，上海市中小学幼儿教师奖励基金会成立20周年时与秘书处同事合影

2009年4月,参加上海市郊区小学校长培训班结业合影

2013年4月,在上海"东方绿舟"接待云南省少数民族优秀教师

2016年7月,应上海工业大学(现上海大学)机械系学生邀请出席毕业30周年返校活动(二排右4为作者)

2013年11月，参加福建莆田二中56—59届初高中学友"三喜同庆"联谊大会留影（一排右8为作者）

2018年10月6日，与妻子黄玉玲同聚母校华东师范大学

2019年，参加华东师范大学数学系59级入学60周年纪念活动（三排右2为作者）

2018年10月,参加在上海举行的福建莆田二中(哲理中学)上海校友会年会合影(一排右10为作者)

2020年12月26日,福建莆田二中上海校友欢聚(一排右5为作者)

2021年11月,与名誉会长谢敬通、会长黄银贤相聚在上海市莆田商会

2021年6月19日,与机关老干部合唱团参加上海市老干部庆建党百年主题活动(二排右6为作者)

2018年8月,在上海邂逅著名歌唱家杨洪基

2021年6月19日,参加上海市老干部庆建党百年主题活动与96岁著名指挥家曹鹏合影

2019年9月9日，随莆田二中曾加华校长一行参观洪杰校友（一排左2）创办的三棵树工业园

2020年4月19日，与莆田市教育局局长、莆田学院老书记、莆田一中老校长相聚于莆田

2020年10月27日，副校长龚思怡热情接待作者所在的退休支部考察上海大学

1993年,与父母亲及全家相聚于莆田

1999年8月,与岳母及全家欢聚于上海

2013年9月17日,四代同堂在莆田庆父亲黄家勋百岁寿辰

2009年10月18日，与岳母及小女婿的亲家合影于上海

2014年7月，全家相聚美国大女儿家，在哈佛大学校园合影

2015年6月，与大女婿的亲家及全家相聚在福州

2007年10月，和妻子与小女儿文蔚欢聚于澳洲悉尼

2012年12月，和妻子与大女儿一家赴欧洲"双牙"旅游时在西班牙马德里皇宫前留影

2014年6月，和妻子与大女儿、小女儿全家在加拿大魁北克留影

1993年10月,获上海市科学技术进步奖三等奖

2018年6月,被评为上海市教卫直属机关优秀共产党员

2021年6月,被评为2021年度上海市教卫直属机关离退休干部优秀党务工作者

1990年3月，参与撰写的《高等教育发展战略研究》被评为学会优秀著作一等奖

1990年10月，被聘为上海市普通高等学校办学水平评估工作组副组长

1991年11月，参加的研究课题获上海市科技进步奖一等奖

自 序 | preface

在亲朋好友和老同事、老同学及家人的大力鼓励与支持下,我的这本文集终于由上海大学出版社付梓出版了!因为我一辈子在教育界工作,在教育这块园地里耕耘,杏坛相传为孔子讲学处,这里我也借用杏坛象征我从事教育事业,所以我取书名为《杏坛踏痕》,它反映和记录了我一直为教育事业积极努力踏实工作与思考的足迹。

1953年至1959年,我在故乡——福建莆田第二中学就读初、高中。中学时,我受人们常说的"学好数理化,走遍天下都不怕"的影响,努力学习,我的数学成绩不错,因此高中毕业后我考入华东师范大学数学系(五年制本科)。其实中学时,我对文史科也很感兴趣,喜欢看文史类的书籍,还常常写些小文章在班级墙报上发表,初三时还曾获得过全校作文比赛第一名。1964年8月,我从华东师范大学毕业,被分配到国家教育部中学教育司工作,有机会参与文件起草、写调研报告、为领导撰写讲稿等事宜,练笔的时候更多了!"文化大革命"期间,教育部的干部都下放到安徽凤阳教育部"五七干校"劳动锻炼,1972年重新分配工作,我作为支疆干部,被分配到云南省教育厅工作了三年,当时正好有个"对调"的机会,1975年8月,我有幸调回上海,到上海工业大学(现上海大学)担任数学教师,同时解决了夫妻分居两地问题。在上海工业大学数学教研室任教十年中,由于我全力以赴认真备课、上课,我的教学效果相当不错,并与学生打成一片,受到学生欢迎,我所教的学生日后都事业有成,其中有多位是教授、博导,还有的任大学副校长或大型企业的厂长,至今他们都还记着我,与我保持着密切的联系。1986年底,上海工业大学成立高等教育研究室,可能由于我过去有教育行政管理工作的经历,校领导调我到校部高教研究室任副主任,并与主任一起主编上海工业大学《高教研究》期刊,从此我又开始成天与文字打交道,而且丢下数学,正式转轨专注于高等教育理论与实践之研究工作。当时,高教研究室在徐匡迪常务副校长的直接领导下,为上海工业大学的发展与深化教学教育改革出谋划策,发挥了积极作用,并完成了多项市里下达的重大课题,获得各方面及师生们的肯定。1990年7月我奉调离开上海工业大学,到上海市人民政府教育卫生办公室教育处任处长兼研究室主任。1995年,上海市教卫办、市高教局和市教育局撤销成立上海市教育委员会,我被任命为市教委人事处处长直至退休。退休后我被返聘到上海市中小学幼儿教师奖励基金会任副理事长兼秘书长,直至2014年结束返聘完全退休。

本文集的第一辑"杏坛心　改革路　追梦行",主要汇集的是我先后在上海工业大学高教研究室、市教卫办教育处、市教委人事处及市中小学幼儿教师奖励基金会任职期间所撰写和发表的文章。

我从大学数学教学转轨进行教育与管理研究后,走上了教育改革与发展的研究探索之路,踏足杏坛,追梦前行。我关注的重点放在了关于教育的前瞻性、战略性和可持续性发展的探讨与研究,关于高校评估体系、指标和政策研究,关于教师队伍和校长队伍的建设与专业化发展的研究,关于教育人事制度改革与发展的研究,关于学生的全面发展和素质教育如何落到实处的研究,以及关于教育基金会如何更好地为教育和教师服务的研究,等等方面,这些文章比较详细地阐述了我研究的观点、建议与思考,如今回过头来看,这些文章所阐述的理念与观点似乎仍没有偏差或落后,这是我颇为庆幸的。而且,由于我既是教育研究者又是教育行政管理者,当时我共同参与的上海教育发展战略研究成果被写入上海市教育十年发展规划及市领导工作报告中;"普通高校合格评估制度研究"成果被运用到高校评估工作中;对教育人事制度改革和教师、校长队伍建设的研究成果,有的写入了下达的红头文件中,等等。

第一辑还编入了我在上海市高校退管会、市教育人才交流协会、市中小学幼儿教师奖励基金会工作时的一些发言稿和讲话稿,以及我学习邓小平同志有关论述和习近平总书记系列重要讲话的体会等文章,这些都是平时我比较注意学习、积累与思考留下的文字。这里要特别感谢过去与我共同工作过的同事、同仁对我工作的支持与帮助,感谢有关领导对我的关爱和指导。

多年来,我一直积极参加中学母校福建莆田第二中学学友和校友联谊会的活动以及华东师范大学数学系1959级—1964届校友联谊会的活动,前后共担任了十一年莆田二中(哲理中学)上海校友会会长,还在三十多年里作为华东师范大学数学系年级校友联谊会的两个召集人之一，为校友活动的组织和落实尽心出力，所以本文集第二辑"乡亲情　母校恩　同学谊"，集中汇编了我在莆田二中1956届初中、1959届高中联谊会创办的《联谊园》上发表的文稿，其中有我参加莆田二中学友、校友联谊活动及母校相关活动的发言稿、讲话稿与校友会年会工作报告，还包括我对家乡莆田教育事业和莆田学院发展与改革的思考与建言，我对上海市莆田商会和对莆田籍爱心老人谢敬通先生的礼赞和点赞的文章等。这些文字是我对家乡莆田、中学母校与老师、校友、学友和乡贤深深情结与感恩之情的真实写照。此外，第二辑还收录了我作为华东师范大学数学系1959级—1964届学友联谊会召集人之一，及担任市教卫机关所在退休党支部书记和市教卫机关老干部合唱团副团长，在相关会议上的发言稿与短思寸想所得的文字。

本文集最后的附录《心印沪莆壮杏坛——记教育管理研究员黄良汉》一文，由我高中同窗郑邦俊学友撰写，该文具体地记录了我的工作经历与我真心待人的心路历程，其内容与文集的书名完全切合，所以作为附录一起编入。这篇文稿原在《莆田侨乡时报》发表时副题为"记教育专家黄良汉"，我认为本人不够"教育专家"的称誉，现将副题作此更改，以符实情！十分感谢郑邦俊同学热心多次地采访我写就此文所付出的辛劳和盈盈汗水！同时非常感佩他与学友李元添一起十几年如一日主编共157期《联谊园》的韧劲和无私的奉献精神！

时光荏苒，岁月匆匆。2022是我八十岁之年，汇集出版这本文集，也算是给自己回首而思留下的有意义的纪念吧！我的处世哲学一直是"与人为善，知足常乐"；人生活到老要学到老，说是多动脑有利于健康长寿，作为耄耋之年的我，我想我的学习、研究与思考仍会一直在路上。我要向我老父亲学习，他95岁时，还出版了一本自传《九五回忆》，健康快乐地活到101岁。

我的这本文集将主要赠送给至亲挚友，我诚挚地欢迎拿到这本文集的老朋友、老同事和老同学读后多多提出宝贵意见。

本文集的出版得到上海大学出版社戴骏豪社长的大力支持，对责编傅玉芳同志认真仔细的审阅校正，谨表示衷心感谢！

黄良汉

2022年3月 于上海

目 录 | Contents

第一辑 杏坛心 改革路 追梦行

贯彻落实十三大精神加快和深化高教改革 …………………………… （3）

发扬自强不息精神 迎接新的挑战 ……………………………………… （6）

高等理工科教育发展战略 ………………………………………………… （9）

高等学校要为发展外向型经济服务 ……………………………………… （19）

浅谈加强高校教师队伍的建设 …………………………………………… （23）

高等学校的管理干部 ……………………………………………………… （30）

深化上海高等教育改革若干问题的思考 ………………………………… （37）

"普通高等学校合格评估（鉴定）制度的研究"课题研究报告 ………… （43）

上海教育事业蓬勃发展 …………………………………………………… （50）

积极鼓励 大力支持 努力发展民办教育事业 ………………………… （55）

在上海高校退管会召开工作总结交流研讨会上的发言 ………………… （61）

深化教育人事制度改革促进校长和师资队伍建设 ……………………… （65）

贯彻落实《教师法》，进一步加强师资队伍建设 ………………………… （71）

关系我国"四化"大业成败的一个关键性问题
　　——学习邓小平同志关于"尊重知识、尊重人才"思想的几点
　　体会 …………………………………………………………………… （74）

领导重视 突出重点 不断提高退休人员服务管理工作水平 ………… （79）

1998年至2000年10月30日任职期间述职报告 ……………………… （86）

奖掖优秀教师力行尊师重教
　　——上海市中小学幼儿教师奖励基金会工作的回顾与展望 ……… （93）

上海市中小学幼儿教师奖励基金会组团赴台参加"海峡两岸加入WTO
　　后教育兴革与社团发展研讨会"暨教育访问考察情况报告 …………（ 97 ）
今天怎样做一名合格的校长
　　——在2005年上海市郊区初级中学校长培训班结束时的总结
　　　发言 …………………………………………………………………（102）
素质教育的一个重要理论基础
　　——多元智能理论，兼谈上海教改动态 …………………………（107）
在上海市"我心目中的好老师"颁奖会上的发言 ……………………（112）
尊师重教谱新篇
　　——从教师节的诞生说起 …………………………………………（114）
有感于浦东新区建设和命名"教师专业发展学校" ……………………（117）
在上海市学生事务中心"度佳节、迎盛会"中秋座谈会上的发言 ……（119）
在上海市教育人才交流协会年会上的发言 ……………………………（121）
在与上海市学生事务中心结对工作会议上的发言 ……………………（125）
在上海市社会力量办园（所）培训班上的发言 ………………………（128）
在2013年度上海市高校人事人才工作培训班开班仪式上的发言 ……（131）
发挥市教育人才交流协会的优势　促进做好人才、人事工作 ………（133）
在上海市教卫机关老干部合唱团成立五周年会议上的发言 …………（137）
不忘初心，大力推进改革 ………………………………………………（139）
拥抱老干部工作新的春天 ………………………………………………（140）
在上海浦东育华学校迎新联谊会上的发言 ……………………………（142）
学习习近平总书记关于反腐倡廉、中国梦系列重要讲话及其文风的
　　体会 ……………………………………………………………………（144）
为了莆田教育更美好的明天
　　——关于莆田市借鉴学习上海中小学综合改革经验的思考与
　　　建议 …………………………………………………………………（148）
在上海市教育人才交流协会2018年年会上的发言 ……………………（153）
在市教卫机关退休第六支部迎春团聚会上的发言 ……………………（155）
党支部犹如温暖的家
　　——市教卫机关退休第六支部之歌 ………………………………（157）

《岁月如歌　相聚情深》前言 ……………………………………… (158)
坚毅奋斗　心系桑梓
　　——我所认识的谢敬通先生 ……………………………………… (160)
在2021年"莆田市新时代好少年敬通奖"颁奖大会上的发言 ……… (163)

第二辑　乡亲情　母校恩　同学谊

致翁云飞学兄的信 ………………………………………………… (169)
在新春聚会上的发言 ……………………………………………… (171)
鸿雁传情 …………………………………………………………… (178)
也谈"机遇" ………………………………………………………… (179)
让我们都快乐健康地走进九十岁、一百岁
　　——在本届师生新春聚会上的发言 …………………………… (180)
谈"多元智能理论" ………………………………………………… (183)
多方向造就可用之才
　　——黄良汉接受《湄州日报》记者专访 ……………………… (185)
健康长寿靠自己 …………………………………………………… (187)
谈人生哲理
　　——努力做一个哲学家 ………………………………………… (189)
养生谚语荟萃 ……………………………………………………… (190)
鼓励打好人生基础　促进更多学生成为未来国家栋梁之材
　　——在莆田二中黄日昌奖/助学金颁奖会上的发言 ………… (192)
让"学友亲三代"的传统更加发扬光大
　　——在"10.11"联谊大会上的发言 …………………………… (198)
我父亲的健康长寿之道
　　——本文应云飞、元添之约而写 ……………………………… (202)
学友联谊会
　　——咱们温暖的一个"家" ……………………………………… (205)
福建考察纪实 ……………………………………………………… (209)

祝愿莆田学院进一步凝练办学特色和优势为建设现代化莆田新港城
作出更大贡献
　　——黄良汉应邀在莆田学院作上海高教发展、改革动态与信息
　　报告 …………………………………………………………………（212）
祝愿"联谊会"越办越红火
　　——在学友龙春聚会上的发言 ………………………………………（215）
一位走进学生心灵的好老师
　　——敬贺林文泉老师从教60周年 …………………………………（216）
咱们永远的老师
　　——祝贺林文泉从教60周年暨纪念文集出版 ……………………（219）
理想　责任　坚持　感恩
　　——在2013年莆田二中黄日昌奖/助学金颁奖会上的发言 ……（221）
黄家勋先生期颐华诞宴会祝辞 ……………………………………………（224）
母校情深天长地久　学友谊重齐奔期颐 ………………………………（227）
喜联欢歌《联谊园》
　　——贺《联谊园》创刊百期 …………………………………………（230）
大家一起奔向期颐之年 …………………………………………………（231）
在上海市莆田商会莆田二中(哲理中学)奖教奖学基金2014年度颁奖
　　会上的发言 …………………………………………………………（233）
服务　创新　合力　共赢
　　——简评上海市莆田商会2014年的工作 …………………………（236）
在莆田市"美德青少年敬通奖"签字仪式上的发言 ……………………（242）
在福州学友聚会时的发言 ………………………………………………（243）
张丽冰副市长率团考察上海教育纪实 …………………………………（245）
感动与怀想 ………………………………………………………………（247）
福建省莆田第二中学(哲理中学)上海校友会2016年工作报告 ………（249）
莆田二中(哲理中学)上海校友会2018年工作报告 ……………………（254）
莆田二中(哲理中学)上海校友会近年工作成果 ………………………（259）
在莆田二中(哲理中学)140周年华诞庆祝大会上的发言 ……………（261）
《岁月如歌　青春永驻——华东师大数学系59级—64届入学六十

周年纪念相册》序言 (265)
在莆田二中高中毕业60周年聚会上的发言 (267)
莆田二中(哲理中学)上海校友会2019年工作回顾及换届事宜的
　　报告 (270)
感谢、感动与怀想 (274)
2019—2020年澳大利亚悉尼与塔斯马尼亚探亲旅游随记 (276)
在华东师大5907联谊会视频聚会上的发言 (279)
鼓舞、感动与期待
　　——在上海市莆田商会第一届第二次会长办公会议上的发言 (281)
常怀感恩之心,践行感恩之举
　　——在莆田二中(哲理中学)上海校友会2021在线年会上的
　　　发言 (283)
向谢老敬通先生学习、致敬
　　——在上海市莆田商会迎春茶话会上的发言 (287)
如歌岁月军医路
　　——记原第二军医大学训练部副部长许金廉教授 (289)

附　　录

心印沪莆壮杏坛
　　——记教育管理研究员黄良汉 (299)

第一辑

杏坛心　改革路　追梦行

贯彻落实十三大精神加快和深化高教改革[*]

党的十三次代表大会的召开,是我党第二次历史性飞跃的里程碑。十三大的政治报告以社会主义初级阶段立论,以加快改革、深化改革为主题,明确提出并阐述了党在社会主义初级阶段的基本路线,规定了今后我国经济发展战略、经济体制改革、政治体制改革和加强党的建设等方面的基本方针,展示了把我国建设成为富强、民主、文明的社会主义现代化国家的蓝图,是指导我国包括高等教育在内的全面改革和社会主义现代化建设的纲领性文件,贯彻落实十三大精神,完成十三大赋予我们的历史使命,是当前和今后一个长时期的中心任务。

十三大第一次全面、系统阐明的社会主义初级阶段理论,是我们掌握十三大精神的一把钥匙。贯彻落实十三大精神,首先就要认真学习、深刻理解社会主义初级阶段的理论及党的基本路线并以此作为我们发展高等教育事业、深化高教改革的根本依据。社会主义初级阶段最根本的任务是发展生产力、实现现代化,而发展生产力、实现现代化主要靠的是人才。高等学校担负着为国家培养社会主义建设实际需要的有理想、有道德、有文化、有纪律的各类专门人才和发展科学技术文化的任务。高校培养的人才的思想道德素质和科学文化素质如何,在一定意义上关系着以经济建设为中心的我国"四化"大业能否实现,关系着党和国家的前途与命运。四项基本原则是我们社会主义祖国的立国之本,也是我们办社会主义高等教育的最高准则。只有坚持四项基本原则,才能保证高校办学的社会主义方向,培养出社会主义建设各项事业所需要的德才兼备的合格人才。当前,我国高校办学基本上处于自身封闭的状态,还没有形成对社会、生产、经济的开放系统,校与校、系与系、专业与专业之间也缺少横向的沟通与交叉,整个高等教育尚缺乏主动适应社会经济发展需要的

---

[*] 原载上海工业大学(现上海大学)《高教研究》1987年第3期。作者时任该校高教研究室副主任。

生机与活力。高等教育要更好地为社会主义建设服务，必须经常研究经济、科技和社会发展变化对教育的要求，从教育的体制、结构、教育内容和方法上进行改革。现代教育的发展表明，任何一个国家、民族教育的发展，都需要借鉴外国的经验，闭关自守只能导致停滞落后。高等教育在改革发展的过程中，必须坚持对外开放，在坚决摒弃资本主义腐朽丑恶东西的同时，认真学习世界各国包括资本主义发达国家的先进科学技术和有益的办学经验，这是促进我们高等教育质量和学术水平提高的重要途径，也是使我国高等教育面向未来、走向世界、形成具有中国特色的现代化高教新体系的必要条件。总之，在社会主义初级阶段，我国高等教育的发展和改革必须坚定不移地在党的基本路线指导下进行，才能稳步、健康、蓬勃地向前发展。

党的十三大政治报告强调指出"百年大计，教育为本"，这说明党中央把发展教育事业置于实现我国经济发展战略部署的首要位置，对教育提出了更高的要求。贯彻落实十三大精神，必须加快和深化高等教育改革。应当看到，当前高教改革的步伐同我国经济体制改革及其他方面的改革还不相适应。比如：

——政治体制改革的关键首先是党政分开，高校如何搞好内部领导体制和管理体制的改革，实行党政职能分开，使其增强活力，提高工作效益，调动和发挥各方面的积极性。

——在经济体制改革中，企业逐步变为独立核算的经济实体，过去不少企业进大学毕业生，一般不求质量，多多益善，现在企业把经济效益放在第一位，对录用大学毕业生的质量提出了更高的要求，高校毕业生市场将逐步从供方市场转变为需方市场，经济结构的调整，内向型经济向外向型经济的转轨，新技术、高技术的开发和应用，中小企业、乡镇企业和集体企业以及第三产业的迅速发展，迫切需要各类不同层次的专业人才。高校的办学如何调整专业结构、层次结构，探索和建立能主动调整和适应建设需要的机制，优化人才培养过程，办出各自特色，提高大学毕业生的质量，以增强为社会服务的适应性。

——随着商品经济的发展和对外开放，西方各种思潮不断涌来，如何进一步加强高校的思想政治工作，提高广大师生员工抵制资产阶级自由化和各种错误、腐朽思想的能力。

——教师是高校完成教学、科研任务，进行教书育人的主力军，是深化教育改革的决定性因素，如何最大限度地调动广大教师的积极性、主动性和创造性,如何建设一支数量足够、结构合理、学术水平高、富有献身精神的教师队伍。

——如何加强高校与社会的联系,加强校际协作联合办学,推动高教横向联合,促进教学、科研、生产三结合新体制的建立,提高办学效益,如何使高等教育进一步对外开放,面向未来,走向世界。

——在科技市场、人才市场开放的条件下,如何更好地为社会服务,既直接为社会主义建设作出贡献,又取得一定的经济收益,增强高校自身的发展能力。

——如何把搞活教学与从严治校结合起来,进一步调动广大学生学习的积极性。如何深入进行学科领域的教学改革,全面提高教学质量。

——如何搞好高校的民主协商对话等制度,加速民主办校、民主治校的进程等等。

以上都是深化高教改革迫切需要解决的问题,也是摆在我们工大各级干部和广大师生员工面前的光荣而艰巨的任务。

党的十三大已将我国的改革和开放推向崭新的阶段,它对高教改革的深化无疑提供了新的强大动力。"长风破浪会有时,直挂云帆济沧海。"在党的十三大精神的指引下,让我们团结一致,振奋精神,脚踏实地,勇于探索,发扬献身精神,为把工大办成先进的社会主义大学,为建设具有中国特色的社会主义高等教育体系而努力奋斗。

发扬自强不息精神　迎接新的挑战*

最近,我校领导集中全校师生员工的意愿,经过认真研究,提出以"自强不息"作为我校的校训。钱校长以苍劲有力的书法亲自题写了"自强不息"四个大字。

"自强不息"语出《周易·乾》:"天行健,君子以自强不息。"意思是:天体不断运行,在运动中得以永葆青春,人们也必须自觉不断向上,永不懈怠,方能生存发展。为什么要选择"自强不息"作为我校的校训呢?

第一,"自强不息"体现了党的十三大的精神和要求。

自强不息是一种"自力更生,艰苦创业"的精神。这一中华民族传统的奋斗精神,已经写进党在社会主义初级阶段的基本路线,同"一个中心""两个基本点"密切相关,浑然一体,共同构成了把我国建设成为富强、民主、文明的社会主义现代化国家的决定性条件。因此,发扬自强不息的精神,是贯彻落实十三大的精神和要求。以"自强不息"作为我校校训,就是要在十三大精神指引下,把学校办出特色,培养具有艰苦奋斗、自强不息、永远奋进精神的社会主义事业接班人。

第二,"自强不息"是我校校风的集中概括。

校风是一个学校精神面貌的表现,是学校教育思想、治学态度、教学秩序、精神风尚等要素的有机集合体。优良的校风是一种潜移默化的教育力量,是影响学校现在和未来的重要管理因素,直接关系着人才培养的质量,去年,我校教代会通过的"上海工业大学建设社会主义精神文明规划"提出,我校要努力创建"团结、奋发、严谨、创新"的优良校风。其含义是:

团结指我校全体师生员工都要以振兴中华为己任,与改革共命运,坚持四项基本原则,团结一心,步调一致,为培养和造就德、智、体全面发展,有理想、

---

* 原载上海工业大学(现上海大学)《高教研究》1988年第1期。

有道德、有文化、有纪律的高质量的人才而共同奋斗。全校要建立起民主、团结、友爱、互助、文明的新型人际关系,创造干群之间、教职工之间、师生之间、学生之间平等对待、互相尊重、互相学习、百家争鸣、各抒己见的和谐的气氛,形成为共同理想而努力奋斗的高度的凝聚力。

奋发指具有强烈的时代责任感,始终保持饱满的政治热情和高昂的斗志,具有不甘落后,敢于竞争,顽强拼搏的精神。在学习和工作中勤奋、刻苦,不怕失败,知难而进,不断提高业务和学术水平,勇攀科学高峰。

严谨指以严肃、科学的态度和严密、求实的作风对待学习、教学、科研和一切工作。时时、事事、处处高标准、严要求,实事求是,不弄虚作假,不投机取巧,不搞形式主义,认真负责,忠于职守,一丝不苟,精益求精,坚持理论联系实际,讲求工作、学习的效率和效益,逐步使各项工作走向科学化、规范化、制度化。

创新指不安于现状、不因循守旧,不断地探索追求,具有强烈的改革、开拓意识,具有独立思考的创造精神,具有敏锐的洞察力和丰富的想象力,善于总结新经验,提出新问题,发展新理论。在学习上永不满足,不断追求新知,不迷信书本和权威,敢于弃旧图新,树立新的观念,发表新的见解。在工作中不断开创新的局面,达到新的境界,实现新的目标

我校领导把上述内容的校风提炼、概括为"自强不息"四个字,更加明确有力。作为校训,它是一种精神凝聚力量,聚全校人员的意志于一个明确的目标,必将进一步推进我校优良校风的形成和发展。

第三,"自强不息"体现了工大人的传统和共同愿望。

工大二十七年的发展历史是一部自力更生、艰苦奋斗的创业史。工大人在创业中逐步形成了自立、自强的意识,发扬自强不息的精神是我们艰苦创业中的宝贵传统和共同愿望。过去,我们靠自强不息的精神使工大有了今天的基础和面貌,今后,更要靠自强不息的精神去创造工大光辉灿烂的明天。发扬自强不息的精神是办好工大的需要,更是我们培养的新型建设人才应有的品质。

总之,以"自强不息"作为工大的校训后,它将成为我们全体工大人的座右铭,也是工大人今后生活、学习、工作的风格和精神面貌的集中表现。

当前,随着改革的日益深化,随着产品经济向有计划的商品经济的转变,以及上海经济从内向型向外向型转轨,高校的自主权不断扩大,各高校之间的

竞争势必愈演愈烈。面对这样的形势与挑战,我校如何适应经济社会发展的需要?是在竞争、挑战中奋进,还是因落伍而被淘汰,全靠工大人的团结奋斗。我们的出路只有一条,就是发扬自强不息的精神,积极地投入改革,勇敢地迎接挑战。

发扬"自强不息"的校训精神,我校全体同学要确立为祖国四化建功立业大展宏图的事业心,立志成才,发奋学习,把自己培养成社会主义建设需要的德、智、体全面发展的合格接班人。遵循"自强不息"的校训,全体教师要甘当红烛,把毕生献给教育事业,严谨治学,从严执教,教书育人,为人师表,勇攀科学高峰。贯彻"自强不息"的校训,广大干部、职工要确立一切工作为教学、科研第一线服务的指导思想,以优质的服务、文明的风尚给学生以积极的影响,切实做到"管理育人""服务育人",并注意学习研究管理科学,逐步由经验管理向科学管理过渡。

1988年是加快深化改革的一年。让我们在党的基本路线的指引下,发扬自强不息的精神,迎接新的挑战,加快深化改革的步伐,去夺取新的胜利。

高等理工科教育发展战略*

研究和制定高等理工科教育的发展战略,从根本上说,是为了适应我国经济、科技和社会发展的需要,探讨建设符合中国实际的社会主义高等理工科教育体系,促进两个文明建设,以迎接世界性经济、科技,人才竞争的挑战。本章探讨高等理工科教育发展的战略思想、战略目标和战略对策。

一、高等理工科教育发展的战略思想

高等理工科教育担负着培养适应社会主义现代化建设需要的高级科学技术和工程技术人才,推动我国科学和工程技术水平不断提高的重任。新中国成立37年以来,在党和政府的领导下,我国的高等理工科教育发展迅速,正在逐步形成一个多层次、多形式、学科门类较齐全的体系、累计已培养毕业生224万余人,他们现在是我国科技和工业战线上社会主义建设的一支基本骨干力量。目前,全国共有理工科高等院校271所,占普通高校总数的1/4;理工科专业453个,占普通高校专业总数的51%;在校学生65万余人,占普通高校学生总数的35%。从高等学校同国家经济建设的关系来看,一般讲理工科院校更为直接,联系面更为广泛。毋庸置疑,高等理工科教育发展的状况如何,与整个国家四个现代化建设的前景休戚相关,高等理工科教育在我国经济、科技和社会的发展中占有重要的地位和作用。同全国经济、科技和社会发展的要求相比,当前,高等理工科教育还有很多方面不适应,存在的突出问题是:

1. 学校基本上自身封闭,与社会、企业及科研单位的联系渠道不畅通

没有形成对社会、生产、经济、科技的开放系统,无法取得社会对学校教育的及时反馈,难以及时获取社会、生产和科技发展的多方面信息及需求情况,

---

* 选自杨德广主编《高等教育发展战略研究》(上海交通大学出版社1988年版)第九章,由黄良汉执笔撰写。作者时任上海市高等教育学会副会长。

基本上只按照学校自身的条件办学,而考虑社会发展的需要不够;校与校、系与系、专业与专业之间"各自为政",缺乏横向的沟通和交叉;对学生的培养,习惯于固守在学校的小天地,偏重校内教育及课堂教学的训练,缺乏必要的社会生产实践和社会锻炼。整个高等理工科教育尚缺乏主动适应经济、科技、社会发展需要的生机和活力。

2. 层次结构、专业科类配比和学校的区域布局还不够合理

从事工艺和开发工作的应用型人才及高层次科技、工程技术人才严重不足,特别是适应发展外向型经济需要的专业人才奇缺;轻工、食品、水利、电力、地质矿业、化工、工业外贸、工业财会等专业为短线;部分专业的设置重复过多,带有较大的盲目性,如全国理工科高校中有近100所设有计算机及应用专业;西藏、青海、宁夏、新疆、内蒙古、海南等省、区无高等理工科学校或高等理工科学校甚少,各级各类的科技和工程技术人才均十分短缺。

3. 专科不"专",无本身应有的特色

本科专业的划分过细,本科生的知识面较窄(尤其缺管理和经济知识),工程实践能力较差,工作的适应性不强,分配到经济部门、生产第一线从事生产技术、经营管理的本科生质量明显下降;研究生的增长速度过快,研究生的培养规格和模式单一,基本面向高校和科研机构,不能适应企业和生产部门的需要。

4. 理工分家

我国许多理工学校专业面太窄,理科专业脱离实际,应用性不强,不适应社会需要,因而近几年来毕业生分配不出去;而工科专业在基础理论方面不够扎实,因而毕业生工作后表现出知识面不宽、后劲不足的弱点。

针对上述存在的问题,从我国的实际出发,高等理工科教育要坚持这样的战略思想:在为经济建设和科技进步的服务中求发展、求提高,努力建设一个数量足够、科类齐全、学历层次与专业配比合理、理工文渗透的、高效能的高等理工科教育体系,为90年代至下世纪初叶的经济、社会和科技的发展准备合格的各级各类科学技术及工程技术人才。

在制定、落实战略发展目标时,指导思想上必须明确以下几点:

1. 树立服务观念,坚持为社会主义四化建设服务的方向

高等理工科教育的发展速度、层次结构,学校的办学模式、专业设置、课程开设、办学过程、人才培养的规格和素质等,都要按照社会主义四化建设以及

学校所在地区经济、科技发展的客观需要进行调整和改革,使之在培养专门人才、提供科研成果、加强精神文明建设等各方面更好地为社会主义四化建设服务。随着社会主义有计划商品经济的发展,大学毕业生要进入人才市场,科研成果要进入技术市场,高等理工科教育只有提高办学的适应性,培养"适销对路"的人才,才能经受住市场机制的考验,积极主动地为经济、科技和社会的发展服务。

2. 树立开放式办学的观念,面向生产、科研实际培养人才

理工科教育的一个很大特点是与生产、科研有紧密联系。在学校封闭的小系统中无论怎样追求自我完善,都不可能培养出四化建设所需要的理工科大学生。要以社会实践作为检验培养人才质量高低的主要标准,理工科高校必须加强与生产、科研实际的联系,办成开放的、不断与外界交换信息、不断对自身进行调整的学校。应让学生在就业前就能接触社会、认识社会,了解国情、民情,提高社会责任感,并在实践中增长才干。

3. 树立经济观念,讲究办学的效益

教育经费的增长不可能超过国家财政的承受能力,办学也要讲成本、讲效益、讲投入产出。全国理工科高教事业的摊子已经很大,特别是1978年以来新建的院校,普遍存在规模小、师资力量较弱、设备差、经费不足等问题,今后应将"外延"发展转变为扩充"内涵"为主,即集中人力、财力、物力,以现有院校的挖潜、改造、扩充为主,稳步发展高等理工科教育事业,这比起扩大"外延"建新校具有投资省、见效快的优点,学生质量也有保证。各院校、各系在学科设置上不能搞"小而全""大而全",应提倡理工结合、文理渗透,建立新兴、边缘和交叉学科,可通过校与校、系与系、专业与专业或学校与生产、科研单位之间的协作及联合办学实现。

4. 树立竞争观念,引进竞争机制

竞争观念是商品经济发展的核心和动力。高校在办学指导思想上确立合理的竞争观念,有利于促进建立高校主动适应社会和经济发展的机制,是从总体上提高办学水平的不可缺少的动力源泉。同层次的各理工科学校、校内各系科、各专业乃至各课程,应通过评估,形成在竞争中求生存、求发展、求提高的态势。重点学科及重点实验室的建设、科研基金分配、科研成果评价以及出国人员的选派上,都要贯彻鼓励竞争、择优推荐的原则,改变"吃大锅饭"的状况。在教师、干部、职工中要逐步完善聘任制,形成动态的具有双向选择性的

新型人事管理制度。理工科的大学毕业生大部分将进入企业和科技开发部门,社会上的企业在竞争,产品要投入国内、国际经济环境中参与竞争,如果我们培养的学生不适应竞争的环境,将是理工科高校不适应经济建设的一个表现。因此,从招生、教学管理、学籍管理到毕业生分配的各个环节,都应引入竞争机制,使学生在就业前就有强烈的竞争意识,促进学生奋进。

5. 树立整体观念,坚持多层次、多规格协调发展

我国处在社会主义初级阶段,地域辽阔,各地区经济发展很不平衡,全国的工业企业是大、中、小型并存,既有比较先进的现代化企业,也有相当数量的地方工业和比较落后的乡镇企业;产业是劳动密集型、资本密集型、技术知识密集型并存,企业生产技术水平是从手工操作、半机械化、机械化、自动化、新兴技术武装到超前技术开发同时并存。这种"并存"的多元结构将延续相当一段时期。因此,理工科高教的发展应该有整体观念,要明确不同类型学校的地位和作用,明确不同学历层次的规格,形成协调的体系,满足各方面对人才的需求。各层次的学校要发挥各自优势,办出特色,办出水平。

6. 树立质量第一的观念,以"质"取胜

现在培养的理工科大学生,到21世纪末下世纪初,将成为我国工厂企业及科技、工程研究单位的骨干力量,他们的政治、业务素质如何,将直接关系到"四化"大业的成败和国家的前途。理工科高教事业主要应放在提高学校的办学水平上面,在提高质量上下功夫。理工科各层次的学校都要把提高质量放在首位,培养出德智体全面发展的有理想、有道德、有文化、守纪律的合格人才。他们不仅要政治素质好,有为国家富强、民族振兴而奋斗的理想和较强的社会主义事业心、责任感,有艰苦奋斗的实干精神,而且具有坚实的基础理论和系统的专业知识,有较强的适应性和应变能力,是国际经济、生产、科技、教育、人才竞争中的强者。

7. 树立"终身教育"的观念,多种形式发展高等理工科教育

随着科学技术的迅速发展,知识更新的周期缩短,科技工程人员只有不断补充更新知识,调整智能结构,增强创造能力,开阔学术视野,才能迎接新技术革命的挑战,才能在新技术引进、吸收、消化及创新等工作中,更好地发挥自己的聪明才智;过去工厂生产的产品"多年一贯制"也能卖出去,现在在竞争中保持落后的生产技术,靠看家产品吃饭,日子将过不下去,因此越来越多的工厂和科研单位重视科技人员的继续教育。我们要进一步认识高等理工科教育的

内涵,改变"一次教育"的学校教育制度。理工科高校不仅是培养未来工程师、科技工作者的场所,同时应是在职科技、工程技术人员和管理人员接受继续教育的基地。理工科高校在办好全日制教育的同时,还要大力发展继续教育及各种形式的成人教育,如夜大学与函授大学、各种单科的训练班、进修班等。

8. 树立国际化观念,加强与国外高校、科研单位以及企业的广泛联系、交流和合作

理工科高校必须面向整个世界,学习和吸收世界各国的先进科学技术和有益的办学经验,加速在学术上、教育上赶超世界先进水平的进程。如双方协作进行教学和科研;交换或互聘学者、教师互派留学生、进修生;引进国外智力与国外学者合办研究机构,利用外资侨资办学等等。

二、高等理工科教育发展的战略目标和对策

据国家教委有关部门的调查研究和预测,到 21 世纪末,我国普通高校在校生将达 650 万人,其中高等理工科在校生:工科为 137.15 万人(占 21.1%),理科为 98.15 万人(占 15.1%)。

为逐步改变高等理工科与全国经济、科技和社会发展的要求不适应的状况,并实现上述发展战略目标,必须采取一系列切实可行的对策。

1. 挖潜、协作、联合办学,增强总体培养能力

李鹏同志在 1988 年全国高教工作会议上指出,我国高等学校今后一段时期主要的不是追求数量上的发展,而是要把工作精力更多地集中到提高人才的培养质量、提高办学的效益上来。据此,我们要把理工科高教发展的重点放在挖掘学校潜力和提高学校素质上。从现在起到 2000 年,原则上不建或少建新校。应通过老校带新校、老校支援新校、老校办分校、分部和培训班等方式,以及实行联合办学、委托办学、扩招自费走读生等,推动和促进高等理工科教育的发展和提高。要集中力量改善、充实现有学校的办学条件,增强总体培养能力。要通过相互开放联合,逐步建立协作网络,形成合理的区域分工。特别要重点支援和帮助边远、少数民族地区发展高等理工科教育,为当地培养各级各类科技人员。

随着现代科学技术的发展,教学、科研、生产一体化已成为全球性的趋势,这一趋势在发达国家表现得尤为明显,并确定为今后几十年的发展模式。当今国际上如雨后春笋般兴起的各种类型的"科技公园""科学园区"基本上都是

以理工科大学为核心建立起来的从事开发经营的教学、科研、生产三结合的技术工业特区。我国的教学、科研、生产一体化正在发展之中,近几年来高校已与产业部门合建了570多个这样的联合体。理工科高校在建立和发展教学、科研、生产联合体的改革中走在前列。实践证明,理工科高校与科研单位、生产部门建立教学、科研、生产联合体,有利于增强学校培养人才的总体能力,有利于提高学校的教学、科研水平,加速培养面向实际、全面发展的新型人才,有利于学校直接介入经济建设,发挥学校为社会服务的功能。理工科高校的教学、科研、生产联合体要在比较初级形式的成果转让和技术协作的基础上,进一步向高层次发展:从对口联合发展到建立跨地区、跨部门、跨行业、有多个单位参加的联合;从同中小型企业的联合发展到同大型骨干企业联合;从委托培养、代培研究生、举办短训班发展到各方人才交流,学校全面承担企业、科研部门科技人员的继续教育;从定向支持、单项核算发展到合股、合资联办经济实体;从松散的联合,发展为相对集中、比较稳定的长期合作基地,既承担国家和学校所在地区建设急需的"短、平、快"研究项目,更要注入高技术、新兴技术方面的内容,把联合体逐步建设成为高起点、高水平的教育、咨询、研究和生产实体。还应制定政策,鼓励大企业在大学投资,建立科学园区等。

2. 优化理工科高教的层次、专业和学科结构,加强实践教学,搞好实验室建设

高等理工科教育要按照社会的需求,以合理的比例进行各层次人才的培养,提高办学的整体效能。理工科高校按其不同的基础和任务,应采取多样化的办学结构模式,互相补充,各有特色,并在宏观指导下,不断发展、提高。现阶段可以有这样四类层次、模式:一是少数全国重点理工科院校,应成为综合性、研究型的社会主义现代化大学,既是教育中心,又是科研中心,科研占较大的比重,设立研究生院,承担培养较大数量的硕士和博士生任务,其中有的还承担博士后研究人员的培养;其学术和科研水平在国内应是领先的,其中部分学科接近或达到国际先进水平。二是多科性理工科大学,以本科教育为主;同时培养一定数量的硕士生、博士生,科研占一定的比重,某些学科的科研在国内领先,甚至接近或达到国际先进水平,较多地开展应用研究和技术开发。三是为满足国家对一些特殊或专门学科人才需要而办的单科性院校,其教学、科研水平与第二类学校相当。四是专科学校,突出应用技术性,以教学为主,同时开展技术服务,科研为教学服务。

专业建设是理工科院校带全局性、方向性的基本建设。要有计划地设置一些新兴边缘学科专业和国民经济发展中的缺门短线专业，培养国家急需的专门人才，并超前准备某些专门人才。从全国的人才需求与预测看，需要量大的还是一些传统通用人才，工厂企业迫切需要他们去尽快改变工业生产中设计落后、装备陈旧、工艺粗糙、管理松懈的状况，改变水平低、质量差、能源消耗大、成本高的产品。因此，在重视发展新兴边缘学科专业的同时，绝不应忽视甚至削弱对传统通用专业的建设与改造。随着经济体制改革的深入，国家将逐步缩小毕业生分配的指令性计划，这要求理工科高校必须进一步拓宽专业业务范围，增强专业适应性的方向，增加培养人才的灵活性，如模糊专业界限搞大专业，搞构件教学计划或积木式教学计划；本科前二、三年不分专业，第三、四年根据需要再分专业或调整专业方向；实行主、副修制度等。在改革系和学科的结构中，偏工类型的系，要向技术科学方向发展，不办成传统的工科；偏理类型的系，也要与技术相结合，注意应用理科的发展；学科建设上要以理论学科带动应用学科，采取文理渗透的方式发展交叉学科，采取理工相结合发展技术科学学科。基础较好的理工科高校还要努力建设和发展一批重点学科，以形成优势和特色。要大力提倡和发展校内学科之间、系之间的"内联"，建立综合型专业，培养"复合型"人才。要重视课程建设。理工科高校中真正影响全校教学质量的一般是十几门核心课程，抓住了这十几门核心课程的建设，大面积范围的教学质量就有了保证。

实践性教学是高等理工科教育的一个重要环节。要加强实践性教学，做到时间落实、管理落实、组织落实、场所落实，并逐步建立起稳定的教学实践和生产实习的基地。实验室是办好理工科教育的重要物质基础，它直接影响到培养现代化科技人才的素质和发展科学技术的能力。各理工科院校都要充分重视实验室的建设。国家教委已决定在部分理工科高校中投资建立一批开放型国家重点科研实验室，这无疑是集中力量，扩大实验室内涵，强化我国科技研究能力，适应国际上新技术、高技术发展趋势而采取的正确战略措施。

3. 加速培养应用型人才和高层次科技、工程技术人才

据上海智力开发研究所最近调查统计：上海各大学的毕业生，1985年分配到企业的占29.4%，到科研单位和机关、团体的分别占15.7%、18.64%；1987年分配到企业的增加到占44.39%，到科研单位和机关、团体的则分别减少占9.51%、15.24%，预计1988年分配到企业的将增加到占50%以上。

这表明，大学毕业生分配去向结构正在发生明显变化。许多企业特别是乡镇企业、中小型企业、集体所有制企业，需要大量能从事工艺和开发工作的应用型人才。为此，高等理工科的本科教育应主要面向生产第一线培养人才。特别是各省、市的地方理工科院校主要是为地方工业和科技开发服务，不应完全沿用面向全国、面向科研单位的重点学校的培养目标和规格来组织教学活动。为了有利于应用型人才的培养，地方高校应同经济部门和使用人才的部门相结合，从实际需要出发，紧密结合生产实际，实行定向培养，应争取用人单位参与和指导培养计划的制订，并为实现培养计划提供必要的和可能的条件，使培养的规格与实际对口。高等理工科专科教育更要在培养应用型人才方面体现出专科的特色，培养大批适应地区和行业特点的面向应用技术、动手能力强的人才。

中央关于教育体制改革的决定，要求高等教育到 21 世纪末，做到高级专门人才的培养基本立足于国内，能自主地进行科学技术开发，为解决社会主义现代化建设中重大理论问题和实际问题作出较大贡献。据调查，当前多数的大、中型企业在行政与技术管理、研究与设计方面的技术力量已基本满足目前生产的要求，但特别缺少在企业的技术工作中能起领导作用和核心骨干作用的高层次科技、工程人才。这直接影响着我国独立自主地解决生产发展中的重大问题，影响科学技术转化为生产力，已成为"四化"建设的一个掣肘环节。造成这种情况的重要原因是原有的高层次科技、工程技术人才多数已届退休年龄，有的已经退休，而目前大部分理工科高校培养的硕士生偏重于学术理论型，知识结构较适应从事学术研究和教学工作，不适应工厂企业的需要。为了迅速改变高层次科技、工程技术人才严重不足的局面，理工科高校要在大学本科教育的基础上，将研究生教育和职前职后各种形式的教育同必要的实践过程有机地结合起来，逐步开辟多种渠道培养工程硕士和工程博士。要积极创造高层次工程、科技人才的培养环境，实行院校内部联合或院校与企业联合培养研究生。要扩大招收在职人员研究生及开展在职人员申请硕士、博士学位，促进高层次人才的成长。重点理工科大学还应承担起培养一批工程科学家的责任。

4. 把科研的主要力量组织到为经济建设服务的主战场上来，积极参与外向型经济的开发和建设

教学与科研的结合是现代高等理工科教育的重要标志。工业发达国家的

高等理工科高校,特别是名牌大学,几乎所有的教师在担任教学的同时都进行科学研究。教学是科研的基础,科研是教学发展与提高的保证。理工科高校学科门类齐全,智力人才密集,实验手段比较先进,情报信息资料比较完整和齐备,拥有雄厚的科技力量,应充分发挥自己的优势,积极主动地为社会和经济建设服务。各个不同层次、类型的学校,在科研类型的选择上应有所不同。以理科为主的大学,原则上应多搞一些基础研究,同时也要开展应用研究和技术开发工作;以工科为主的大学,一般应多搞应用研究和技术开发,但也要开展基础性研究。还要注意把横向任务和纵向任务、当前研究和长远研究很好地结合起来。为了把科研的主要力量组织到为经济建设服务的主战场上来,各理工科高校要与社会各方面的力量合作,发挥各自的优势,把研究成果通过科技咨询、技术转让、科技入股等形式向社会扩散,使其发挥效益。要抓住高技术、高效益的研究成果,直接转化为生产力,并打开从产品通向商品的渠道;还可试办技工贸结合的科技实体、科技公司等。

最近,中央决定实施沿海地区经济发展战略,这是一项关系我国经济发展全局的重大部署。我国沿海地区的理工科高校除了要更多地担负起培养一大批适合外向型经济发展紧迫需要的各级各类人才外,要充分利用科技的优势,广开经营渠道,开拓国内国际技术生产合作。如可以与国内企业合作,开发在国际市场上适销对路的产品;可以在国外试办公司,合作办企业,对外设计加工。也可以开展教育劳务输出,在国外办有中国文化教育特点的学校等。总之,理工科高校应发挥自己知识密集、学科门类较齐全的优势,积极参与外向型经济的开发和建设,为发展外向型经济作出贡献。

5. 大力发展继续教育

继续教育是对具有较高文化及专业知识的在职专业人员和管理干部进行知识更新的一种职能教育。随着科学技术的飞跃发展、新技术革命的兴起和生产的激烈竞争,继续教育在世界各国蓬勃发展。继续教育立法最早的法国在 1978 年就有 75% 的大学参与继续教育,成为推动法国工业发展的强大动力。苏联 1977 年用法令规定政府部长、大型厂矿企业经理、工程技术人员每五年要进修一次。美国的 250 余所理工科院校中,已有 75 所办起了继续教育学院或中心。我国的继续教育正处于起步阶段,远远跟不上四化建设和新技术革命形势的发展。如据粗略统计,目前上海理工科高校为继续教育开设的课程不过 30 门,而美国仅洛杉矶一地为继续教育开设的课程就达 2 000 门。

苏联目前已为继续教育设置130多个技术进修系,开设了500多门课程。我国理工科高校开设的继续教育课程大多数是基础补缺型、专业补缺型和普及型,而以新理论、新技术、新方法为内容的发展型课程,参加的人数较少。目前,仅清华大学等少数理工科院校建立了继续教育学院。

要适应高科技发展和内向型经济向外向型转轨的需要,理工科高校有必要也有可能大力发展继续教育。继续教育应成为高等理工科教育的重要组成部分。根据我国的国情,现阶段理工科高校担负继续教育的教学目的和内容可分为三类:知识更新、拓宽、提高类;管理和经济科学知识类;新科技推广应用类。

继续教育是理工科高等教育的一个新的层次。要使它走向制度化、正常化,应设立与之相应的办学机构。要保证继续教育的顺利发展,急需建立国家的继续教育法。各省、市的理工科院校要加强联合和协作,形成适应经济、科技和社会发展需要的、有特色的继续教育地区网络。

高等学校要为发展外向型经济服务[*]

中央领导同志指出,为了抓紧利用当前的机遇,沿海一亿多到两亿人口的地区,必须有领导、有计划、有步骤地走向国际市场,进一步参加国际交换和国际竞争,大力发展外向型经济。

社会主义初级阶段的根本任务是发展社会生产力。沿海地区尽快实现向外向型经济格局的转换,是发展社会生产力的需要,它不仅将加快沿海地区经济的发展,而且将有力带动我国中、西部的发展,使我国走上富裕强盛之路。"教育必须为社会主义建设服务,社会主义建设必须依靠教育。"高等学校理所当然地要为沿海地区发展外向型经济服务。

一、尽快培养适合外向型经济发展需要的各级各类人才

外向型经济是以世界市场为导向的。世界市场是国际的竞技场,这里风云变幻,不仅有产品质量优胜劣汰的较量,也有各种投资活动、国际金融活动、国际技术贸易等的交汇与撞击。我国要跻身世界市场,进入国际经济舞台,成功地参与国际交换和国际竞争,关键要有一大批高质量的适合外向型经济发展需要的各级各类人才。据调查,当前发展外向型经济所需要的人才包括五个层次:一是大批适应对外经济发展的能协助领导层制定政策和进行决策的高级管理人员。他们不仅要有对外经济的知识和管理能力,而且具有包括国际意识、市场意识、竞争意识、开拓创新意识等在内的现代意识,了解世界经济规律,具有经济分析核算能力,能对未来世界市场需求的变化作出科学的预测。二是适应外向型经济发展需要的大批企业家。他们不仅要具有现代管理的知识和能力,还要善于捕捉和掌握国际市场的信息与机会,具有经营知识和能力,具有同国外企业家打交道的本领和参加国际竞争所必需的心理素质和

---

[*] 原载《上海高教研究》1988 年第 4 期。

应变能力。三是一批具体参与涉外工作的业务人员，特别是既懂经营、掌握市场信息，又懂外语，还懂国际商法、国家贸易法及专业技术知识的人才。四是发展进口替代、出口导向企业所需要的大批善于消化、吸收引进技术及对引进技术加以改进、创新的工艺型和应用型人才。五是发展劳动密集型产业及劳动密集与知识密集相结合产业所需要的大量技术熟练、素质优良的劳动者。

为了尽快培养不同层次的适应外向型经济发展需要的人才，当前要进一步办好高校中的经贸涉外大学及涉外专业，努力提高外经贸高级专门人才的培养质量。现在我们培养的外经贸专门人才，除了应掌握所学的涉外专业知识外，还应具有当前发展外向型经济迫切需要的经营、理财知识，如开拓国际市场的"营销"知识，用于筹集、调度、核算、运用资金的"理财"知识和国际市场生产要素转移、配套的知识等。此外，按照国际市场对各国经贸人员的共同要求，还应有计划、有针对性地增加设置国际经济合作、国际经济法、国际金融、国际税务、国际企业管理、国际运输、对外贸易会计、商品检验等专业。在外贸高级专门人才的培养中，全部教学活动应与国际市场的信息相通，使学生随时感受到所学的知识与国家发展的需要密切相关。在搞好课堂教学的同时，应着力加强实践环节，采用案例讨论、模拟谈判、组织学生进行社会调查及参加涉外公司、企业、中外合资、合营企业、外商独资企业的工作、实习、服务等，以提高学生运用理论知识解决实际问题的能力。近几年来，部分理工科大学办起工业外贸专业，培养既懂工业生产、工艺、技术，又懂对外经济贸易知识并能熟练掌握外语的高级工业外贸人才。工业外贸专业属于跨学科的新兴应用专业，多数处于创办或试办阶段，应根据沿海地区发展外向型经济的需要，更合理地安排工程技术、对外经济贸易和外语三大块知识的比例，优化专业知识结构，使毕业生离校后经过较短时间的实际工作锻炼，就能胜任外经贸部门和外向型企业中技术引进、产品外销、进货以及有关"以进养出""三来一补"等的外贸工作。以旅游业为导向的第三产业，是创汇的重要产业。1987年我国的旅游外汇收入达18.4亿美元，成为我国仅次于外贸、劳务出口的第三大创汇支柱。近几年来，我国旅游业把大笔资金花在高级宾馆的建设上，而用于旅游教育的经费还不到投资总额的1%。旅游人才的培养远远跟不上旅游事业的发展，以致出现了现代化的宾馆设施与老一套的经营管理相并行和不得不花费高额外汇长期聘请外国人来管理高级宾馆的畸形现象。办好现有的高等旅游学校和专业，发展高等旅游教育，培养酒店管理、工程技术、财务会计、翻译导游的高级专业人才已刻不容缓。

发展外向型经济,需要高层次的涉外专门人才,更需要为数众多的掌握必要涉外知识的专门技术及管理人才。对于高校中的非涉外专业,要通过调整教学计划,强化外语教学,增设经济、贸易、金融、法律、公共关系、管理等适应外向经济的选修课,使学生具备一定的涉外专业知识,增强他们适应外向型经济的能力,使其将来成为各级经济管理部门和企事业单位从事外向型经济活动的骨干力量和企业家。为适应发展外向型经济的急需,高校还可采用双学位、双主修等特殊措施,培养一批技贸、技外或法外、法经相结合的复合型人才;工科的有关专业要把目前偏重设计往偏重工艺转向,理工科的长线专业,可按需实行中期转向培养。农业创汇也是我国外汇资金的重要来源之一。为此,高校应打破固有的办学模式,在招生分配制度、办学形式、培养过程、培养规格等各方面采取灵活多样的形式,外向型的乡镇企业、创汇农业培养、培训各类技术骨干力量和管理人才,应从政策上鼓励大学毕业生去乡镇企业为发展外向型经济干一番事业。

二、充分发挥高校的优势,为开发、建设和发展外向型经济作出贡献

高校具有人才、知识、技术密集,专业学科齐全,仪器设备精良,信息灵通,对外交流广泛,开发能力强等许多方面的优势,只要从实际出发,扬长避短,优化组合,完全可以为发展外向型经济作出贡献。

高校要充分利用自身的科技优势,加强与企业的横向合作与联合,以国际市场为导向,帮助企业搞好引进项目的论证、消化、吸收与创新工作,加强对传统产业的技术改造,调整、优化企业的产业结构,开发以外销为主的优质系列产品,尤其是要把高校优势学科与当地企业的优势产业相结合,形成一批出口"拳头"产品,提高企业在国际市场上的竞争能力。高校与企业合作、联合的层次可以是:技术密集型的科研经营性外向型联合体;以技术优势为前提合资办外向型联合企业,以技术A股的形式,把新材料、新产品开发作为重点的外向型联合体;为发展外向型经济,与企业长期合作,承包企业技术改造项目和工程,一次性的成果转让和技术咨询、技术服务、技术承包、人才培训等。高校与企业的合作与联合,除应面向大型企业,更应注意面向中、小企业及乡镇企业,甚至可鼓励一部分教师走出校门停薪留职承包发展外向型经济的中、小企业与乡镇企业。

发展外向型经济，需要有一批国际化的企业作为骨干力量，这样的企业具有直接对外经营权，对国际市场有很强的适应性和竞争力，有雄厚的经济技术实力，其产品在世界市场上有较高的占有率。我国北京、上海、武汉、广州、深圳等地已着手建立技术工业园区，高校应积极参与这些"园区"的建设，加快我国技术与工业的升级，形成和发展一批能够经受国际竞争压力的新兴产业和国际化企业。

高校科技实力雄厚，人才济济，在发展外向型经济中还应利用自身的力量（一校或多校联合形成集团优势），建立国际开发机构，兴办国际竞争能力、技术辐射能力、创汇能力强的外向型企业或企业群体，投资海外，独办或与外国合办工厂、科技经济开发公司等实体。高校的校办工厂，应走技工贸教结合的道路，使其中的一部分校办厂成为外向型企业。据《人民日报》载，我国高校仅1986年就向国外出口技术成果114项，今后应面向世界市场，进一步挖掘高校的潜力，扩大技术出口，多为国家创汇。

我国高校中的中国历史、文学、汉语、书法绘画、烹饪、风景园林、中医、中药、针灸和推拿等专业学科，具有祖国传统文化的优势与特色，深受世界各国的重视和欢迎。这些专业学科应增加招收外国留学生，或举办外国人短期学习班，或开展海外函授，或争取到国外去办学，既可扩大我国传统文化在世界的影响，增加中外了解和友谊，也可增加外汇收入。据不完全统计，上海的复旦大学、华东师范大学、上海中医学院、上海外国语学院、上海师范大学等校，近几年举办外国人短期学习班，各自创汇的累计数均超过或接近50万美元。我国高校师生比较低，通过体制改革、定编、实行岗位责任制后将出现部分多余人才，高校还可考虑开展教育劳务输出。

世界市场的激烈竞争，信息对出口企业的生存和发展至关重要。现状是我国许多外销企业对同类产品的世界总数不清楚，甚至连自己的产品在国际市场上是什么价格都不知道。据调查，上海经济区出口企业中84%的企业，对自己的产品在国际市场上的情况一点也不了解。这一状况如不彻底改变，外向型经济是搞不好的。改变经济信息不灵、不畅的状况，高校负有不可推卸的责任。在推进外向型经济的发展中，高校应当成为信息的中心，并开展外向型经济发展战略及其对策研究，为各级领导、经济管理部门和工厂企业提供信息和咨询服务。

浅谈加强高校教师队伍的建设*

最近,李铁映同志在向七届人大常委会会议汇报我国教育工作时强调指出,要加强教职工队伍的政治思想建设。本文拟就如何加强高校教师队伍政治思想建设的问题,作一些粗浅的探讨。

一

邓小平同志早在1978年全国教育工作会议上就指出:"一个学校能不能为社会主义建设培养合格人才,培养德、智、体全面发展,有社会主义觉悟的有文化的劳动者,关键在教师。"

高校教师队伍政治思想建设的核心问题是提高教师的政治思想素质,使每个教师发挥出为社会主义高等教育事业努力工作的自觉性、积极性和创造性,在各方面都成为学生的表率。一般地说,教师的政治思想素质是教师的理想信念、政治立场、品德情操、思想方法、治学精神、学识见解、教学态度以及教育教学方法的综合反映。它具体体现在教师对社会政治问题的看法上,体现在教师对本职工作的态度、作风中,也体现在教师与学生、与同仁的关系等各方面。

我认为,作为社会主义大学的教师,其良好的政治思想素质及表现应包含以下基本方面:

(1) 热爱社会主义祖国,坚持四项基本原则,具有坚定正确的政治方向。

(2) 强烈的事业心与责任感,忠诚于人民教育事业的献身精神。

(3) 学而不厌,精于业务,严谨求实的治学态度,科学的治学方法,勇于改革、创新的进取精神。

(4) 热爱学生,从严执教,既教书又育人。

---

* 原载中国高等教育学会主办的《高等教育学报》1990年第1期。

(5) 以身作则,严于律己,为人师表。

(6) 关心集体,善于与他人团结协作。

当前,高校教师政治思想素质及表现从总体上看是好的。绝大多数教师拥护党的领导,拥护社会主义,在教育教学中能坚持正确的政治方向;尽管生活比较清苦,但热爱教育工作,努力克服各种困难,尽心尽力完成教育教学任务;爱护学生,言教身教,期望学生成才。实践的考验证明,高校教师队伍过去是今后仍然是教育发展和改革的依靠力量。但也应该看到,高校中确实还有部分教师的政治思想素质及表现不尽如人意,他们不符合或不适应所担负的培养无产阶级革命事业接班人的光荣职责。比如,下面的情况在一些教师中都有不同程度的存在:

由于教师自身对党的领导和社会主义信念发生动摇,对资产阶级自由化的影响与危害认识不足,有意无意地在教育教学中宣扬资本主义的政治模式、经济模式和价值观念,有的教师由于本身对改革的形势,对党的方针、路线、政策等的认识模糊、偏颇,在与学生的接触交往中,有意无意地作了认识上或价值上的错误导向;

重业务轻政治,重科研轻教学,重理论轻实践,只考虑自己专业知识方面的建树,不愿在培养学生德、智、体全面成长上下功夫,放弃育人的职责;

因受工资待遇不佳、社会存在的分配不公、腐败现象及住房困难等问题的困扰,心里有怨气,对教学工作采取消极应付的态度,只求完成工作量,不重视质量,甚至在课上课下当着学生的面随意发牢骚、讲怪话;

对学生的学习纪律(如课堂纪律、考试纪律等)和学习质量的要求不严、管理不严,对学生的违法违纪现象不闻不问、听之任之,在图实惠、极端个人主义、金钱至上等思想的支配下,对校内的教学、科研工作不感兴趣,热衷于争取出国,热衷于到校外捞取经济实惠,业务上、学术上满足于现状,不思进取,备课马虎,讲稿陈旧,吃老本,得过且过;

文人相轻,嫉贤妒能,追求个人名利,与周围同志和集体格格不入,很难与他人合作共事,等等。

以上存在于一些教师身上的不良思想与表现,必然给学生的健康成才带来不良影响。教育大计,教师为本。"教育者必须先受教育。"为了使教师更好地担负起培养德、智、体全面发展,有理想、有道德、有文化、有纪律的各类高级专门人才的任务,当前高校在抓治理整顿、深化教育改革中,必须把教师政治思想建设作为一件带有根本性的大事来抓。

二

高校教师队伍的政治思想建设,是整个社会精神文明建设的组成部分。为了有效地达到加强高校教师政治思想建设的目的,从社会的大环境着眼,要坚决改变物质文明建设和精神文明建设一手硬、一手软的状况;要适当调整社会利益结构,继续倡导尊师重教,改变社会分配不公现象,转变社会价值导向;还应当把反腐败、除"六害"的斗争深入下去。这些,无疑都是为加强高校教师政治思想建设提供一个良好的社会环境所必需的。现在,我们欣喜地看到,在党中央第三代集体的坚强领导下,"忽如一夜春风来,千树万树梨花开",社会的大环境已在逐步改善。从高校的小环境看,我们自然不能等待社会大环境的精神文明建设好了再着手进行教师队伍的政治思想建设。事实上,前一阶段许多高校的情况业已证明,即使在同样的大环境、大气候下,重视不重视、抓不抓教师队伍的政治思想建设,其效果是完全不一样的。许多高等军事院校抓教师、抓学员政治思想建设卓有成效的经验,更是为我们提供了有力的佐证。在能不能抓好教师队伍政治思想建设问题上,我们应当端正认识、树立信心,去开创工作的新局面。

周恩来总理在《关于知识分子问题的报告》中,对知识分子的政治思想建设提出这样的论述:"一条是经过社会生活的观察和实践;一条是经过他们自己的业务实践;一条是经过一段的理论学习。这三个方面是互相联系的,一个人的思想的转变,常常是这三个方面都受了影响。"高校教师的政治思想建设,无疑应该遵循周总理这里所说的"三个基本途径"充分地展开。当然,高校教师的政治思想建设除了具有一般政治思想建设工作的共性外,也具有它的特殊性。其特殊性是由高校教师的思想特点和劳动特点决定的。高校教师具有丰富的知识和较高的理解能力与思考能力,工作方式大都是个体的,学术、教学研究上具有自主性、创造性,工作时空上具有机动性,在政治思想建设中应充分顾及这些特点,注意贯彻注重治本、理论联系实际的原则,民主、平等的原则,以及坚持正面教育与自我教育相结合、以自我教育为主的原则等。为了切实加强高校教师的政治思想建设,要尽快组建一支专职与兼职相结合的从事教师思想政治工作的队伍,并恢复50年代学校党委书记、系总支书记及教研室主任抓教师思想政治工作的好传统。笔者认为,当前,要在学校党委的统一领导下,着重从以下四个方面抓好教师的政治思想建设。

第一,加强马列主义、毛泽东思想的理论教育,抓好党的路线、方针、政策的学习与形势、任务的教育。

前一时期,坚持搞资产阶级自由化的人,为了诋毁社会主义的理论基础,肆无忌惮地攻击马克思主义,否定社会主义,搞乱了理论,也搞乱了教师的思想。马列主义、毛泽东思想是无产阶级科学的世界观和方法论。马列主义理论教育的核心是坚持四项基本原则的教育。贯彻治本的原则,就是要组织教师通过认真学习马克思恩格斯列宁毛泽东同志的著作,较好地掌握马列主义的立场、观点、方法和基本理论,用来观察形势,探索各种现实问题,研究教改的政治方向问题,探讨学生思想政治工作中所遇到的各种理论问题,科学地分析国内外各种思潮,以得出正确的结论。当前,特别要结合坚持四项基本原则,反对资产阶级自由化斗争的实际,学好《邓小平同志论坚持四项基本原则,反对资产阶级自由化》等著作,深入批判"马克思主义过时论""社会主义失败论"等资产阶级自由化的种种谬论,彻底肃清流毒与影响。要从理论、历史与中国国情的结合上,使广大高校教师,特别是青年教师认清只有社会主义才能救中国,才能发展中国,认清在中国除了共产党根本不存在任何能够团结领导全国人民进行社会主义现代化建设的坚强政治核心等根本问题,确立四项基本原则是立国之本的坚定信念。高校教师每周半天的政治学习制度,要充分利用起来,做到以上述的学习内容为中心,有计划、有目的、有要求地进行,切实提高学习的效果。

党在新时期的路线、方针、政策是根据马克思主义普遍原理结合我国的实际情况制定的。为了使高校教师能自觉地把自己的本职工作与党在新时期的总目标、总任务联系起来,在抓好学习马列主义理论的同时,要经常地、及时地组织教师学习党和政府的有关文件、指示和决定,进行形势与任务的教育,让他们全面、正确地理解党的路线、方针、政策、了解国情,了解我国在社会主义四化建设和改革开放过程中所取得的成就和遇到的困难,使广大教师及时解除思想上的疑虑与困惑,认清形势,明确奋斗目标,更好地团结在党的周围,为实现"四化"而努力奋斗,并做好学生的政治思想工作。为此,还应恢复五六十年代由各省、市负责人定期向高校师生作形势与任务报告的好传统。

第二,加强师德教育,提高教师教书育人的责任与使命感。

师德指的是教师的职业道德,它来源于教师的职业实践,是教师在教育工作过程中所形成的比较稳定的道德观念、行为和习惯的总和。为人民教育事业献身的精神,热爱学生,教书育人,为人师表,以及与他人、集体良好的合作精神等等,都属于师德的范畴。师德的核心内容是教书育人。要积极鼓励和大力倡导教师在教育教学的实践中不断加强自身的师德修养与锻炼,以使自己无愧于"人类灵魂工程师"的光荣称号。

当下,高校的同志普遍对人才的培养教育工作进行认真的反思,其中之一是如何推动和深化教书育人工作。广大教师通过教书的实践,履行育人职责,不仅容易为学生所接受,而且对加强教师队伍的政治思想建设具有重要意义。近年来,高校在开展教书育人工作方面虽然作了很大努力,但不少教师育人的积极性仍不高,效果也欠佳。造成这种状况的重要原因之一是教师育人的意识不强,要通过教育思想的大讨论或请优秀教师现身说法等方式,使每个大学教师都认识到,教育的根本问题是政治方向问题,是培养什么人的问题,有没有自觉的育人意识,能不能建立起把教会学生如何做人置于首位的使命感、责任感,是一个教育思想、教育价值观的根本问题。教书育人不仅是教师职业道德的核心,而且是衡量一个教师是否全面贯彻教育方针,全心全意为人民服务的重要标志。各校应采取各种形式,表彰鼓励教师负起教书育人的责任,总结宣传那些怀抱无私奉献精神,不计个人得失,把国家和人民的利益放在首位,在教书育人工作中付出辛勤劳动、作出杰出贡献的优秀教师事迹和经验。学校应把做好教书育人工作列入教师工作规范,并完善考核办法,使教师教书育人的实绩成为评估教师、表彰先进、晋级评职的重要依据,从政策上保证教书育人工作的深入开展。

第三,组织教师更多地接触社会,参加社会实践,向工农学习,向实践学习。

正确的认识来源于实践。高校教师的知识大多来自书本,接触生产和社会实践比较少,这些年来接触工农也少,在部分教师、特别是青年教师中形成了一种脱离实际、崇尚空谈、轻视工农、轻视社会实践的风气。提供教师更多的参加社会实践的机会,无论对他们政治思想水平和业务水平的提高,还是培养理论联系实际的好学风,都具有十分重要的意义。一些高校的青年教师在学校的统一组织下,深入社会,深入工农群众,参加社会实践活动后深有体会地说:"通过社会实践,了解了国情,认识了社会,开阔了眼界,丰富了知识,受到全国改革后好形势的鼓舞。通过接触工农,学习了优良传统,磨炼了思想,培养了各种能力,认识了自我,更增加了社会责任感。"许多老教师反映,经过社会实践锻炼后的青年教师,都比过去较好地处理了政治与业务、理论与实践、科研与教学、工作与进修等方面的关系。事实上,新中国第一代知识分子(包括高校现在的中、老年教师),也正是在坚持与社会实践结合、坚持与工农结合中成长起来的。对教师参加社会实践活动,要加强领导,做到有计划、有目的、有检查、有考核、有总结,使之逐步形成制度。对教师参加社会实践活动的途径、形式,要积极进行探索,结合不同专业、学科的特点,采取多种形式、多种途径进行安排,不宜搞"一刀切",可考虑采取让教师参加社会调查、社会考察、参观学习,参加技术咨询、技术革新、科技开发、智力扶贫、讲师团以及带学生下厂搞毕业设计、生产实习等多种形式。教师参加社会实践可单独组织,也可与指导学生社会实践结合在一起。应规定青年教师在进入讲师前至少需参加一年的社会实践,并作为升入讲师的必备条件。

第四,加强党员教师的思想建设,发挥教师党支部的战斗堡垒作用和党员教师的先锋模范作用。

现在高校教师中的党员一般占到教师总人数的 35%～50%,而且教研室主任、骨干教师多数是党员。抓好党员教师的思想建设,提高他们的素质,就可以把整个教师队伍的政治思想建设带动起来。从目前高校中党员教师的状况来看,大多数同志表现是好的或比较好的,他们成为做学生思想政治工作的骨干和稳定学校局势的重要因素。但从党员教师在群众发挥先锋模范作用的情况看,也表现出一定的差异与层次性,大体是:部分党员教师能保持较高的思想境界,他们忘我工作,富有奉献精神,在关键时刻能挺身而出,在教学、科研及教书育人中做出了优异成绩,较好地发挥了党员的先锋模范作用;较多的教师党员属于"中间状态",他们的总体表现较好,但先锋模范作用还不够明显;还有少数党员教师理想模糊,信念动摇,工作得过且过,存在比较严重的个人主义,群众对他们的意见较大。在加强党员教师的政治思想建设中,要充分宣传和发扬起先锋模范作用的党员教师的先进思想与事迹,使其成为广大教师学习的榜样。属于"中间状态"的党员是党员教师队伍中的大多数,提高党员教师素质,高校党组织应把注意力放在对这一层次同志的教育上,这对整个党员队伍的面貌变化、形象改变以及先进性的体现有决定性的意义。对少数表现差的党员教师,也应立足于教育,但这种教育必须和严肃的批评、严格的监督结合起来。为了增强教师党支部的战斗力与凝聚力,学校党组织要选择政治素质好、业务好,善于做思想政治工作的党员教师担任教师党支部的负责人。要通过严格党组织生活,举办党课,创办业余党校对党员教师进行轮训,以及定期对党员进行民主评议和考核等形式,提高党员教师的无产阶级党性,坚定共产主义的信念,增强坚持全心全意为人民服务宗旨的自觉性,使广大党员教师在搞好教学、科研和教书育人工作中,在团结广大师生等方面,发挥先锋模范作用。尤其在涉及切身利益问题的处理上,要教育党员教师处理好个人和集体的关系。

高等学校的管理干部[*]

高等学校的根本任务是为社会主义建设培养高级专门人才。学校管理水平的高低,同培养人才的质量密切相关。高等学校不仅要建设一支高水平、高质量、结构合理的教师队伍,而且还要建设一支相应的强有力的管理干部队伍。这两支队伍对于高等学校来说,犹如车之两轮、鸟之双翼,是缺一不可的。高校工作的实践证明,当党的政治路线和有关教育工作的方针、政策、法规确定之后,高等学校管理干部的状况如何,对其办学水平的高低起着决定性的作用。

第一节 管理干部的任务和素质要求

高等学校的管理干部,按工作性质与任务,可分为政治思想、教学科研、行政后勤三类;按行政管理体制,可分为校(院)、处(系、所)、科(室)三级,有些规模大的学校还设有独立性比较大的学院一级。

一、高校管理干部的基本任务

高等学校管理干部的任务,应始终从属于高校培养合格人才这一根本任务。所以,高校管理干部的基本任务是"组织育人""管理育人"和"服务育人"。围绕着育人这个中心,其所担负的任务和职责有以下四个方面:

1. 领导决策。主要指按照党的路线、方针、政策和上级教育部门的指示,并根据学校工作的规律和实际情况,决策、确定学校的工作目标,制定规划、计

---

[*] 选自杨德广主编《高等教育学概论》(上海交通大学出版社1991年版)第七章,由黄良汉、曾文彪执笔撰写。

划和管理规章制度,以及决定人、财、物的分配使用等。

2. 组织协调。主要指按已确定的目标、计划、任务合理地任命使用干部,协调各部门、各单位、各类人员之间的关系,调动各方面的积极性,高效率地进行工作。

3. 指导检查。指对学校的教育、教学质量和其他各方面,及对各类人员的工作进行指导、督促、检查和评估等。

4. 服务保证。指管理干部队伍要为学校出人才、出成果的工作创造良好的政治环境、学术环境、学习和工作环境;组织力量为教学、科研提供各种条件;通过思想政治工作和其他各种实际工作为师生员工排忧解难等。

二、高校管理干部必须具备的基本素质

素质是一个外延很广的概念。狭义的素质指的是人的先天的解剖生理特点,主要是感觉器官和神经系统方面的特征。广义的素质是指人的性格、毅力、兴趣、气质、风度以及思想品德和才能等方面的素养。这里所讲的素质主要指高校管理干部从事教育管理工作所必须具备的主观因素,即应具备的条件和水平。这是选拔、任用、培养高校管理干部的内在依据。由于高级专门人才培养工作的极端重要性和异常复杂性,也由于精神生产的特殊性,对高校管理干部队伍的素质应有高标准的要求。即必须具有较高的思想政治觉悟,教育、科学和文化知识素养,以及较强的管理能力。具体地说,特别要具备以下基本素质:

1. 坚持四项基本原则,有较高的马克思主义修养、政策水平,坚定不移地贯彻党的方针、路线和政策。

2. 忠诚人民的教育事业,具有高度的革命责任感和事业心,勤奋工作,不计较个人名利,甘当无名英雄,全心全意为师生员工服务,富有奉献精神,勇于改革创新、开拓进取。

3. 有正确的教育思想,懂得高等教育规律,了解教育、教学过程,熟悉教师的劳动特点和青年学生特点,善于研究教育理论和实践问题,对学校工作有准确的一定深度的洞察力。

4. 具有团结协作的集体主义精神,能密切联系群众;善于做思想政治工作,善于协调和正确处理人际关系和部门与部门之间的关系,发挥和调动人的积极性。

5. 具有组织能力、社会活动能力,善于调查研究,具有进行综合分析、解决问题的能力,工作有预见性,有长远观点和全局观点,能够正确处理好本职工作与全局的关系。

6. 处事公道,工作求实,讲究工作效率和效果,具有工作的主动性和创造性,善于接受新事物,善于培养典型和总结经验,注重信息和情报资料,重视利用智囊机构和现代化手段帮助决策和实施管理。

7. 知识化、专业化水平较高,一般应具有一定的学历和某些专门的科学知识,有一定的语言、文字表达能力,具有较强的自学能力。

以上是就高等学校管理干部队伍的总体素质而言的。至于对不同层次、不同职务、不同方面的管理干部的素质要求,所需的侧重点和深度则应有所差别。一般地说,层次越高、职责越重、管理范围越大的干部,要求应当越高、越严、越全面。

第二节 管理干部的群体结构

一般地说,所谓结构,就是每个具体系统的构成形式,是一个系统内部诸要素排列组合的方式。为了适应高校管理工作的需要,提高管理工作的整体效益,高校管理干部队伍应有一个合理、优化的群体结构。合理、优化的高校管理干部队伍结构应符合相互协调、精干和素质互补等原则。合理、优化的高校管理干部队伍结构的主要内容如下:

1. 职务结构。指在管理集体中,职务的设置及其相互关系。它直接关系着管理集体的性质和效能。高校管理干部职务结构优化的要求是:职务设置要适应工作的需要;职务与能级相应,职务分工符合职、责、权一致的原则;职数最小的比例原则,即力求精干,用最少的人办最多的事。

2. 知识结构。指在管理集体中,管理干部的专业知识构成及其相互关系。高校的管理对象主要是学生、教师,都是知识分子,作为高校的管理干部,必须具有足够的知识水平和实际工作才干,才能担负起领导教学、组织科学研究、管理知识分子这副重担。就学校的领导成员而言,应该是专家中的杂家、专才中的通才,不仅要有包括马克思主义理论、自然科学技术、人文科学和自己所负责的某方面工作的专业知识,还要有高等教育学、教育经济学、教育心理学、管理学、领导科学等方面的知识。校、系领导班子中要有一些职业的管理专家、教育专家,要注意由不同知识专长的人进行合理搭配,以便更好地发挥班子的知识效能,增强处理问题的应变能力。对于学校其他层次的管理队伍,也要由相应知识层次的人按一定比例组成。

3. 智能结构。即管理集体中,管理干部所需要的智能构成及其相互关系。智能是指人们掌握和运用知识的能力,它包括自学、研究、思维、表达和创造等各方面的能力。高校管理工作中,需要多种智能相互匹配,而不同的人又具有不同的智能优势。据现代心理学家考察,人才按思维类型划分为三种,即稳健型、发现型和创造型。稳健型人才的特点是沉稳、持重,善于把航定向;发现型人才的特点是逻辑思维好,概括能力强,善于总结经验、预测事态;创造型人才的特点是敢于质疑,发表创见,善于打开局面,开拓新路。三种智能型人才,各有所长,也各有所短,应在高校各层次的管理集体中恰当地组合,才能发挥最佳的智能功效。

4. 专业结构。指管理集体为适应管理工作所需要的专业构成及其相互关系。这里所说的"专业",既包括文、理、工、农、医一类的专业,也指某一方面的管理专长。专业结构合理,有利于高校管理干部队伍的专业化,实现内行管理。一般地说,高校的管理干部需对某一专业领域有较多、较深的了解,并且最好还能具有相关专业的基本知识,以便结合专业特点做好岗位工作。专家、教授有一技之长,从事领导和管理有许多有利条件,应当从他们中选拔有组织管理水平的人担任高校各管理层次的领导干部,但也要挑选一些擅长思想政治工作的"软"专家担任领导。总之,校、系领导班子成员应形成一个合理的专业构成比例。学校各管理层次的干部,由于职务、分工不同,他们管理的范围、环节、深度和广度自然有所不同,故专业化的要求也不尽相同,不应强求一律。各高校还应注意适当吸收从教育管理专业及社会科学专业"科班出身"的人担任管理干部,以利于提高整个管理队伍的科学管理水平。

5. 年龄结构。指管理集体中,不同年龄阶段的管理干部的组成及相互关系,它是关系到管理集体的生命力和继承性的因素。高校管理干部队伍优化年龄结构的基本原则,应是老、中、青结合,以中年为主,以发挥各个年龄层次干部的优势和各自的积极作用。实行老中青结合的年龄结构,有利于不同年龄区段的干部由生理原因所带来的差异得到互补,以及由工作实践的长短、经验的多寡所带来的能力差异得到协调。正处于管理最佳年龄区的中年干部比较能力和判断能力强,一般应是中、高层学校领导班子的骨干。

第三节　管理干部的选拔和任用

优秀的领导人注视着未来,并为未来做好准备。一个重要的准备就是及时选拔优秀人才并加紧培养,使他们能够应付新的需要、新的问题和新的挑战。

高等学校的管理干部,是办好学校的一支重要力量。管理干部的质量,特别是校级领导干部的质量,是任何一所学校不断取得成功的最重要的决定性因素之一。为了建设一支"廉洁、高效、勤政、务实"的干部队伍,除了做好机构精简工作以外,还要进一步改革领导干部的选拔和任用制度。

一、管理干部的选拔和任用方法

我国高等学校管理干部的选拔和任用是按"分类管理"的原则进行的。

1. 校级领导干部的选拔和任用。学校党、群组织的各级委员会,都采用选举制的办法产生。校级党、群组织的委员会,由该组织的代表大会选举产生。以下各级委员会,由该组织的全体成员用直接选举的办法产生。校长的选拔和任用一般采用荐任制,即通过民主推荐、民意测验等形式,充分走群众路线,并由组织部门进行全面考察,党委(党组)集体讨论决定。

学校党委正、副书记,正、副校院长的任用与学校隶属关系有关。全国重点高等学校的党委正、副书记,正、副校院长和非重点高等学校(专科学校除外)的党委书记、校院长,由中央管理,部委党组和省、市、自治区党委协助中央管理。对这些干部的任免、调动,属于双重领导以部委为主的院校,有关部委党组和省、市、自治区党委都可提出建议,双方协商取得一致(不一致时,可将双方意见同文上报),由部委党组呈报中央审批;属于各部委和省、市、自治区直接领导的校院,由有关部委党组或有关省、市、自治区党委提出建议,呈报中央审批。

非重点高等学校的党委副书记、副校院长,专科学校的正、副书记和正、副校长,凡属部委主管的院校,由部委党组管理;凡属省、市、自治区的校院,由省、市、自治区党委管理。

双重领导以部委为主的校院,属于部委管理的干部,由省、市、自治区党委监督管理。对这些干部的任用,主管部委党组要主动征求省、市、自治区党委的意见,省、市、自治区党委也可主动提出意见。

2. 处、系级干部的选拔和任用。这一级干部一般由学校党委自行管理,因此,对其任用由学校党委集体讨论决定,并报主管部委和省、市、自治区党委干部部门备案。为了促进校园民主建设、增强干部工作的透明度,学校党、政部门处级干部的选拔和任用一般需经过以下程序:一是组织(人事)部门定期公布职务缺额,为校内人员提供一个公平、平等的竞争机会;二是由组织(人事)部门接受推荐和自荐,包括个人推荐、自荐或者集体推荐、主管领导提名;三是组织(人事)部门进行全面考察,考察工作包括:审查被推荐人的任职条件是否符合要求,听取群众对被推荐人的意见,查阅被推荐人历年工作实绩与考核材料;四是由组织(人事)部门按一个职务缺额必须有两人以上的被推荐人选提交党委会或党委与校长联席会议审批。系(学院、所、部)行政领导干部的选拔和任用,有些学校是采用选举制,即由本系(学院、所、部)群众直接选举产生。有些学校是采用委任制,当然一般也是按照民主推荐,组织部门考察。

3. 科级干部的选拔和任用。这一级干部的任用一般采用委任制方式。各系(学院、所、部)的科级干部,由各单位根据学校核定的职数限额自行任用,校部机关的科级干部由处(部)讨论确定,报分管校长或书记审批同意。

4. 学校内实行独立核算、自负盈亏的经济实体的负责干部一般采用聘任制的方法确定。通过招标、承包、租赁等方式选定,并按有关规定签订合同。经济实体内的其他干部,一律由实体负责人自行选聘。

综上所述,目前高等学校管理干部的选拔和任用较多采用的方法有选举制、荐任制、委任制和聘任制。现在,正在推行一种干部调整交流制度,这是干部制度改革的一个组成部分。需要调整交流的干部,首先在本地区范围或本部委所属的学校之间进行,个别的在全国范围调整交流。少数不适应学校工作而到其他部门更能发挥作用的干部,可就地另行安排。运用调整交流制度,充实和加强新建院校的领导班子十分有效。有些老的校院,处系一级干部基础较好,可结合本校干部调整,统筹安排,抽出一些干部支援其他学校,有的可以提拔担任校院级领导干部。

二、管理干部选拔和任用的基本经验

实践证明，一个好的选拔和任用制度是保证高等学校管理干部人才辈出、后继有人的重要环节。党的十一届三中全会以来，高等学校的干部人事管理制度有了许多改革。主要在以下几个方面有较大突破：

1. 纠正各种轻视知识和知识分子的错误思想，充分认识科学文化知识对完成新的历史任务的重要性；敢于放手使用知识分子（包括有学历的和自学成才的）。党的十一届三中全会以来，从中央到地方，各级组织部门都十分强调高等学校领导干部的科学文化素质的要求，高等学校按照干部"四化"的方针，大批优秀的知识分子充实到各级领导岗位上。据上海31所高校1987年的统计，校院级领导干部中已有百分之九十二的人达到大专以上文化程度，具有讲师以上职称的占百分之七十左右，具有高级职称的占三分之一。

2. 克服"论资排辈"思想，创造一些适应新形势、新任务的台阶，敢于破格选拔人才。为了使高等学校领导班子始终掌握在马克思主义者手里，并能使领导班子新老交替，顺理成章，始终保持年富力强，中央组织部和国家教委，一方面对校院级领导干部的年龄作出了严格的规定，另一方面十分强调对中青年干部的培养与选拔，特别提出在新组建的校院级领导班子中要有"跨世纪"的干部（即40岁以下的干部），让他们早挑重担，在实践中锻炼提高。

3. 打破只从党政系统选拔党政领导干部的框框，扩大选拔人才的视野，注意从各部门、各学科选拔优秀干部，特别是注意从专业技术干部中选拔一批政治素质好、有组织管理才能或者在领导才能方面有发展前途的人进入党政领导班子。

4. 改变组织人事管理工作神秘化和手工业式的选拔干部办法，采取个别了解、小型座谈、民意测验、情景考核等方式反复酝酿，充分走群众路线，实行民主推荐和组织考察相结合。

5. 冲破实际存在的干部领导职务终身制的束缚，做到职务能上能下。现在高等学校各级领导干部，基本上都是实行任期制。校院级领导干部任职期限和本校学制年限相同，以下各级领导干部任职期限大多是三年。任职期满，是否可以连任，各所学校的做法也不一样。

深化上海高等教育改革若干问题的思考*

邓小平同志的南方谈话,标志着我国的改革开放和经济建设进入了一个新的发展阶段。紧紧抓住以上海浦东开发开放为龙头,进一步开放长江沿岸城市的历史机遇,适应我国社会主义市场经济发展的需要,加快上海高等教育改革开放的步伐,既是改革开放的新形势对上海高等教育提出的新要求,也是上海高等教育自身深化改革的迫切任务。

一、深化上海高等教育改革的指导思想

以邓小平同志南方谈话精神为指导,从开发开放浦东、改造振兴上海和高校的实际出发,以育人为中心,依托市场体系,转变观念,转换机制,把学校推向社会,推向经济建设主战场,把学生推向人才市场,使上海高等教育办得有活力、有质量、有效益、有特色,逐步形成与上海经济和社会发展相适应的高等教育发展规模和机制灵活的高等教育体系。

高等教育改革必须有利于全面贯彻党的基本路线,促进高等教育更主动、有效地为社会主义现代化建设服务;有利于全面贯彻党的教育方针,培养德智体全面发展的社会主义事业的建设者和接班人;有利于充分调动广大师生员工的积极性和创造性,全面提高教育质量和学术水平。

二、深化上海高等教育改革的主要任务和目标

深化上海高等教育改革的重点是理顺政府与学校的关系、学校与社会的关系,改革体制,转换机制。

——改革高等教育高度集中的计划管理体制,转变政府对高校的管理职

---

* 选自王生洪主编《高等教育为地方经济服务》(同济大学出版社 1992 年版),由黄良汉、张光坼、杜惠仁、金同康、汤传明、沈振华执笔。

能，使学校成为面向社会和市场，真正具有法人地位的独立办学实体。

——改革国家包下来的大学生招生和毕业就业制度，逐步实行"缴费上学，奖贷结合，优胜劣汰，双向选择"的求学、择业制度。

——改革高校内部的人事分配制度，建立以利益驱动为核心的竞争、激励机制，最大限度地调动教职工积极性，充分发挥办学潜力。

——改革单独依靠国家投资办学的高教模式，逐步形成以国家办学为主，民间团体、私人办学相结合的多元办学体制。

——扩大高等教育的对外开放，逐步形成多层次、多形式的国际合作办学模式。

——加强在新形势下高校党建工作的研究与探索，改进高校思想政治工作，发挥高校党的建设和思想政治工作为高校改革保驾护航的作用。

三、深化上海高等教育改革的主要内容

(一) 扩大高校办学自主权

要改变政府部门对高等学校包揽过多、统得过细、管得过死的状况，明责放权，使学校成为相对独立的办学实体。政府教育主管部门的主要职责是规划、协调、指导、服务和监督。在国家和地方教育法规、方针和政策的指导下，扩大高校办学自主权。

1. 招生：在国家和地方招生计划的宏观指导下，学校有权根据社会需要和办学能力，扩招一定比例的自费生、委培生，有权调整公费生、委培生和自费生的比例。

2. 专业设置：学校可以在专业总数和"专业目录"内设置调整或拓宽本科专业，确定专业方向。对设置"专业目录"外的专业，经过充分论证后报主管部门批准。

3. 职称：经过定编、工资总额包干和确定合理的职务结构比例，在试点的基础上，逐步下放高级职务评审权，实行评聘分开。

4. 工资和机构设置：学校可自主决定校内工资、津贴和奖酬金分配办法。在核定的编制和工资总额内，学校有权决定党政机构的设置和人员配置。

5. 收费：允许学校在国家政策规定的范围内，自行决定自费生、委培生、夜大学、函授等收费标准，报主管部门和地方物价部门同意后执行。

6. 对外交流：学校可以根据主管部门下达的公派出国留学人员的名额和

经费，自行选定和审核出国人员名单；可审批单位公派和自费出国留学人员以及出国合作科研人员，可自行录取外国留学生，并规定自费来华留学的学费。

（二）招生和毕业生就业制度改革

逐步改变大学生统招、统配和包下来的制度，允许学校在本市本专科和研究生招生计划的指导下，自行确定一定的增招或减招比例；允许学校逐年减少国家指令性计划招生，增加委托培养和自费生招生，争取三年内，委托培养和自费生招生占招生总数的30%以上。

进一步完善自费生招生和收费办法，扩大贷学金和奖学金的比例，扩大"读书缴费、不包分配"的试点院校数量，进行相应的学籍管理改革，着力于办学机制的转换。

改革高校毕业生就业制度，由学校根据计划调配部门的指导性意见，与用人部门"供需见面"，落实毕业生就业方案。加快实行毕业生自主择业和用人单位择优录用的"双向选择"制度。

转变政府在毕业生分配就业工作中的职能，各校建立"就业指导中心"，全市建立相应机构，为学生择业提供信息和服务，促进毕业生尽快进入人才劳务市场。

（三）校内管理体制改革

以劳动、人事、分配制度改革为重点，进一步深化校内管理体制改革，结合教学、科研和社会服务等方面的改革，配套进行，逐步推进高校的综合改革。年内要在总结第一批高校综合改革试点经验的基础上，确定第二批综合改革的试点单位，经市高校改革领导小组批准后，抓紧组织实施，促进高校逐步形成自我发展和自我约束的机制。

积极推行"三个双轨制"：一是固定编制与流动编制相结合的双轨制。严格定编、定岗、定责，按照满工作量和公平竞争、择优聘任的原则，进一步搞好聘任制和合同制。二是国家工资和校内工资相结合的双轨制。在工资总额包干和执行国家工资制度的前提下，实行国家工资与校内津贴相结合的分配制度。打破现行奖酬金分配上存在的平均主义，按照各类人员的岗位职务和工作实绩，合理拉开收入差距，形成学校内部竞争机制。三是教师职称、职务评聘分开的双轨制。支持综合改革试点学校在职务限额内对教师的职称、职务进行评聘分开的试验，帮助有关高校制定各类专业技术人员和管理人员的职务、职称结构与工资分配挂钩的实施办法。

推进校内管理体制改革和综合改革要从各校的实际出发,市教育主管部门要创造必要的条件,支持高校的综合改革。对综合改革试点单位要在启动经费、招收自费生和评聘副高级职称等方面实行优惠政策。同时积极筹建上海市高校人才交流中心,帮助高校合理安排富余人员。

(四)改革单一的高等教育办学体制,鼓励、支持民间与私人办高等教育

为了适应经济结构中多种所有制经济成分的发展和变化,适应上海产业结构的调整,必须加快改革原有的国家包办高等教育的单一传统模式,逐步形成国家办学、民间办学和私人办学等多种模式,共同推动高等教育事业的发展。这有利于充分调动社会力量办学的积极性,有利于多渠道筹集教育资金,减轻国家办学的负担,有利于积极探索灵活多样、充满活力的办学体制。

尽快制定《上海市民间与私人开办高等教育暂行条例》,使民间与私人办学有条不紊地走上正轨。

遵循国家颁发的有关法律、制度和教育方针,允许民间和私人创办大学。凡旨在推动本市高教事业发展、有志于献身高教事业的各种民间团体和公民个人,只要其具备相应的办学条件,都应该受到鼓励和支持。

民间与私人办高等教育可以采取多种形式,包括举办各类高等教育的培训班、进修班直至创办高等学校,培养上海经济社会发展所迫切需要的各种紧缺人才。

充分发挥民间与私人办学的独特优势,以人才市场、科技市场为导向,建立灵活的办学体制和机制,使其成为自主开办、自负盈亏的独立单位,民间与私人办学,在充分论证的基础上,可以新建,也可对现有的个别高校进行改制的试点。

(五)继续推进教育教学改革

深化教育教学改革的关键在学校。学校领导要把培养过程的教育和教学改革放到突出位置。要围绕提高教育质量这一总目标,从教育思想、教育内容和教育方法等方面继续推进各种改革,正确处理好理论教育和实践教育的关系,改变学校教育和教学不同程度地脱离实际的现象,使学生的政治思想素质和业务实践能力有明显的提高。

要根据上海经济发展和产业结构调整的需要,调整学校原有专业的培养目标,在充分论证后,设置一批与高新技术和第三产业密切相关的专业,调整和充实教学内容,拓宽专业面,增强学生的业务适应能力。在继续完善主副修制的同时,积极而认真地进行双学位和第二学位、双专科和第二专科教育,大力培养复合型人才。

推进高等专科教育改革。要打破长期以来形成的专科教育是本科教育"压缩饼干"的状况,使专科真正办出特色,培养生产第一线需要的高质量的工艺、技术和管理型人才。选择几所学校的几个专业作为教学改革的首批试点单位,并从政策、措施上加以配套,保证专业教学改革的顺利进行。

加强实践教育,实行教育、科研、生产(社会实践)三结合,建立和巩固生产实习基地和"三结合联合体",形成学校和社会共同培养人才的机制。

继续抓好课程建设,改革教学内容和方法,完善学分制、按系招生等各种教学管理制度,强化外语、计算机和各种应用能力的训练,全面提高教学质量,培养一大批基础扎实、动手能力强、适应性广的专门人才。

(六) 加快发展高校科技产业

要在贯彻实施上海市人民政府颁发的《关于加强高等学校科学技术工作的通知》精神及其规定的发展高校科技产业的有关政策的同时,重点推进下列几项改革:

实行"一校两制"。各高校按照所有权和经营权相分离的原则,对科技产业在人事、财务、分配等方面实施企业化管理,自主经营,自负盈亏。在漕河泾新兴技术开发区的校办科技企业,按"三资"企业的运行机制进行管理。

发展科技市场。高校的科研和开发力量要集中优势,重点抓好若干个科技实体的建设,即上海高校科技发展总公司、高校计算机软件工程公司、中国高科集团公司和科技一条街。

普遍推广高校向郊县派遣科技副乡长的做法。

推进"产学研"结合。高校与科研部门、产业部门紧密结合起来,合作科研,合作共建中试基地,合作开发经营,合作培养人才,使高等教育更好地为地方经济服务。

扩大高校的股份制企业和"三资"企业。有条件的高校科技开发公司可以积极争取改制成股份制公司,并发行科技产业的股票。进一步创造条件,扩大高校"三资"企业的比例,促使高校的科技企业转换生产经营机制,使科技成果更快地转化为生产力。

(七) 扩大对外开放

在继续扩大本市高等教育与国际教育、学术和科技交流的同时,积极探索国际合作办学,以利于培养社会主义现代化建设所急需的外向型人才,以利于学习和吸收国外高等教育发展和管理的成功经验,以利于吸收境外投资,改善办学条件。

学校可根据需要和可能,与海外友好团体或个人合作、合资办学。支持有条件的高校到国外办学及在国外合作或独立设立办学机构。

有条件的院校可与国外合作培养具有国际专业证书资格的外向型人才,或为国外有偿培养专业劳务人员。

为保证国际合作办学有章可循、有法可依,上海要加紧研究制定国际合作办学的有关法规。

"普通高等学校合格评估(鉴定)制度的研究"课题研究报告*

一、课题研究的任务、进程和主要成果

(一) 课题研究的任务

"普通高等学校合格评估(鉴定)制度的研究"课题是国家教育科学"八五"重点课题"具的中国特色的高等教育评估制度和政策的研究"的子课题,本课题的研究任务是:

1. 研究和拟定上海市普通高等学校合格评估(鉴定)试点的方案(其中包括评估准则与标准,评估指标体系和评估方法等),并在市评估领导小组领导下组织实施和总结试点工作。

2. 在上海市试点的基础上,开展调查研究,征询全国各省市不同地区对试点评估方案的意见,为贯彻国家教委颁布的《普通高等学校教育评估暂行规定》,研究拟定在全国试行普通高等学校合格评估(鉴定)的实施意见。

(二) 课题研究的进程

上海市高教局于1989年12月在郑州召开的全国高教评估工作会议上正式接受课题研究任务后,于1990年初成立了上海市普通高校教育评估领导小组,决定在普通高等学校办学水平综合评估试点的基础上,着手进行对新建普通高等学校合格评估(鉴定)的试点工作,并根据工作需要,调整充实了评估办公室工作人员,在评估办的基础上组成了课题研究组,基本上采取"一套班子,两个任务",实行评估工作和课题研究任务相结合,体现了实验研究的特点。随着评估试点工作的开展和深入,整个研究进程可分为以下四个阶段:

1. 试点实施研究阶段(1990—1991),研究拟定对上海农学院、上海大学

---

* 原载上海高等教育研究所主编《高教评估》1993年第3期。课题组组长黄良汉,副组长许宝元,成员丁良、王一鸣、王桂兰、邵延忠、俞国娟、傅建勤。

和上海工程技术大学三所新建普通高校的合格评估方案,并参与组织实施。在此之前,1987—1988年,上海市高教局还曾有意识地选择一所新建院校——上海城市建设学院,作为合格评估(鉴定)的试点。

2. 试点总结、调研阶段(1991—1992.5),回访四所经过合格评估的普通高等学校,了解评估后学校的变化,并征询对评估方案的意见,全面总结试点阶段的工作和所取得的成果,修改合格评估方案。

3. 全国调研、论证阶段(1992.6—1992.11),在全国(包括上海)5省12市向59个单位的教育专家征询上海普通高等学校合格评估(鉴定)试点后经修改的评估方案的意见,并从理论和实践上进一步研究和分析合格评估的特点,提出了新的评估方案,并进行专家论证。

4. 结题鉴定阶段(1992.11—1993),依据专家论证的意见进一步补充完善和修改研究报告,评估方案及完成所有的课题研究成果的附件材料,准备接受国家教委对课题的鉴定和对四所学校合格评估的验收。

(三) 课题研究的主要成果和意义

1. 课题主要研究成果是课题报告和以下三份附件:

附件一　关于开展普通高等学校合格评估(鉴定)工作的意见;

附件二　上海市普通高等学校合格评估(鉴定)试点工作总结;

附件三　上海城建学院、上海农学院、上海大学、上海工程技术大学等四所新建普通高等学校合格评估(鉴定)报告。

2. 课题的意义。合格评估(鉴定)是我国高等学校教育评估的基本形式之一,本课题的研究成果将对建立我国普通高等学校合格评估(鉴定)制度起到积极的推进作用:

(1) 从理论和实践结合上初步研究了合格评估的特点、规律和方法,为开展评估研究、贯彻国家教委《普通高等学校教育评估暂行规定》打下了基础。

(2) 促进了上海新建普通高校的建设和发展,经过评估的四所学校中有三所是被国家教委亮黄牌的学校,评估后充实、改善了办学条件,提高了教学质量,加强了学校管理,出现了新的活力,激励了办学积极性。

(3) 通过专家评估,加强了社会用人部门对学校教育工作的参与,密切了产业部门和学校的关系,为进一步开展产学研合作教育和社会评估打下了基础。

(4) 为教育行政部门在改革开放和新形势下,改变机关职能,支持学校面向社会自主办学,通过评估手段进行宏观指导提供了初步的经验和方法。

二、关于新建普通高等学校合格评估(鉴定)的内涵

在合格评估方案中,关于评估准则和标准已在《普通高等学校教育评估暂行规定》中指明,因此课题组着重研究了合格评估的指标体系内涵和评估方法问题。在此先讨论评估内涵,在报告的第三部分再讨论评估方法。

(一) 关于在合格评估(鉴定)中沿用办学水平综合评估指标体系的讨论

根据上海的实际情况,在普通高等学校合格评估的试点中基本上沿用了办学水平综合评估的指标体系,其一级指标为7项:学校领导及指导思想;师资队伍;思想政治教育;本科生培养质量;科学研究;学校管理和效益;办学条件。内涵细化后的三级指标共有56项。对学校的评估报告分为两部分,首先对办学条件和本科生培养质量作出鉴定结论;接着对学校全面办学水平作出评估结论。这是把水平评估和合格评估结合在一起,同步进行的方案。课题组在广泛调查和深入分析研究后认为,评估的内涵应依据评估的目标确定,因此尽管合格评估和办学水平评估均有综合评估的性质,但两者是具有不同的目标的评估。办学水平评估是对鉴定合格的学校进行的经常性评估,是在一定时期和范围内主管部门为监督和考核学校所采取的全面诊断学校各项任务实施过程和总体效果的比较评估。因此评估的标准具有时间和校间的相对性。而合格评估是国家对新建普通高等学校基本办学条件和基本教育质量是否达到国家规定的标准的一次性鉴定,因此评估的标准是绝对的,其评估的结论着重于评价每一项指标是否达到合格标准,而不强调各项指标达到的综合水平的高低,因此其评估的内涵无须如水平评估那么全面、细致和详尽,实践也表明在合格评估中采用办学水平指标体系将增加不必要的评估工作量,导致评估过程的烦琐和复杂化。

鉴于以上认识,课题组认为在合格评估方案中应针对评估的目标建立相应评估指标体系,为此需对原试点的方案进行调整和修改。

(二) 修改后的评估内涵的特点

1. 突出评估重点,精简评估指标:把合格评估的内涵突出为基本办学条件和基本教育质量两大部分。而"基本"的含意应理解为新建高等学校不可缺(必要)的最起码(低)的要求,因此根据合格标准的要求,基本办学条件包含办学物质条件和办学人员条件;其中办学物质条件主要是有可靠的基建投资和

正常经费来源，以及有与学校办学任务相适应的校舍、仪器和图书资料。办学人员条件主要是领导班子和师资队伍，正如毛泽东同志所指出的"一个军事学校，最重要的问题，是选择校长、教员和规定教育方针"。由于办学人员条件涉及人员数量和素质。因此在学校领导班子和学校管理方面既包含了办学方针，也包含了校级负责人和系（处）级主要负责人的素质和管理能力。对于师资队伍（包括政治思想工作人员）同样既包含专兼任教师数量、比例，也包含师资素质、职称比例等要求。

基本教育质量主要反映在培养学生的质量上，其中包含学生完成教学计划所规定的德智体诸方面的要求，是否达到毕业的标准，以及是否达到学士学位的标准；其课程学习和毕业论文（毕业设计或其他毕业实践环节）的成绩是否表明较好地掌握本门学科的基础理论、专门知识和基本技能，以及是否具有从事科学研究工作和担负专门技术工作的初步能力。显然学生的实际工作素质、能力还需考核其在实际工作岗位上的表现，而这受到客观环境各种因素的影响，因此基本教育质量的评估内涵需包含教育培养目标及其培养过程的管理，德智体教育的实际效果及社会用人部门的评价等方面。

按以上思路拟定的指标体系一级指标为 2 项，二级指标为 10 项，与原有指标体系相比，一级指标减少 70%，二级指标减少 35.7%，得到了有效的简化。

2. 设立三级参考指标内涵说明：考虑到我国幅员辽阔，地区发展不平衡，存在着差异，对指标体系尚需实践检验。为使指标体系既有鲜明导向性，又不失去灵活性，即既反映出新建普通高等学校办学方向、原则和要求，又能保证基本办学条件和基本教育质量，设立三级参考指标和内涵及说明，各地区因地制宜，从实际出发拟定三级指标及其内涵。

3. 不设加权求和的计分标准：由于合格评估的标准是必要的最低的要求，因此严格讲每一项指标均需及格才能鉴定为合格，由于涉及定性的标准，更需要由专家按实际情况判断。因此设定加权求和的计分标准是不适宜的。

三、关于评估方法

评估方法是回答"怎么评"的问题。为使整个合格评估（鉴定）过程科学、严密、简易可行、取得实效，评估的方法要解决好评估程序、评估材料的搜集和核实，评估专家的作用和评估后续工作等四方面的问题。

（一）评估程序

在贯彻《普通高等学校教育评估暂行规定》所要求的一般评估程序的同时，对于合格评估尚需列入以下程序：

1. 由于合格评估（鉴定）是国家对新建普通高等学校的一种评估制度，是由国家教委组织实施的，因此，首先需由国家教委列出被评学校的名单。考虑到我国地域广阔，学校众多，具体实施可由教委委托各省（市）教育行政部门负责。各地教育行政部门在接受教委委托后，应作出新建普通学校合格评估工作规划和计划报请教委审批。

2. 学校应在规定的评估期限内向当地评估领导机构提出评估申请，在得到同意后正式进入自评阶段。坚持先由学校申请，并开展自评，这是为了激发学校对评估的自觉性和积极性，以达到促进工作的目的。尤其在学校面向社会、扩大办学自主权后，应自觉把评估作为学校适应社会需要的动力因素和约束机制。

3. 各地教育行政部门在完成对学校的合格评估后，需上报教委批准、认可。

（二）关于评估材料的搜集和核实

评估的首要任务是根据评估的目标、标准和内涵，通过系统地搜集学校教育的主要信息，同时对取得的信息进行去粗取精、去伪存真的科学处理，准确地了解实际情况。为此在合格评估中必须进行如下基本材料的搜集、核实和处理工作：

1. 要针对评估指标内涵，拟定学校自评的材料实测表。

2. 要对毕业生的情况（包括用人部门的评价意见及学生本人对学校教育的意见）进行跟踪调查，其调查的范围需达到评估期毕业生总量的70%左右。

3. 要对全校师生员工，就学校现状的主要问题进行民意测验，调查范围必须达到总数的40%左右。

4. 汇总教育行政部门对学校办学状态的有关常规业务资料。

5. 需要对评估材料进行归纳、整理和核实。在评估过程中，由于种种因素，被评估一方对评估一方往往存在一定的防范心理，致使提供的信息中存在不同程度的虚假性，如果不及时识别和核实，将影响评估结论的正确性。因此处理和核实材料是评估过程中极为重要、有较大难度的工作，需要采取专门的措施。在上海的试点中，曾采用工作组来完成这项任务的做法，收到了一定效果,但成立工作组扩大了评估人员的队伍,增加了评估周期和学校负担。随着评估指标体系的简化,评估内容的减少,核实调查任务也可望减轻。因此评估工作组也可简化为少量工作人员伴同专家同时进校开展有关工作。另外的方案是评估专家进校前,根据需要先开始实地明察暗访,核实有关材料,并建立专门的信息处理中心,作为评估资料的准备,但这有待试点。

(三) 关于发挥评估专家组的作用

专家是评估的主体,是保证鉴定工作质量的关键。因此要充分发挥专家组的作用。在专家组的组成和职能方面必须注意以下两点:

1. 要聘请学术上造诣深、威望高、知识面宽广,而且热心教育、熟悉学校工作,掌握教育评估法,判断力强、办事公正、客观,敢于直言不讳的专家为评估专家组成员。在结构比例上,应当使教育行政部门领导和社会用人部门代表、思想教育专家和专业业务专家数量适应学校办学任务和专业特点。总人数控制在19人左右,需由德高望重的教育评估专家任组长,并进行必要的评估工作培训。

2. 在评估过程中要为专家提供了解学校的良好条件和表达评估意见的自主权。在作出鉴定结论时,可采取单项评分,定性综合,投票表决作鉴定的方法。

(四) 关于评估的后续工作

评估后续工作是巩固和发展评估成果的重要环节,其主要是:

1. 及时对鉴定合格的学校做好评估后的回访工作,了解并促进学校巩固和发展评估的成果。要求被评学校于评估第二年向当地评估领导小组呈交评估后学校概况报告,及对评估专家所提问题的改进情况。

2. 对暂缓通过的学校,加强指导,限期采取措施,改善条件,提高质量,一般在1—2年内由学校提出申请,重新鉴定。

3. 对不通过的学校限期整顿、停招或停办,作好善后处理工作。

4. 申诉和裁决。

四、对在全国范围内开展新建普通高等学校合格评估(鉴定)的若干建议

1. 鉴于毕业生的学习质量,需在实际工作岗位有3—4年的工作经历后,才能根据其实际表现作出客观地评价。因此对新建普通高校的合格评估建议

在对第一届毕业生作出跟踪调查结果后进行,即至少在有第二届毕业生时进行。

2. 为了建立和完善我国高等学校教育评估制度,需建立一支相对稳定的评估专家队伍,并颁发评估专家证书,建议在评估试点和研究的基础上,出版我国评估制度、理论和方法的专著及评估工作指南。在教育专业中设置教育评估课程,开展和加强评估理论和工作培训,建立和健全各级教育行政部门和社会用人部门的评估职能。

3. 为了尽快促进新建普通高等学校建设和发展,建议学位办在新建普通高等学校通过合格评估后,才准予其授予学士学位。

4. 由于全国各地区高等教育发展不平衡,因此在全面实施合格评估制度前,建议国家教委在不同省市、不同层次和类别的学校进行第二轮试点,以取得经验,进一步完善评估方案。

上海教育事业蓬勃发展*

15年来,上海的社会主义建设围绕着"开发浦东,振兴上海、服务全国、面向世界"这个总的战略目标,在改革开放的大潮中阔步前进,取得了举世瞩目的成就,其中,教育事业也在改革开放中迅速发展。教育是现代化建设的奠基工程,15年来以高昂的格调,改革的大手笔,书写出一篇篇改革开放的文章,奏响了一支支改革开放的赞歌。

党的十一届三中全会以来,上海教育的改革和发展进入了一个新的时期。15年中,按改革的时间和层次,大致可分为四个阶段:开始是通过拨乱反正进行必要的较大规模的恢复和调整,这为以后的教育改革和发展打下了较好的基础,在邓小平同志提出关于"教育要面向现代化,面向世界,面向未来"的方针后,围绕教育本质、教育目的、教育功能等问题,掀起教育思想观念大讨论的热潮,学校内部进行若干改革探索,并开始把改革的主要目标指向积弊丛生的教育管理体制;随着中央关于教育体制改革的决定的实施,全面开展教育体制的改革,并把管理体制的改革与教育宏观结构的改革、教学的改革和教材的改革结合起来;邓小平南方谈话和党的十四大以后,按照教育必须适应社会主义市场经济发展,适应上海"一个龙头、三个中心"地位的要求,高标准贯彻实施《中国教育改革和发展纲要》,进一步围绕理顺体制、搞活机制、加强投资、提高师资和加强法制为重点,继续推进和深化教育改革,探求有中国特色、上海特点的教育改革和发展的新路子。

15年来,上海教育主要进行了八个方面的改革。

1. 教育管理体制改革

1985年《中共中央关于教育体制改革的决定》颁布后,上海基础教育实行

---

* 原载中共上海市委党史研究室编《上海改革开放风云录》(上海人民出版社1993年版)。作者时任上海市政府教育卫生办公室教育处长兼研究室主任。

了"地方负责,分级管理"的体制,进一步强化了区、县对教育的管理职能,提高了各级政府办学的积极性,有力地促进了九年义务教育的实施,推动了基础教育与当地经济和社会发展的结合。为了加强对职业技术教育和成人教育的宏观管理和统筹协调,分别成立了由分管教育副市长任主任,各有关委、办、局领导作为成员的上海市职业技术教育协调委员会和上海市成人教育委员会。近几年来,高等教育逐步下放和扩大高校办学的自主权,让高校在人、才、物配置,专业设置,招生方案和职称评审等方面,拥有更大的自主权,使高校办学更主动地适应经济建设和社会发展的需要。

2. 办学体制改革

近两年来,上海创办了10多所民办或民办公助的中、小学校,还批准和筹办了杉达大学等若干所民办高等学校。杉达大学经国家教委高校设置委员会审核批准,已成为我国第一批具有可授国家大专文凭的全日制普通高校。在国际合作办学方面,全市已建立20多所包括会计、商贸、建筑管理等专业在内的国际合作学校和若干所便利外籍人士子女在沪就学的国际学校。一个以政府办学为主、社会各方共同办学以及国际、国内合作办学的多元化格局逐步形成。

3. 校内管理体制改革

1983年,由上海交通大学开始,上海许多高校先后推行了包括定编定员、人员合理流动、岗位责任制、聘任制、考核制、奖励制、结构工资制及后勤承包责任制等制度在内的校内管理改革方案。全市大多数高校均已实施了校内管理体制改革。全市中、小学和职业学校先在51所学校试点,然后扩大到337所,现在,校内管理体制改革已推行到大部分学校。校内管理体制改革的实施,初步形成了"劳酬挂钩,拉开差距"的激励机制,进一步调动了广大教职员工的积极性,促进了教育质量,办学水平和管理效益的提高。

4. 教育结构改革

基础教育适应社会经济发展的需要,实行合理分流,逐步形成与普通教育相并行的职业技术教育体系。三类职业学校与普通高中招生的比例,1980年为5.9∶94.1。经过调整,近几年来,一直稳定在60∶40这一较合理的比例,扭转了中等教育单轨化的状况。近两年,按照上海城市功能重塑的要求,中、小学和职业学校,结合城区改造,正在进一步合理调整布局。农村教育实施农科教、普职成统筹结合,促进了经济、科技和教育的结合。

高等教育按照经济发展和产业结构调整的需要,根据压缩理工科,扩大第三产业相关专业,建立高新技术产业有关专业,以及逐步改变学校条块分割、"小而全"状况的原则,对学校的布局结构和专业、科类结构作了调整。近年来的主要改革举措,一是以申报国家重点建设"211工程"为契机,促进有条件的高校之间的联合办学,前不久由上海工业大学、上海科技大学、上海大学和科专合并组建的新的上海大学已正式成立,上海师范大学与技术师院合并组建的新的上师大也已获国家教委批准;二是积极探索上海与中央部委高校共建之路,上海市政府与国家教委双方已就复旦大学、上海交通大学、上海外国语大学三所高校签署了共建协议;三是正在妥善做好中央部委高校下放地方以及中央部委高校与地方高校的联建联办,上海外贸学院已由外经贸部下放上海地方管理;四是加快了专业结构的调整。1993年,全市新设的64个本科专业中,经济、法学、应用文科类专业占66%。原来缺门的投资经济、国际金融、房地产、市场营销、国际企业管理、广告学、经济信息管理等一批新专业相继在各高校设置,以往上海高校专业结构以理工为主的状况已明显改变。一批以高新技术专业带动传统专业的更新换代工作也取得了进展,机电一体工程、通信工程、汽车工程、功能材料、工业设计等新专业已先后设立。

5. 招生考试、毕业生就业制度改革

近几年,上海把改革招生和毕业生就业制度作为推进高校改革的突破口,逐步建立起学生上大学必须缴费,毕业后大部分自主择业的机制。1993年,上海高校招收收费生的数量已占在沪招生总数的40%,加委培生达到50%,1994年将提高到60%,与此同时还推行奖学金、贷学金、医疗保险等配套措施的改革;在复旦大学等8所上海高校进行自主招生改革试点,使学生有更多的选择学校和专业的机会,促进基础教育由应试教育向素质教育的转变;毕业生分配打破了"统包统分"的计划分配体制,较大地扩大学校推荐权、用人单位的择人权和毕业生的择业权,建立了大多数毕业生"自主择业"的制度。

1986年开始,上海率先在高中学生中实行会考制度。近几年,初中招生取消了各区统一的升学考试制度,大部分学生实行划块就近分配入学,少数学生按地块指标择优推荐直升A重点中学初中部,减轻了部分学生过重的课业负担,缓解了校际竞争和部分学生、家长的压力。

6. 教育投资体制改革

近几年,上海通过对教育投资制度的改革,逐步形成了以政府拨款为主,社会、集体、个人参与投资的新体制。确定地方教育经费增长每年比国民生产总值增长高两三个百分点,预算内教育经费支出占地方财政总支出的比例保持在20%以上;将城市教育费附加的征收比例从2%提高到3%,农村教育费附加也作了调整;对校办产业在政策上给予更多的优惠,1993年各类学校校办产业总利润已达7.6亿元;建立教育发展基金会,鼓励企业、社会团体和个人支持教育。近几年,由政府拨款以外渠道取得的教育经费已占教育总投入的30%以上。

7. 教学改革

为适应21世纪社会主义现代化建设对人才的需求,从1988年开始,上海对基础教育的教改重点抓了中小学课程教材改革。这项改革包括重新制定培养目标,改革课程结构,编制课程设置和课程标准,编写新教材,制作教学软件和制订配套措施。目前,已制订了课程改革方案和课程标准,出版了121本必修课教材,编写了121本选修课教材。已在60所中小学校的起始年级进行课程改革试验,各区、县分别选择一至三门学科进行单科教材的试验。1993年秋季开始,小学一年级全面推行新的课程改革方案,全市参与改革实验的学生已达100万人。

近两年来,上海高校的教学改革重点放在全面实施学分制的试点工作上,即以灵活的导师指导下的选课学分制代替学年必修制,以适应社会主义市场经济对人才多样化的要求。1993年,上海工业大学在全校范围内全面实施学分制,打破了原来班级授课的模式。华东师范大学、中国纺织大学(现东华大学)、上海外国语大学等在新生中开始全面试行学分制。1994年又有一批高校实行完全学分制。此外,上海各级各类学校都加强了外语、计算机能力的培养。各高校还普遍进行双专科、第二专科和双学士学位教育的教改试点,加速培养外向型、复合型的人才。许多高校还着重加强马克思主义理论课和思想政治教育课的改革,以建设有中国特色社会主义理论为指导,新编了"两课"的有关教材,形成了"主干课精讲,选修课拓展,基本观点渗透其间"的改革思路。

8. 加强教育法制建设

从1985年起,上海先后在全国率先制定并实施《上海市普及义务教育条例》《上海市青少年保护条例》《上海市职业技术教育暂行条例》和《上海市职工教育条例》。另外,市政府还颁布了20余项教育规章。各种教育法规、规章的颁布与实施,有力地促进和保护了上海教育事业的发展。教育的各项改革促进了教育事业的迅速发展,改革开放以来,一个比较完整的大教育体系已在上海形成,教育的整体水平有了很大提高。

目前,全市共有小学 2 200 余所,在校生 113 万余人,中学 700 余所,在校生 55 万人,普通高校 46 所,在校生 15.2 万人。中等职业技术类学校近 500 所,在校生 15 万人。各类成人学校也有很大发展,平均每年有 200 万名左右的市民参加各类成人教育的学习和培训。现在,全市职工平均受教育年限达到 9 年,技工等级由平均 2.9 级上升到 3.9 级。全市 6～11 周岁适龄儿童入学率达到 100%,小学升学率达到 99.6%,高中阶段入学率达到 80%,高等教育入学率达到 20%。这些指标,在全国处领先地位,已接近中等发达国家水平。上海的九年义务教育已通过国家教委的评估验收。此外,自 1981 年以来,上海高校共已接收外国留学生 8 000 余人。全市有 36 所高校与 30 多个国家和地区的 342 所大学建立了校际合作交流关系。全市现有中小学教师 14.11 万人,小学、初中教师的学历达标率从 1980 年的 52.5% 和 32.7% 分别提高到 81.7% 和 83.3%。普通高校有专任教师 2.57 万人,正、副教授占全体专任教师的比例,已由 1980 年的 5% 上升到 32%。

从 1985 年起,由市财政投资 1 亿元和相应外汇额度实施的地方高校重点学科建设计划,到 1994 年,42 个重点学科将全部建成。从 1990 年开始,全市投资 4 000 万元实施职业技术学校的重点装备计划,至去年,已完成 36 个重点装备项目。仅据近 10 年的统计,全市高校共取得科技成果 6 000 多项,获得省、市以上各种成果奖励 1 800 多项,其中获国家发明奖、自然科学奖、科技进步奖等国家级奖励约有 200 项。

1993 年,上海制定并开始组织实施"九十年代紧缺人才培训工程",目前,各有关部门在利用现有教育资源的基础上,依托高校力量,已组建了十大紧缺人才培训中心,在近两至三年内,将培养出数万名金融、保险、涉外商务、高级财会、房地产开发经营、涉外法律、旅游管理、城建项目经理等紧缺人才。此外,上海还建立了通用外语水平考试制与计算机应用能力考核制。1993 年以来,已有数十万名从业人员和市民参加学习,有力地推动了成人学习的热潮。

积极鼓励　大力支持
努力发展民办教育事业*

一

教育乃立国之本,是于国于民都有利的事业。为了解决公共资金困扰与教育需求之间的矛盾,以及促进教育的多样化发展,世界上绝大多数国家都积极利用私人和社会资源,大力扶持私立学校,使其成为国家整个教育事业的重要组成部分。我国的学校按办学主体范围和办学资金来源的不同划分为公办学校与民办学校。所谓"民办学校",是指除国家机关、国有企事业组织以外的各种社会组织以及公民个人,自筹资金创办的学校。国际上惯称的"私立学校",属于我国民办学校的范畴。

上海的民办学校由来已久,但其地位及其发展往往随着社会政治、经济形势的变化而变化。中华人民共和国成立前,据1948年12月统计,上海私立或教会办的学校有700多所,其中小学458所、中学216所、职业学校31所、大学(学院)32所。中华人民共和国成立以后,对原公办的学校由政府进行了接管;对原教会学校进行了接办,恢复了我国的教育主权;对私立学校,允许继续存在,同时加强了管理。以后由于私立学校办学经费困难,尤其是大学和中专,纷纷要求政府接管,同时政府也考虑到能使收入不高的人民群众,尤其是工农大众的子女有更多的享受教育的权利,有意识地逐步把私立学校转为公立(公立学校的学费十分低)。私立大学在1952年就全部转为公立,其他学校在1956年前也全部转为公立。这样就改变了上海原来多方办学的传统,而由国家统办教育。

1957年之后,由于就学人数的增加,同时政府又强调发展教育也要像发展

---

* 1993年9月18日与王生洪一起出席在澳大利亚举办的第15届泛太平洋私立学校教育会议上的发言稿。作者时任上海市政府教卫办教育处处长。

经济一样,实行"两条腿走路"的方针,于是民办学校(主要是小学和幼儿园)又重新获得发展。仅1958年一年,市区民办小学就增加了学生37万人,约占全市小学生的四分之一。但没过几年,由于经费上的原因,这些学校最后又全部由政府负担,而成为公办。

改革开放以来,我国的教育与经济一样进入了新的发展阶段,办学体制也发生了重大变化,政府允许、鼓励、支持民办学校。于是在多种因素的推动下,民办学校又如雨后春笋般地建立起来。目前,仅上海市,民办学历教育的学校就有23所,其中高校3所、中专5所、中小学15所,大部分是近两年建立的。今年又有6所民办高校正在筹建中。

二

近两年来,上海民办学校的兴起与发展不是偶然的,其经济方面与社会方面的主要原因是:

(一)经济的蓬勃发展对教育提出了新的需求。国家已确定上海作为中国长江流域地区经济发展的龙头,确定上海为全国90年代改革开放的重点,提出尽快把上海建成为国际经济、金融、贸易中心之一的战略目标。近几年来,上海的国民经济进入高速发展的新阶段。1992年的国民生产总值比上一年增长14.8%;预计2000年前平均增长速度为10%。同时上海市的产业结构正在作战略性的调整,第三产业迅速发展,第二产业中的汽车、通信设备等一批新的支柱产业逐步形成。新的经济格局的出现,呼唤着各类人才。据预测,到21世纪末,上海第三产业等方面的人才要增加23万人,其中金融、商业要增加13万人。各种外向型人才,90年代要在现有的基础上翻一番以上。经济建设和社会进步对人才的需求,为教育事业(包括民办教育)的发展提供了广阔的舞台。

(二)民办学校的发展,是以公有制为主体的多种所有制经济成分格局的形成和市场经济的日益发展,在教育领域的必然反映。改革开放以来,城乡合作经济、个体经济和私营经济快速发展;在经济体制改革中,上海的经济向市场经济体制过渡的步伐加快,市场体系不断培育完善,各类要素市场大批出现,国有企业进行股份制、承包制等各种形式的改革;经济发展中大量引进外资,如1992年全市批准外资直接投资项目就有2 000多个,吸收外资金额超过前12年的总和。这些情况使教育发展的环境更加宽松了,办学的路子更加开阔了。

（三）发展民办学校是适应深化教育改革、改变国家长期统包教育的需要。长期以来,我国一方面教育经费不足,另一方面政府又包揽了全部的教育责任。我国教育人口占世界教育人口的1/5,但教育经费仅占世界教育经费的1/30。在上海,基础教育主要由市下属的区和县政府负责,一般在区县政府的经费支出中,教育经费所占比例高达40%以上。尽管如此,经费仍显不足。1992年,上海小学生人均教育经费为420元(约70美元),初中学生人均教育经费为790元(约130美元),高中学生人均教育经费为950元(约160美元)。很显然,一个经济还比较落后的中国,光靠政府的财力实际上是包不下世界上规模最大的教育事业的。民办学校的出现,摆脱了我国教育事业长期全部依赖国家的困境,为社会团体、个人及海外人士关心支持教育事业开辟了更具吸引力的途径。在国家包办教育的体制下,办学形式单一、"千人一面",不能适应教育多样化的需要;同时包办教育也形成了学校的惰性,使办学效率低下。比如,上海高等学校的师生比仅为1∶5.8,中学师生比为1∶14。民办学校情况就不同,它可以根据社会需要、办学目标、教学规律和学校的实际,自主决定学校的招生,专业、课程设置,教学计划;民办学校全部实行聘任制,有权择优选用高质量的教师和懂业务、精干的学校工作人员;民办学校的经费独立核算,支付自主。这些自主权,为民办学校从统一计划办学向市场调节办学提供了保证,它所形成的办学特点和比较灵活、适应性强的办学机制,使办学效益普遍较高,为深化教育改革提供了一些可资借鉴的做法和经验。

（四）民办学校适应了群众要求接受更多、更好教育的需要。我国人民一直有重视子女文化教育的传统,加上现在的学生大多是独生子女,其父母又大多是"文化大革命"中知识失落过多的一代,他们渴望子女能接受比他们更好的教育,成为对国家有用的一代。改革开放以来,经济建设的蓬勃发展,人民物质生活水平普遍提高,人们更加重视智力投入,民办学校的兴起也适应了这一社会价值观的转变。

总之,我国民办学校的再次兴起与发展,有利于调动社会团体和公民个人办学的积极性;有利于改革政府包办教育的格局,建立以政府办学为主体、社会各界共同办学的体制,减轻国家的财政负担,满足社会对教育的多方面需求;有利于形成办学的竞争机制,促进教育改革深入发展,增强办学活力;有利于开发利用教育资源,促进教育事业更快发展,为社会培养更多的人才。

三

正是在上述形势和背景下,我国政府对发展民办教育事业采取了积极鼓励、大力支持的方针。为了鼓励和支持民办学校,维护民办学校的合法权益,并加强对民办学校的引导和管理,保障民办学校健康发展,最近,我国政府教育主管部门已制定了专门的民办学校法规——《民办学校条例》(以下简称《条例》)。上海市结合本市的实际,也相应制定了《上海市民办学校暂行规定》,这样,将有助于民办学校走上新的发展阶段。

(一)给民办学校以明确的地位。

《条例》作了如下规定:

(1)"民办学校是我国社会主义教育事业的组成部分。"

(2)"民办学校依法享有办学自主权,国家依法保护民办学校的合法权益。"

(3)"民办学校及其教师和学生享有与国家举办的学校及其教师和学生平等的法律地位。任何组织和个人不得歧视民办学校及其教师和学生。"

(4)民办学校当具备必备的办学条件后,从批准筹建或批准正式建校招生之日起,具有法人资格。"民办学校董事会的董事长可以是民办学校的法人代表。不设立董事会的民办学校,其校(院)长是民办学校的法人代表。"

(二)在政策上给予民办学校以鼓励和支持。

《条例》作了如下规定:

(1)"国家对民办学校的建设和发展,依照法律、法规的规定给予优先和优惠待遇","各级人民政府根据本地区的实际情况对民办学校给予必要的资助和其他扶持"。

(2)"民办学校建设需要使用土地的,由民办学校所在的县级以上人民政府根据国家的有关规定,酌情予以优先和优惠。"

(3)"民办学校可以接受境内外组织和个人的捐助。"

(4)"境外民间组织和个人向民办学校捐资助学,享受国家规定的优惠待遇。"

(5)"民办学校从境外进口直接用于教学、科研的仪器、设备,按国家有关规定免征关税。"

(6)"民办学校举办校办产业,享受国家规定给予校办产业的减免税待遇。"

(三)对实施学历教育与非学历教育的民办学校,在要求与审批上予以区别对待。

(1)学历教育从严,非学历教育放宽。对实施高等学历教育民办学校设置的审批和招生及实施义务教育和普通高中教育民办学校的教学计划、教学大纲及必修教材的选定均有严格的要求,以保证实施学历教育的民办学校的教育质量,避免滥发学历文凭。

(2)高等教育从严,中等及以下教育放宽。对实施高等学历教育的民办学校,其筹建申请由当地省、自治区、直辖市人民政府教育行政部门审批,正式建校申请,经当地省、自治区、直辖市人民政府教育行政部门审核同意,报国务院教育行政部门审批。对实施中等以下教育及高等非学历教育的民办学校的设置标准和审批,由当地省、自治区、直辖市人民政府规定。

(四)政府对民办学校的办学提出要求并进行必要的监督与管理。

《条例》作了如下规定:

(1)"民办学校必须遵守国家的法律、法规和政策","贯彻国家的教育方针,培养德、智、体全面发展的社会主义现代化事业的建设者和接班人"。

(2)"民办学校为公益性教育机构,不应以营利为办学宗旨。"

(3)"民办学校由教育行政部门主管","教育行政部门在其职权范围内依法对民办学校进行监督、检查、督导与评估"。

(4)《条例》还对民办学校的董事会、校(院)长职权,以及董事长、校(院)长的资格,专业设置、招生、学籍与管理制度,学习证书,校产,收费,财务,举办产业等问题作了规定。

四

如上所述,上海民办学校有了很好的发展势头,但是由于非政府的办学实体,经济实力还不强,学校又处于发展阶段,因此还存在一些困难与问题。主要是:第一,办学条件一般较差,许多民办学校无自己独立的校舍。因为使用土地及建造校舍需要花费大量资金。第二,办学资金不足。大多数学校仅靠收取学费维持日常开支,学费的70%用于支付教职工的工资。第三,教师和管理队伍年龄老化,稳定性差。由于民办学校的主要办学人员,多数是离退休的老教育工作者，教师队伍主要来自公校的退休教师，平均年龄偏高。

　　针对民办学校目前存在的困难，就上海市而言，市政府正在着手研究给民办学校以一定资助和扶持的具体办法，如：设想将一些公立学校改办为民办学校，改善民办学校的初始条件；无偿或低租金提供校舍、场地、教学仪器和图书资料；对新开办的九年义务教育阶段的民办学校提供启动经费；结合办学质量的检查评估，对民办学校分等级实行奖励；对民办高等院校提供一定的经费；扶持民办学校为筹集办学资金开办校办产业等。同时，积极鼓励个人、社会团体、集体所有制单位集资办学，吸引国外社会团体、学校和个人来沪出资资助民校，合作办校。对民办学校的教师队伍建设，市政府拟逐步完善社会保障制度，在政策上为民办学校吸引优秀教师创造条件。在目前社会保障制度不完善的情况下，允许公办学校的优秀教师在不影响本职工作的前提下到民办学校兼课；有的还建议试行民办学校教师体制上的"双轨制"，分配或调入部分年轻教师到民办学校，保留他们的公办教师资格，享受公办教师的福利待遇，其工资和奖金由聘用的民办学校支付。有关方面正在积极研究这些办法的可行性。随着上述措施的推行，上海的民办学校一定会加快发展，同世界上大多数国家一样，成为教育事业中十分重要的一部分，为我国经济的发展和社会的进步作出更大的贡献。

在上海高校退管会召开工作总结交流研讨会上的发言*

这两天我们在厦门大学召开上海高校退管会年终工作总结、经验交流、专题研讨会,在大家的共同参与和努力下,在厦门大学的支持下,开得很好、很成功。会议传达了上级有关领导的重要讲话与指示精神,复旦大学、中纺大、财大和上海大学退管会负责同志从不同侧面作了工作经验交流,并进行了分组深入讨论,达到了"总结工作,沟通情况,交流经验,研讨工作,拓展思路,明确新一年工作目标和任务"的目的。下面,我对这次会议作个小结,并对明年的工作提出一些意见,与大家一起商议和共勉。

一、关于1995年上海高校退管工作的评价

1995年上海高校退管工作围绕着准备好、开好、贯彻好市教卫党委、市教委主持召开的上海高校退管工作会议和落实市教委批转的《关于上海高校退休人员共享改革发展成果实施意见》开展。大家对1995年高校退管工作总的评价是:有了新的进展、新的突破,出现了新的局面,成绩显著。这是在各校党政领导的重视下,在各有关部门的大力支持下,特别是高校全体负责退管工作的同志和专职干部,发扬无私奉献精神,勤奋,刻苦,任劳任怨,做了大量工作的基础上取得的。

二、搞好高校退管工作,关键的还在于要不断提高各级领导自身对退管工作重要性的认识,不断增强自觉性和责任感

有一位在职的领导曾经用三句话来概括做好退休老同志工作的重要意

---

* 原载上海市教委人事处、上海高校退管会办公室主编《退管简讯》1995年第9期。作者时任上海市教委人事处处长兼上海市高校退管会副主任。

义。第一句话,叫作"没有老同志的过去,就没有我们的今天"。联系高校的实际,就是高校已经退休的教职工,用他们几十年甚至一辈子的心血和汗水,用他们的聪明才智,用他们的青春年华,为我们上海的高教事业、上海的高校工作奠定了良好的基础,培养了一代又一代人才,创造了宝贵财富,上海高教事业、高校工作今天的一切进步是在他们过去工作的基础上发展起来的,他们是当之无愧被载入上海教育史册的人们,这就是历史。而历史是割不断的,我们共产党最讲实事求是,最懂得尊重历史,因而我们就应该最懂得尊重老同志、老干部,最懂得尊重高校已经退休的广大教职工,并且以高度的责任感,去做好退管工作。第二句话,叫作"老同志的今天就是我们的明天"。实际上,在职和退休的区别只是一个时间差问题,因为每个人都是要老的,每一位现在在岗的教师或干部,若干年后,迟早都将成为退休队伍中的一员,做好退休教职工的工作,温暖了他们的心,也就温暖了今天在职的广大教职工的心,使大家切实感受到,每一位为上海高教事业、高校工作付出努力和辛勤劳动的人,哪怕是默默无闻的,都能终身得到党和组织的关心,得到集体的关怀和爱护。正如复旦苏泳絮同志在经验交流中讲到的,他们所做的工作,赢得了全体复旦人的心。这自然就会大大激发在职广大教职工的工作热情和工作积极性,同时也弘扬了我们中华民族尊老敬老的传统美德,教育了后代,这在某种意义上说是真正的实实在在地加强社会主义精神文明建设。第三句话,叫作"做好老同志的工作,是为了稳定我们的今天,发展我们的明天"。改革开放以来我们在党的领导下,励精图治,开拓奋进,创造了辉煌的业绩,改革的同时也带来了各种利益的调整,但我们在制定政策,采取各种措施时应该也必须兼顾在职和离退休人员两方面的利益。特别是上海已经步入了老龄化社会,上海高校的退休教职工已经达到 17 648 人,相当于在职教职工的 25.6%。因此,做好这部分人的工作就成了稳定一方的工作。只有创设一个稳定、祥和、团结、向上的工作环境,上海高校才有可能继续不断提高教学质量、科研水平,继续源源不断地培养出国家所需要的高质量的人才,才有可能建设"211 工程",创建一流教育,铸造上海高校事业更加灿烂辉煌的明天。总之,我们应该从更高的高度上来认识高校退管工作的重要性和重要意义,怀着高度的政治责任感和强烈的工作责任心,把退离休教职工的工作当作是整个学校工作的一部分,整个教育工作的一部分,整个教师队伍工作的一部分,整个党的工作的一部分,自觉、主动、尽力地做好高校退管工作,做好离退休教职工的工作。当然,从认识上说,大家都说,特别重要的是首先要提高在职的各级领导、各高校领导对退管工作重要意义的认识。有一位退休的老领导曾感慨地说:为退休的老同志、老教师办实事、办好事,对领导干部来说,通常有三种情况,一种是想不到而做得到,一种是想得到而做不到,还有一种是既想得到又做得到。他说他过去在位时是做得到,但由于对退管工作重要性认识不够,加上其他事务忙碌,而想不到为退休教职工更多地办实事、做好事,工作做得不够好,现在自己加入了退休队伍,感到多少有点遗憾和内疚。从我们搞退管工作的同志讲,当然希望有越来越多的对退管工作"既想得到,又做得到"的好领导,出现越来越多的心系高校退休教职工的好书记、好校长,而且对高校退管工作,在各个高校的领导层最好形成一个"一把手关心,分管的领导到位,其他领导支持,整个班子重视"的局面和氛围。但要呈现这样一个局面和氛围,除了领导干部本身要不断提高对退管工作重要性的认识外,我们专职搞退管工作的同志也有责任做大力的促进工作,特别是许多领导对退管工作认识上也是深刻的,问题确实是学校第一线的工作,包括教学、科研、创收,方方面面的事情多,工作任务重,往往顾不及、想不到退管工作,这就要我们热心退管工作,想得到为退休人员办好事、办实事的退管干部,为领导多出点子、多出主意、多想办法、多提建议和措施,最后请领导拍板决策。

三、明确职责,加强两级管理,针对高校特点,做好高校退管会工作

退管会要紧紧围绕"五个老有"开展各项活动,积极为广大高校退教职工做好服务工作,努力反映退休人员的呼声和要求,协助学校实施退休教职工的政治、生活等福利规定,落实对退休人员的保障政策,维护老年人的合法权益。根据实践和多年的经验,市高校和各校退管会应有管理、指导、服务、维护、协调和教育等六个方面的主要职能。管理,即对高校退休教职工队伍进行管理。指导,即对高校和系、部、基层的退管组织进行工作指导。服务,包括坚持开展各种形式的尊老、敬老的社会服务、送温暖活动;积极开展适合高校退休教职工点的文体活动;创造条件、开辟渠道,使高校退休教职工"老有为,作贡献",继续为教育事业和社会发展作贡献;兴办退管经济实体;因地制宜地发展高校退休教职工的活动场所和各种福利设施等。维护,即随时了解高校退休教职工中具有普遍性、倾向性的问题,及时、准确地和上级和同级领导和有关部门反映并提出建议,维护高校退休教职工的合法权益。协调,即协调与学校各有

关职能部门的关系,争取各方面对高校退管工作的关心、重视和支持。教育,即采取多种形式,对高校退休教职工进行思想政治、文化等方面的教育。随着高校退休教职工人数的不断增长,要履行好上述六大职责和职能、做好工作,只靠校一级退管会的一些干部是不够的,一定要强化两级管理,并针对高校实际,努力探索、创造适合高校服务对象特点的新的活动内容、途径和方法,并与退休教职工的自我教育、自我管理和自我服务结合起来,使退管工作搞得更加生动活泼、有声有色、富有成效。

四、突出重点,落实措施,为高校退休教职工多办实事,办好实事

1996年,除抓好常规性工作外,要把几项工作作为重点抓好:一是开展"老有为,作贡献"情况的系统调查,通过调查,摸清情况,总结、巩固"老有为,作贡献"的好做法、好经验,探索工作的新途径、新内容、新形式,准备召开"老有所为"工作做得好的先进单位和个人的表彰会;二是规模较大的高校要建立和健全退管工作的两级管理,加强块、组长网络建设;三是促进"共享"最低标准在原有基础上有所提高,并加以落实;四是鼓励、促进各高校建立帮困基金,以使共享费和特殊困难补助有比较可靠的经济来源;五是巩固、提高已有的退管经济实体,积极发展新的经济实体;六是春节前重点抓好关心退休教职工的生活、家访和送温暖活动,特别是对年老体弱、孤老、病残、生活不能自理和家庭经济特别困难的退休教职工,要重点关怀、重点送温暖。

深化教育人事制度改革促进校长和师资队伍建设*

近两年来,按照上海市委、市政府关于建设"一流城市,一流教育"的目标,我们在推进深化教育人事制度改革中加强校长和师资队伍建设,取得了明显成效,所做的主要工作如下:

一、积极实施中小学校长职级制

根据黄菊同志在上海市教育工作会议上提出的"加强中小学校长队伍建设,建立校长职级系列"的指示,1994年初,在当时上海市教育局的指导下,本市静安区率先实行中小学校长职级制试点,取消了长期以来中小学校长套用的行政级别,设立校长职级系列,对全区106名中小学校长评定了校长职务等级,实行了相应的校长职级(岗位)津贴。该区的实践表明,实行中小学校长职级制,进一步调动了校长的办学积极性,建立了比较客观公正评价校长水平、能力、工作实绩的考评机制,促进了校长队伍的合理流动。加强了薄弱学校的领导班子,提高了基础教育的质量。之后,其他一些区也准备着手实施这项改革。中小学校长是学校的领导者和管理者,是正确贯彻党的教育方针、坚持社会主义办学方向的决定因素,也是建设一支素质优良的教师队伍的关键。1995年3月上海市教委成立后,我们把实施中小学校长职级制列为教育人事制度改革的重点工作之一来抓,使这项工作有计划、有组织、有步骤地展开。

1. 统一认识,明确改革目标。通过总结静安区试行校长职级制的经验,我们感到,中小学校长职务等级完全与学校的单位级别挂钩,套用机关、行政级别,并参照享受机关行政级相应的干部职级待遇,强化了"官本位"意识,不

---

* 1997年3月18日在全国教育人事工作会议上的交流材料,由黄良汉牵头撰写。作者时任上海市教育委员会人事处处长。

符合中小学管理的特点和中小学校长的成长规律,不利于充分调动中小学校长办学的积极性,不利于校长轮岗、支援薄弱学校,不利于优化校长资源配置、办好每一所学校。而实行中小学校长职级制,符合国家人事部提出的对事业单位人事制度改革实行"挂钩、分类、放权、搞活"的方针和对事业单位管理人员建立职员制的改革方向。进一步改革现行的中小学校长的任用制度,要按照责、权、利相统一,管人与治事既紧密结合又合理制约的原则,通过设置校长职级序列,明确校长的地位、作用、责任和权力,与现行的机关行政级别脱钩,根据规定的职级资格和条件,严格认定程序,进入相应的职务等级后,实行校长职务聘任制;要建立对校长科学、公平的职级评估制度,实行中小学校职级(岗位)津贴或校长职级奖励工资;要强化聘后的任期考核,做到职务能上能下、待遇能高能低,凡调离校长职务岗位,校长职级不再保留,以变动后的岗位确定职务和待遇。从而促进中小学校长逐步成为"办学自主、管理自主、用人自主、分配自主"的责、权、利统一的学校法人代表,建立起充满生机与活力的校长队伍动态管理的新机制。

2. 制定统一的职务等级与实施办法,扩大试点范围。静安区在试点工作中确定了五级十等的校长职级制,有的区则拟定了不同的校长职级分等的方案。这项改革要在全市各区、县推开,无疑要有统一、科学、合理的校长职务等级。我们在深入调研、广泛听取意见的基础上,以国家教委颁发的《全国中小学校长任职条件和岗位要求》为依据,制定了《关于本市中小学试行校长职级制的暂行条例》,规定全市中小学实行统一的四级十二等(即一级二等、二级三等、三级三等、四级四等)的校长职级制,以利于形成持续的竞争、激励机制;明确校长职级等第的标准和素质考核、测评的方法;建立校长职级、学校办学质量与校长个人待遇挂钩的方案。为促进和推动这项工作的顺利进行,由市教委、市人事局和市财政局领导参加,组成了上海市推进中小学校长职级制工作领导小组,加强对中小学推行校长职级制政策协调和试点工作的组织领导。现在,静安区和扩大试点范围后卢湾等其他一些区都已按我委确定的四级十二等的校长职级制加以实施,保证了这项工作朝着规范、有序、健康的方向发展,涌现了一批善于管理、精于业务、争先创优的校长。

3. 进一步完善各项措施和政策,为全面推行中小学校长职级制作准备。建立中小学校长职级制,是一项新的改革探索,要在全市范围内实施这项改革,不但要有正确的理论作指导,还要有配套的措施与政策作保证。为此,去年下半年,市教委会同市人事局、财政局、市教育科学研究院和各有关区、县和学校的负责人及研究人员组成了课题组,进一步开展建立中小学校长职级制研究,这一课题被列为市教育科学研究重点课题,就建立中小学校长职级制的理论依据、中小学校长的成长规律和工作特点、职责及任职条件、素质测评、考核评价方法,中小学党支部书记素质测评和考核方法,不同类学校与同类不同办学水平的校长职级设定的比较,建立中小学校长职级工资制,建立校长培训持证上岗制度,以及实施中小学校长职级制的配套政策、组织实施和规范管理等,进行了较系统、深入的研究,取得了研究成果(部分的为阶段性成果)。这些研究成果将转化为可操作性的实施意见,为面上进一步推进中小学校长职级制作了准备。今年,我们将在本市再选择四区两县扩大改革试点,争取两三年内在本市中小学全面推行校长职级制。

4. 建立校长培训制度。不断提高校长的素质是建设一流教育的关键,也是顺利推行中小学校长职级制的基础,我们十分重视对校长队伍的培训工作。根据中小学校长队伍的特点,我们合理规划并着手实施对中小学校长四个层次的培训,包括岗前职务培训(见习培训)、岗位职务培训、岗位研修培训和岗位高级研修培训四个层次;科学设计不同层次的培训课程;树立全新的大培训观念,正确处理全体校长培训与骨干校长培训、政治培训与业务培训及理论培训与教改实践的关系,探索推广校长培训的研究型模式;建立了市级、区县和学校三级培训网络;开拓了多样化的培训形式与课程。各种培训班的课程由主干课程(含政治理论、教育与心理学理论和学校管理理论)、专题课题(根据教育改革的重点和热点开设,着重介绍教改动态,提供信息,打开思路)和技能课程(侧重学校管理技能和管理技术)三部分组成。通过切实有效的培训,进一步提高校长的理论素养、政策水平和管理能力,树立正确的教育思想,更新教育观念,全面贯彻党的教育方针,全面提高教育教学质量,实现由应试教育向素质教育的转轨,逐步形成一支政治强、作风正、业务精、善管理的中小学校长队伍。

二、稳步推行聘用合同制

根据国家人事部关于加快事业单位人事制度改革的精神,以及上海市人事局提出在事业单位推行聘用合同制的要求,我们按照"抓好试点,平稳起步,以点带面,稳妥推行"的方针,1995年底,首先在本市普教系统确定了100所学校作为推行聘用合同制改革的试点,使由原来以分配制度为主的学校内部管理体制改革向用人制度改革迈出重要一步。截至1996年底,列入聘用合同制试点范围的100所中小学,人数为9 248人,已签订聘用合同8 656人,占93.6%,缓签聘用合同592人,其中下岗或待聘的176人。推动了"优秀人才进得来、骨干队伍稳得住、不胜任人员出得去"的动态平稳机制的建立。主要做法有以下几点:

1. 提高认识,统一步骤。按照国家人事部的有关精神和上海市人事局颁发的《上海市事业单位实行聘用合同制暂行办法》,市教委制定下发了《关于本市普教系统中小学和其他事业单位试行聘用合同制的实施意见》(以下简称《实施意见》),并会同市人事局和市教育工会对100所试点学校的校长、党支部书记、工会主席和人事干部集中进行统一培训,明确在事业单位实行聘用合同制,其实质是改国家的用工制度为单位的用工制度,改固定制用工为合同制用工,落实单位的用人自主权和职工个人的择业自主权。这是国家确定的今后事业单位用人的一项基本制度,是事业单位人事制度改革发展的必然趋势,有利于建立人才竞争与人才合理流动的机制,搞活用人制度。在统一认识的基础上,我们要求各校按《实施意见》,分宣传动员培训、学习掌握政策、签订聘用合同三个阶段组织实施。

2. 规范要求,配套政策。在推行聘用合同制中,我们为试点学校教职工每人提供一本《上海市普教系统推行聘用合同制学习文件汇编》;为每所试点学校提供一份宣传提纲、一份聘用合同文本样式、一份签订聘用合同政策文件,并把实施聘用合同制操作过程中可能遇到的矛盾和问题,编成实施意见与政策的"一问一答"印发给各区、县教育局作指导工作的参考,保证了试点工作顺利、健康地开展。

3. 加强领导,分类指导。我们要求各校在试点工作中,一是学校党支部必须发挥党组织的政治核心和监督保证作用;二是本单位的聘用合同制实施方案必须在教职工讨论修改的基础上,由教代会表决通过;三是每一个试点学校都要成立党、政、工、团、教师和职工代表参加的民主调解小组。100所学校进行聘用合同制试点以来,市教委至今未收到一封反映实施聘用合同制问题和矛盾的人民来信。对试点学校,我们按照市、区县政府和教育部门的不同职能,分级管理;按照改革内容的难易和改革力度大小,分层突破;按照学校办学条件和管理水平的不同情况,分类指导。

4. 落实措施，安置下岗人员。对100所试点学校在实施聘用合同制中占总人数6.4%的落聘人员，各试点学校通过对他们进行培训、转岗等措施，在校内安置了一部分；区、县人事部门和教育系统的人才交流服务机构，帮助在本区(县)教育系统或其他系统安置、消化了一部分，或主动接受学校的委托，实行人事代理、代管，对需要转岗或有意到人才市场的人员，组织转岗技能培训，做好指导、服务工作。

去年下半年，本市高校系统就推行聘用合同制的内外部条件和有关政策，由市教委组织了专题研讨，达成了"积极推进，稳步实施"的共识。上海交通大学、华东师范大学已在部分院(系)和后勤、校企部门进行聘用合同制试点，进展顺利。上海大学、上海师范大学等校已拟订了推进这项改革的具体实施方案。在各高校人才交流服务机构人员共同研讨的基础上，市教委拟订了《关于上海市高校下岗待聘人员管理的若干意见》，供各校参照执行。

三、盘活教育人才资源

1. 随着计划经济逐步向市场经济转轨。我们还按照"统筹调整，注重挖潜，优化结构，盘活师资资源"的原则，加大教育人事制度改革的力度，成立教育人才交流服务机构，举办教育人才市场。1996年4月，市教委成立了"上海市教育人才交流服务中心"，作为开发教育人力资源、促进教育人才交流、提供教育人才信息与咨询的社会化服务机构。中心已建立了教育人才信息库并通过举办教育人才市场、委托招聘、委托推荐和信息咨询等多种形式，推进人才的合理流动和合理使用。去年和今年，中心已在本市举办了两次大型的教育人才交流洽谈会，1996年有100多所高校、中学、中专、职校、成人学校和民办学校提供了1 000多个工作岗位，1997年有200多所各级各类学校，提供2 000多个工作岗位，在交流洽谈会上设摊直接招聘教师，去年和今年到现场应聘者分别达5 000余人和7 000余人，经过双向选择后，当场达成初步聘用意向的比例占参加应聘总人数的40%左右，从中再经过面试、考核、试教、政审和体检等步骤择优录用，形成了全方位、多渠道、多途径吸纳高质量教育人才的良好氛围。如闸北区，仅去年就招聘录用了2位博士生、18位硕士生到该区的中学任职、任教。1997年，市教委还举办了本市应届高校毕业生就业市场师资专场，吸纳了一大批非师范类(包括重点大学)应届大学生到中学任教。许多学校的校长说："过去缺教师是向上级人事部门要人，上面分配下来的我们不满意，自己想要的又要不到，参加交流洽谈会后这个矛盾解决了，学校真正有了用人自主权。"

2. 实行高校教师到高中学校兼职联聘。1995年本市初中毕业生14.7万人，1996年达16.1万人，1997年和1998年两年初中毕业生将达到21万人以上，据预测，到2004年以后，上海高中入学高峰才会有明显下降。为此，我们利用本市高校师资资源相对集中、层次较高的优势，从本学期开始，组织和推进本市高校教师到高中学校联聘兼职，一方面缓解高中入学高峰师资数量紧缺的矛盾，同时也是发挥本市教育人才资源共享、高等学校与中学之间相互沟通衔接、促进应试教育向素质教育转轨、提高基础教育质量的尝试。本学期，首批来自复旦大学、华东师范大学、同济大学、上海大学和上海师范大学等五所大学的58位优秀教师（正、副教授占48.3%），已到本市五个区的32所高中学校（含职业高中）任职任教。他们的编制仍在高校，工资不变，保留大学的专业技术职务，兼课的酬金从优；到中学的任教年限，完成的教学、科研成果和工作实绩仍可作为高校职称晋升的依据。我们设想，到1997学年开学，将在更多的高校和更大的范围内扩大实施高校教师到高中学校兼职联聘工作。

贯彻落实《教师法》,进一步加强师资队伍建设*

《上海市实施〈中华人民共和国教师法〉办法》(以下简称《实施办法》)于1997年10月21日在上海市人大常委会通过后正式颁布施行,使得上海在提高教师待遇、保障教师合法权益、进一步加强教师队伍建设的工作中有了法律依据和保障。《实施办法》一共24条,现将有关教师的奖励、待遇等方面条款的主要内容及执行的细则汇报如下:

一、关于教师的奖励

为了进一步提高人民教师的政治地位和社会地位,让优秀教育工作者中出类拔萃的并作出重大贡献的优秀人才成为全市教师和教育工作者的表率和榜样,《实施办法》规定:"本市对发展教育事业作出重大贡献的教师,由市人民政府授予'上海市教育功臣'称号。"我们在《关于贯彻执行〈上海市实施《中华人民共和国教师法》办法〉若干问题的意见》(以下简称《执行意见》)中进一步明确:"上海市教育功臣"从被评为上海市劳动模范和全国模范教师(含全国教育系统劳动模范)的教师中产生,每两年评选一次,每次8—10名,除颁发市人民政府印制的"上海市教育功臣"证书外,还给予一定的物质奖励。《实施办法》和《执行意见》还规定,凡"从事教育工作满三十年(女教师满二十五年)的教师,从1998年1月1日起在学校退休的,由市教育行政部门授予终身从事教育荣誉证书,并给予一定的物质奖励"。

二、关于教师的待遇

《中华人民共和国教师法》规定:"教师的平均工资水平应当不低于或者高

---

* 1998年4月向国家教育部人事司的工作汇报。由黄良汉、杨国顺、金伟民执笔。

于国家公务员的平均工资水平。"上海市的《实施办法》明确规定:"教师的平均工资水平应当高于本市国家公务员的平均工资水平10%。"我们在《执行意见》中明确"平均工资水平"是指按国家统计局规定的工资总额构成范围,包括基本工资、津贴、补贴、奖金、其他工资等,并过实行"教育工作者津贴制度"保证教师的平均工资水平高于本市国家公务员的平均工资水平10%。"教育工作者津贴制"的实施由市人事局、市教委、市财政局共同负责,在总结前几年试行情况的基础上,从1998年开始每两年对国家公务员和教师的平均工资进行一次调查统计,以确定教育工作者津贴的标准。其标准视上海国家公务员和教师工资水平的变化及时作相应调整。《实施办法》和《执行意见》还对"逐步提高中小学教师的教龄津贴"作了规定,即对中小学教师"按教龄每满一年发给教龄津贴1元执行"(过去是每满一年0.5元,且到达10元者封顶)。为保证教师、特别是农村教师工资按时足额发放,《实施办法》和《执行意见》规定:"建立教师工资保障机制,保证教师工资按时足额发放。""农村中小学教师的工资,由县或区统筹,有条件的也可由乡(镇)负责管理。市教育行政部门建立农村教师工资发放管理监督机制,每个季度第一个月10日前,郊县和郊区的教育行政部门向市教育行政部门书面汇报本地区教师工资发放及存在的问题,由市教育行政部门汇总后向市政府、国家教委汇报。"

在教师的购房和医疗保健方面,《实施办法》和《执行意见》规定:"教师家庭(同户中有一人或一人以上为中小学教师的),在按成本购置公有住房时,可按控制标准增加建筑面积8平方米。且对退休中小学教师同样适用。"对被评为"上海市特级教师"和获得"国家、上海市人民政府授予荣誉称号"的教师,可"参照《专家、学者享受干部保健医疗待遇》的有关规定执行,实行定点医疗保健"。

《实施办法》和《执行意见》还对高等学校副教授、教授的学术假作了规定,即对"连续担任副教授、教授职务并且能履行岗位职责的教师,每满五年由所在学校安排半学年的专业进修或者学术假"。

对在偏远农村工作的教师,《实施办法》和《执行意见》对他们的工资待遇在政策上给予了倾斜。《实施办法》规定:上海"对不设在城镇的偏远农村学校的教师,其职务工资向上浮动一个档次,连续工作满五年的予以固定,并再向上浮动一个档次"。这一规定"从1998年1月1日起执行","所需经费仍按原渠道由财政列支"。

三、关于任教服务期和从教奖励金

为稳定师范生安心从教和鼓励非师范生到中小学任教,《实施办法》和《执行意见》规定:"本市高等师范学校毕业生任教服务期为5年(不包括1年见习期或试用期),凡任教未满5年的,须承担经济赔偿。赔偿数额各单位可参照高等师范毕业生在校期间教育培养费和专业奖学金标准确定。""非师范类高等学校毕业生到中小学校任教,自1998年1月1日起凡连续工作满5年,并胜任本职工作的,由市和区县教育行政部门参照高等师范毕业生在校期间教育培养费和专业奖学金标准发给一次性从教奖金,其数额可根据当年师范生的标准确定。市和区县教育行政部门按3∶7比例负担从教奖金。"

四、关于教师的培训经费

《实施办法》和《执行意见》规定:上海"实行教师培训制度","教师培训经费人均标准应当高于职工培训经费人均标准。参照《上海市职工教育条例》规定,企事业单位的职工教育经费为核定工资总额的1.5%,本市教师培训经费人均标准为核定工资总额的2%,在事业费用中列支,各级财政或教育举办者在制订学校经费预算时应予以保证"。除了上述几个方面之外,《实施办法》和《执行意见》还对教师的定义、职责、素质、资格认定、聘任、考核、申诉和享受公共文化设施的优待等作了规定。

上海市市长徐匡迪在《实施办法》颁布施行的新闻发布会上强调说,《实施办法》的颁布施行,"标志着上海教师队伍的建设将趋向规范化和法制化",是"上海依法治教的重要组成部分","实施《教师法》,教师既是受益者,也是重要的责任人"。"教师要进一步肩负起培养社会主义事业建设者和接班人的重任,要履行法律法规所规定的义务,遵守教师的职业道德,敬业爱生,教书育人,为人师表",而且"各级政府部门、各单位和全体市民要带头守法、执法,要按规定履行职责,力所能及地帮助教师解决实际困难,力所能及地为他们办实事"。目前,市教委正在按市领导的要求,认真贯彻执行《实施办法》和《执行意见》,推动本市依法治教、尊师重教的落实,进一步加强教师队伍建设,切实维护教师的合法权益,加快上海教育的改革与发展。

关系我国"四化"大业成败的一个关键性问题
——学习邓小平同志关于"尊重知识、尊重人才"思想的几点体会*

1977年5月24日邓小平同志在与中央两位同志的谈话中提出:"一定要在党内造成一种风气:尊重知识,尊重人才。"1984年小平同志在评论中央通过的"经济体制改革的决定"十条时再次强调指出,最重要的是第九条,"尊重知识、尊重人才"八个字,事情成败的关键是能不能发现人才、用人才。小平同志在1985年3月全国科技工作会议上的讲话中又一次重申"改革经济体制,最重要的,我最关心的,是人才。改革科技体制,我最关心的还是人才!"小平同志倡导和确立的"尊重知识、尊重人才"的思想,实际上成为新时期我党对知识分子的一项基本政策,成为关系我国"四化"大业成败的一个关键性问题。因此,认真学习研究和贯彻小平同志关于"尊重知识、尊重人才"的思想,具有十分重大的意义。

一、尊重知识、尊重人才思想是小平同志对马克思、毛泽东人才思想的发展

人才思想的一个核心问题是如何看待知识分子问题。因为从广义上说,知识分子都是掌握一定科学知识的人才,或者说,知识分子始终是人才的主体。马克思在《共产党宣言》和《资本论》等著作中,对一般知识分子的地位、作用和阶级性质等问题从理论上作了科学的分析和概括,从根本上把脑力劳动者即一般知识分子同资本也就是同资产阶级对立起来,并指出社会制度决定着知识分子的命运。毛泽东同志在新民主主义革命时期充分肯定了知识分子在民主革命运动中的地位和作用,认为"在中国民主革命运动中,知识分子是首先觉悟的成分"[1]。当时,我们党把知识分子当成了无产阶级革命的同盟军。

---

* 1998年8月28日华东地区教育报刊社"运用邓小平理论指导教育改革"获奖征文。

小平同志运用马克思主义阶级分析和历史分析的方法,通过对我国知识分子的历史和现状的考察,总结我党历史上特别是"文化大革命"中在知识分子问题上的经验教训,发展了马克思、毛泽东的人才思想。1977年,小平同志在谈及知识分子的世界观问题时指出:"世界观的重要表现是为谁服务。我国的知识分子绝大多数是自觉自愿地为社会主义服务的。"[2]1978年3月18日,小平同志在《在全国科学大会开幕式上的讲话》中明确指出:我国知识分子"绝大多数已经是工人阶级和劳动人民自己的知识分子,因此也可以说,已经是工人阶级自己的一部分"。这里,小平同志庄重地宣布,我国的知识分子从总体上说,已经成为社会主义历史时期领导阶级的组成部分,这就从根本上解决了"尊重知识、尊重人才"思想的一个重大理论问题,即确定了我国知识分子这一阶层的归属问题,它不仅成为新时期我党和国家制定知识分子政策乃至整个人才政策的理论依据,而且解决了我国"四化"建设中的一个战略问题,即知识分子从此成为我们国家的主人和推动社会发展的动力,从而使我国老中青几代知识分子获得了新生,为我国各项事业,特别是教育与科技事业的发展带来了一个阳光明媚的春天。

在小平同志"尊重知识、尊重人才"思想的指引下,1992年10月12日召开的中国共产党第十四次全国代表大会在报告中进一步明确指出,知识分子是工人阶级中掌握科学文化知识较多的一部分,是先进生产力的开拓者。在新的历史时期,正是由于小平同志以无产阶级革命家的胆略和远见卓识,才为我国知识分子正了名,为知识分子恢复、确立了本来应有的社会位置,才使我们党果断地停止执行对知识分子"团结、教育、改造"的方针(实际上相当长一段时期里,更多、片面强调的是"改造"),而代之以对知识分子"政治上充分信任,工作上放手使用,生活上关心照顾"的全新思路。

二、"尊重知识、尊重人才"思想具有时代的特征,是邓小平人才思想、教育思想的核心

回顾1978年以来,小平同志在多次讲话中都对世界性的新技术革命与经济发展和人才的关系作了一系列十分精彩、精辟的论述。他说:"现代科学技术正在经历着一场伟大的革命。近三十年来,现代科学不只是在个别的科学理论上、个别的生产技术上获得了发展,也不只是有了一般意义上的进步和改革,而是几乎各门科学技术领域都发生了深刻的变化,出现了新的飞跃,产生

了并且正在继续产生一系列新兴技术。"[3]小平同志还指出:"大量的历史事实已经说明:理论研究一旦获得重大突破,迟早会给生产和技术带来巨大的进步。当代的自然科学正以空前的规模和速度,应用于生产,使社会物质生产的各个领域面貌一新。特别是由于电子计算机、控制论和自动化技术的发展,正在迅速提高生产自动化的程度。同样数量的劳动力,在同样的劳动时间里,可以生产出比过去多几十倍几百倍的产品。社会生产力有这样大的发展,劳动生产率有这样大幅度的提高,靠的是什么? 最主要的是靠科学的力量、技术的力量。"[4]小平同志在这里为我们深刻揭示了"科学正在成为越来越重要的生产力"[5],"科学技术作为生产力,越来越显示出巨大的作用"[6]的真理。在此现代经济与科技发展的大趋势下,小平同志十分强烈地意识到,实现我国四个现代化大业、迎接世界新技术革命挑战最有效的对策是解决人才问题。他说:"靠空讲不能实现现代化,必须有知识,有人才。"[7]他特别强调指出:"只有有了成批杰出人才,才能带动我们整个中华民族科学文化水平的提高。"[8]

今天,在社会主义市场经济大潮中,人才市场的建立、发育到逐步完善,人才已成为各行各业激烈争夺的对象。从某种意义上说,市场经济是能人的经济,是一种大浪淘沙的经济。最近,世界经济学家们提出"知识经济"的新概念,把知识当作比原料、资本、劳动力更为重要的经济因素。认为"知识经济"构成的两大核心要素,一是科学技术,二是人才资源。两者是知识经济的根本推动力量。在此背景下,我们重温小平同志"尊重知识、尊重人才"的思想,倍感这一思想所具有的鲜明时代特征和高瞻远瞩的战略眼光。

从小平同志论述经济或科技问题为主的一系文献中,我们可以十分清晰地看到小平同志反复阐述的一个指导思想:发展经济必须依靠科技,依靠人才,依靠教育。小平同志在1985年全国教育工作会议上深刻地指出:"我国的经济,到建国一百周年时,可能接近发达国家的水平。我们这样说,根据之一,就是在这段时间里,我们有能力把教育搞上去,提高我国的科学技术水平,培养出数以亿计的各级各类人才。"他还说:"一个十亿人口的大国,教育搞上去了,人才资源的巨大优势是任何国家比不了的。有了人才优势,再加上先进的社会主义制度,我们的目标就有把握达到。"[9]小平同志还明确指出:"科学技术人才的培养,基础在教育。"[10]归根到底是要出人才、出成果[11]。"尊重知识、尊重人才"的思想之所以是小平同志人才思想、教育思想的核心,就体现在小平同志的一系列论述中总是把教育与知识和人才密切联系起来,重视教育作为知识的殿堂、人才的摇篮,在我国社会主义现代化建设中所起的基础性、先导性的作用;体现在小平同志深刻地揭示了现代化的经济发展离不开知识与科技进步,而知识与科技进步又紧紧依赖于教育和人才的重要关系之中。

三、"尊重知识、尊重人才"的核心问题是关心、爱护、使用知识分子,真正发挥知识分子的作用

小平同志在《在中华人民共和国成立三十五周年庆祝典礼上的讲话》中强调指出:"全党和全社会都要真正尊重知识,真正发挥知识分子的作用。"他还说:"善于发现人才、团结人才、使用人才,是领导者成熟的主要标志。"[12]

我国教师的总量达1 150万人,几乎占全国专业技术人员的半数,成为我国知识分子的重要组成部分。小平同志始终关心着各级各类学校的广大教师,并全力呼吁要造成全党全社会尊师重教的浓厚空气,切实为教师多办事、办实事。他号召:"我们要提高人民教师的政治地位和社会地位。不但学生应该尊重教师,整个社会都应该尊重教师。"[13]小平同志还自告奋勇地"愿意给教育、科技部门的同志当后勤部长"[14]。并说"什么是领导? 领导就是服务"[15]。"我的抓法就是抓头头,抓方针。重要的政策、措施,也是方针性的东西,这些我是要管的。"[16]各级领导"要调动科学和教育工作者的积极性,光空讲不行,还要给他们创造条件,切切实实地帮助他们解决一些具体问题"[17]。小平同志还反复指出:"我们不论怎么困难,也要提高教师的待遇,这个事情,在国际上都有影响。从长远来说,我们对这件事有所忽略,耽误了若干年,影响了我们的发展。"[18]为了鼓励和调动广大教师工作的积极性、创造性,他批准创建学位制度,坚决恢复和实行大中小学教师的职称制度,提出对特别优秀的中小学教师"可以定为特级教师"[19]。主张"对于优秀的教育工作者,应该大张旗鼓地予以表扬和奖励"[20]。他要求"各级党委和学校的党组织,应当热情关心和帮助教师思想政治上的进步,帮助他们学习马克思列宁主义、毛泽东思想,使更多人牢固地树立起无产阶级和共产主义的世界观"[21]。小平同志的这一系列指示精神,极大地调动包括教师在内的广大知识分子的积极性,无疑也为1985年我国规定每年9月10日为教师节和1993《中华人民共和国教师法》的颁布奠定了理论和政策的基础,为全党、全社会真正树立尊重知识、尊重人才、尊师重教的良好风尚铺平了道路。教师节的建立,为全社会集中开展尊师重教活动提供了机会,对广大教师是一种有力的激励。《教师法》规定"教师的平均工

资水平应当不低于或者高于国家公务员的平均工资水平,并逐步提高",使教师工资的提高有了法律依据。

今天,我们欣喜地看到,在小平同志"尊重知识、尊重人才"思想的指引下,在各级党委和政府的关怀下,包括广大教师在内的我国广大知识分子,他们的政治地位、工作条件和生活条件都有了很大的改善,他们的人格受到了社会尊重,他们的思想得到了解放。同时,他们的聪明才智也得到了充分发挥。我国广大知识分子作为工人阶级的一部分,具有强烈的事业心和责任感,具有坚持真理、勇于探索的科学态度,具有刻苦钻研、开拓前进的创造精神,他们正在各条战线上充分施展自己的才华,为中华民族的振兴和富强作出巨大的贡献。

在21世纪即将到来的时候,以江泽民同志为核心的党中央准确地把握了国际经济、科技发展的大趋势,在党的十五大及时作出了科教兴国的战略决策。江泽民同志今年5月在北大考察时进一步强调,科技的发展,知识的创新,越来越决定着一个国家、一个民族的发展进程;创新是不断进步的灵魂,其最根本的一条就是要靠教育、靠人才。

我们党对知识、知识分子、人才和教育价值的确认,以及认识上的每一次深化,都是一次新的思想解放,都已经也必将继续对社会生产力的解放产生深远的影响。

注:

[1]《毛泽东选集》(第2卷),人民出版社1991年版,第559页。

[2][3][4][5][6][7][10][11][13][16][17][19][20][21]《邓小平文选》(第二卷),人民出版社1994年版,第49、87、87、88、87、40、95、70、109、70、56、109、109、109页。

[8][9][12][14][15]《邓小平文选》(第三卷),人民出版社1994年版,第70、120、109、121、121页。

[18]《邓小平同志论教育》,人民教育出版社1990年版,第174页。

领导重视　突出重点　不断提高退休人员服务管理工作水平*

上海高校现有退休教职工 22 104 人,相当于在职人员的 35.6%,其中副高职称以上专业技术人员 8 589 人,占退休总人数的 38.9%,中级职称 3 269 人,占退休总人数的 17.1%,原校、处级干部 1 240 人。根据高校退休人员文化层次高、知识密集、人才荟萃的特点,自 1997 年 8 月天津首次会议以来的两年中,上海高校退管会在市教育党委、市教委的领导下,在上级退管部门的指导下,依靠各校党政工领导和广大专兼职退管干部,以"五个老有"为目标,在工作中努力开拓创新,取得了一定成绩,受到广大退休人员的赞誉和肯定。

一、加强领导,采取措施,推动退管工作年年有新进步

上海市教育党委和市教委十分重视和支持高校退管会的工作,并采取得力措施,加强领导。市教委副主任、高校退管会主任张民生同志要求高校退管工作"每年有抓手,每年有推动,每年上一个新台阶"。1998 年,以庆祝高校退管会成立十周年活动为契机,为了把十年来上海高校退管工作的成功经验从制度上加以肯定,进一步加强对退休人员的服务管理工作,市教育党委、市教委以红头文件联合颁发了由高校退管会经过反复调查研讨而起草的《关于加强上海高等学校退休人员服务管理工作的意见》(沪教委人〔1998〕37 号,以下简称《意见》)。《意见》共 15 条,对加强退管工作的领导、协调各方关系、落实两级管理以及如何从政治思想、物质、精神生活等方面关心退休人员(其中包括"共享"、建立帮困基金、解决老有所医和住房等问题),都作了明确的规定和要求。这一文件的颁发,既进一步推动各校加强和发展退管工作,促进退管工

---

* 1999 年 10 月 15 日参加京、津、沪高校第二届退管工作会议上的发言。作者时兼任上海高校退管会副主任。

作的规范化、制度化建设;同时也为学校全面关心退休人员、解决他们的实际困难提供了依据。今年,结合国际老年人年活动,由高校退管会、退教协拟文,市教委又用红头文件发出通知,要求全市教育系统,加强敬老宣传力度,为退休人员多办实事,支持退休教职工老有所为、为科教兴国再作贡献。为配合国际老年人年的宣传学习,市高校退管会编印了有关国际老年人年的资料,组织各高校退管干部学习培训。各高校也运用各种形式掀起宣传高潮,促进为老服务的深入开展。

不断统一思想认识,调动各方面的积极因素,以形成合力,是高校退管会一直比较注重的工作。针对学校领导班子调整、新的分管领导对退管工作一时不熟悉以及新形势下老龄工作中不断出现的新问题,市教委、市高校退管会重视做好各校领导的思想工作,每年都要召开一次由各校校长、院长参加的退管工作会议。1998年4月24日召开的退管工作会议,有三所高校的领导或退休教授作了交流发言,市教委副主任、市高校退管会主任张民生同志作了讲话,强调要促进上海高校退管工作再上一个新的台阶。市教委每年还召开一次各校人事处处长会议,组织与会同志学习文件,讨论退管工作,1997年以讨论共享为主题,1998年以研讨第二次人才开发为重点。各高校退管会初创时,大多由工会托管,体制调整后,绝大多数工会仍然支持退管工作。为了调动多方面的积极因素,支持退管工作,形成合力,今年,高校退管会还与市教育工会一起,召开了各高校工会主席参加的退管工作会议,组织他们学习国际老年人年的有关资料,听取市社保局有关同志关于社会养老保障机制的报告,同时交流高校工会支持退管工作的经验。

近年来,市高校退管会把贯彻落实沪教委人〔1998〕37号文件作为工作的重点,通过组织市高校退管会委员深入基层检查,与学校领导座谈和召开会议交流等形式,使整个高校的退管工作有了新的进展。不少学校的党政领导专门学习和讨论37号文件,提高了对新形势下做好退管工作的认识,加强了对退管工作的领导;有的学校结合人事制度改革充实加强退管组织机构;有的进一步强化了两级管理;有的落实了为老服务的措施,促进了"共享"等等。绝大多数学校为全面贯彻落实37号文件,结合自己学校的具体情况,也相应地制订了加强退休人员服务管理工作的意见。到目前为止,市高校退管会联系的36所高校中,已有21所学校正式发文,颁布和施行本校《关于加强退休人员服务管理工作的意见》。

二、突出重点，多办实事，促进"共享"取得新进展

多年来，我们一直在市高校系统呼吁"共享"并明确提出："共享"是以国家为主体的社会养老保障体系的必要补充，也是缓和社会分配不平衡的必要措施。经过不断地呼吁，不断地统一认识，上海高教系统的"共享"年年有进展。在市教育党委、市教委于1998年6月颁发的37号文中，对"共享"问题明确提出："各校退休人员获得的校内共享费一般应达到在职行政人员校内分配金额的30%左右，尚未达到此比例者，应在现有基础上按每年增加10%—15%的要求逐年达到。"由政府部门在文件中规定实施"共享"的标准，这不仅从制度上保证了"共享"的实施，而且也便于各校操作。37号文件下发后，有的把"共享"纳入学校的财务预算，保证了"共享"经费的落实，并按时按规定增加"共享"费；有的学校发展到校院（系）两级管理、两级服务、两级共享，使退休人员得到更多的实惠；有的学校退休人员达两千余人，已有三年未增加"共享"费，37号文件下发后，学校领导还是想尽办法为退休人员增加了"共享"费。为贯彻国际老年人年的主题，有些大学在1998年"共享"费的基础上，今年又为每位退休教工增加相当幅度的"共享"金。两年来，全市高校退休教职工人均"共享"金额又有所提高。1997年高校退休人员人均"共享"1 020元，比1996年递增11.48%；1998年校际人均达1 166元，比1997年增加14%。

同时，在高校退管会的积极倡导和促进下，近两年来，本市高校系统的"帮困基金"也有了较大发展。1998年与1996年相比，建立"帮困基金"的单位从21所增加到28所，基金总额从700万元递增到1 339.27万元。帮困的范围也从解决经济困难，发展到建立了"重病护理帮困基金""医疗保障补充基金"和"医疗互助补充保险基金"等。1998年，全市高校退休人员中有688人获得了总计26万元的各种基金的资助，许多退休人员无不感慨地说："学校为我们做了一件大好事，有了这个基金，我们心里踏实多了。"

此外，我们高校退管会每年都拨出几万元经费，走访和补助困难的退休人员。还发动各校退管会走访困难家庭，每年为退休人员夏送清凉、冬送温暖。1997年和1998年两年，本系统各级领导上门访问退休人员共21 174人次，1998年发放各种补助费80.07万元，比1997年70.6万元增加9.47万元，提高了13.4%，在帮助退休人员解决住房困难方面，高校退管会也做了促进工作，1997年至1998年两年有23所高校为503位退休人员增配了11 879.89平

方米住房,平均每户增加 23.62 平方米。

各高校除了物质生活上关心外,在精神生活上也关心退休人员,各校重视开辟、扩建活动室,为老年人活动提供了方便。不少高校的退休人员的群众性文娱活动开展得有声有色。我们高校退管会为了庆祝香港回归和中华人民共和国成立 50 周年,于 1997 年和 1999 年先后举办了"上海市高校退管会迎庆香港回归文艺演出"和"上海市高校退管会庆祝中华人民共和国成立 50 周年文艺会演"。"50 周年会演"于 9 月 21 日假上海瑞金医院大礼堂演出,市总工会、市退管会、市人事局和市教委以及部分高校党政领导到场观看,演出过程中,全场观众阵阵掌声,气氛活跃,反应良好,有几个学校自行创作表演的节目还被市退管会选中,于敬老日这一天到全市更大范围的会演中演出。为了参加市退管会组织的"全市退休职工庆祝中华人民共和国成立 50 周年歌咏大会",我们组织了由四所高校参加的 100 人的大型合唱团,受到评委的高度赞赏。

三、典型带路,积极引导,老有所为开创新局面

高校退休教职工队伍是一支高学历、高职称、高素质的智力大军,是高级专业技术人才荟萃的地方,也是第二次人才资源开发的重点。为了更有针对性地为知识型退休人员创造"老有所为"条件,在广泛调查研究的基础上,近两年来,我们通过总结经验、发掘典型、大力宣传、积极引导,开创"老有所为"新局面。首先,结合高校退管会成立十周年活动,为了进一步推动"老有所为"向纵深发展和反映高校退休人员退而不休的精神风貌,市高校退管会编辑出版了由徐匡迪市长题写书名《银发金心》(高校退休人员"老有所为"事迹选编)一书。书中收录了来自 26 所高校、100 位退休人员(其中 80% 为副高职称以上退休教师)的事迹,大力宣传了高校退休人员退而不休继续奉献的精神。同时,还编印了画册《敬老情深》,这本画册由市委副书记龚学平同志题写书名,市委、市政府、市人大、市政协等 11 位领导同志题词或写了贺信,共收录各种照片三百余幅。最近,为了展示上海高校退休教职工"老有所为"的风采,进一步推进老有所为深入开展,我们举办了"上海市高校退休教职工'老有所为'事迹巡回展览"。这个展览于 10 月 13 日在上海交通大学举行开幕式和首场展出。

两年来,我们召开的多次退管工作会议或经验交流会,都选择"老有所为"

先进典型在大会上发言,此外,我们还通过发简报,介绍有关学校发挥退休人员"老有所为"作用好的经验,促进"老有所为"向纵深发展。据不完全统计,目前,全市高校退休人员中"老有所为"、正在发挥作用的有7 277人,占退休教职工总人数的33.06%。而且,"老有所为"正在从原先自发的个人行为逐步向有组织的整体发挥作用的方向发展。不少学校在组织退休教师与大学生建立忘年交结对子活动,在教学指导、督导以及在学校改革发展中发挥参谋咨询作用等方面,都取得了新的成绩。

各高校退管会主办的经济实体,也是老有所为的一项重要内容,1998年本市高校系统共有24个学校办了40个经济实体(含办学),全年营业额1 571.3万元,上缴国家财税112.7万元,净获利润376.28万元,比上一年增加173.23万元。

四、加强培训,提高素质,队伍建设跟上新形势

高校退管会历来重视本系统退管干部队伍的建设,市教育党委和市教委在沪教委人〔1998〕37号文件中专门对进一步加强退管干部队伍建设、提高干部素质、关心退管专职干部的培养、待遇、职称和福利等方面提出了要求。两年来,我们在加强队伍建设方面做了以下工作:

一是定期举办退管专职干部培训班。1997年和1999年两年,我们分别举办为期三天的培训班,重点学习《中华人民共和国老年人权益保障法》和《上海市老年人权益保障条例》以及国际老年人年的有关资料。先后邀请了市人大内务司法委员会副主任、市劳动社会保障局政策研究室主任、市老年学会副会长、上海大学老年学会副会长等,为退管干部作了学习辅导报告。通过培训,专职干部普遍感到开阔了眼界、拓宽了工作思路、提高了认识、增强了工作信心和责任感,表示要为高校退管工作再上一个新台阶作出新贡献。

二是不定期召开退管工作经验交流会和东西两片大组的退管活动,及时交流工作经验,沟通信息,拓展工作思路。同时,坚持一年一度的总结汇报会和春节联欢会,既交流工作,又融洽感情增强凝聚力。

三是倡导学习理论、调查研究,加强退管工作的理论研讨。1998年上海高校系统被选送参加市退管工作研讨会的文章有8篇。今年,市教委领导要求高校退管系统进一步加强理论研讨,各校撰写研讨文章共47篇。今年9月下旬,我们举办了"上海高校1999年退管工作理论研讨会"。这次研讨会,有这样几个特点：论文数量多、参与面广；内容丰富，论述广泛；不少文章有新意、有深度、有特色。

四是编印有关资料，为退管干部学习、工作提供方便。我们除了编印《1999国际老年人年宣传参考资料》外，还编印了《上海高校退休人员服务管理工作文件汇编》，其中收录了国家和上海市有关老龄问题的法规以及各校的有关规章制度等。

五是开展对口检查。今年3月，我们组织全市高校对退管工作的基本资料和制度建设情况开展了一次对口检查，各校对这次检查都极为重视，作了充分准备。考评结果，在参加检查的30所学校中，属于好的和比较好的有27所，已建立退休人员管理电脑信息库的有24所。这些学校已经做到各项台账和统计报表完整化，日常工作制度化，重大活动规范化；什么时候做什么工作，做什么工作有什么要求，都井然有序、有条不紊。这说明本市高校退管系统的规范化、制度化建设有了新的发展。

六是开展退管工作先进评比、表彰活动。通过学校推荐，片上初评和市高校退管会审定，评选出1997—1999年退管工作先进集体10个（上海市4个，高校系统6个）；退管工作先进工作者21位（市4位，本系统17位）；"老有所为"精英奖48位（市13位，本系统35位）；敬老好儿女金榜奖12位（市6位，本系统6位）和上海市高校退管工作好领导7位，将于年内开会予以表彰。

回顾两年来的工作，我们有三点体会：

第一，领导重视，认识到位，感情到位，工作到位，始终是搞好退管工作的关键。近两年，各校党政主要领导对退休人员服务管理工作的认识有很大提高，工作力度上不断加大。市教委为了加强高校退管工作，发了两个红头文件。其中，由市教育党委、市教委联合颁发的37号文，强调加强退管工作，这在本市委办局一级也是不多见的。今年评选出的7位市高校退管工作好领导，也充分说明了他们在退管工作上的认识、倾注的感情和工作上的力度与成绩，受到了广大退休人员的赞许和爱戴。

第二，要有一支较高素质的退管干部队伍。退管工作的成效要通过专职干部积极的进取、勤奋的工作，才能得到体现和反映。实践表明，哪一所学校退管工作成效显著，有新的突破，与这个学校退管干部的努力是分不开的。本市高校广大的退休人员对退管干部称赞有加，认为他们爱岗敬业、无私奉献的精神值得学习，要求学校领导对他们要多加关心与爱护。这说明本市高校系统有了一支素质较高的退管干部队伍。

第三,多做调查研究,不断探索、开拓新的路子。退休人员是在我国特定历史条件下形成的一个社会群体,在经济发展中的我国,如何迎接人口老龄化的挑战,这是一个很大的课题。市教委张民生主任在年初部署退管工作时,就特别强调要针对当前社会上和高校退休教职工议论的一些热点,作些超前性的研究,今年7月按照市人事局的要求,市高校退管会对四所高校500位退休人员退休金的状况作了抽样调查,根据调查和测评,反映了一些问题,提出积极的建议,供市人事部门决策时参考。

两年来,上海市高校退管工作取得了一定的成绩,但工作的发展还不平衡,存在不少薄弱环节,如有的学校退管工作的领导体制没有理顺,个别学校没有退休人员活动的场所,有的学校没有退管专职干部编制,少数学校对市教委下发的37号文件的贯彻尚不够落实,等等。

我们的工作与北京、天津、重庆市退管工作的先进经验相比,还有不少差距。我们将虚心向兄弟市学习,发扬成绩,克服不足,扎实工作,更好地为广大退休教职工服务,以新的成绩跨入新的世纪。

1998年至2000年10月30日任职期间述职报告[*]

根据"立足教育、开发和盘活教育人才资源;面向社会,促进、完善教育人才的双向交流和人才结构的优化;辐射全国,吸纳和引进高质量教育人才,为发展和壮大本市跨世纪中青年骨干教师和学科带头人队伍服务"的服务宗旨,几年来,上海市教育人才交流服务中心(以下简称"中心")在努力发展教育人才市场,促进教育人才资源的合理配置,加速人才交流市场化、信息化的过程中,逐步拓宽服务范围,增强服务功能,主要做了以下几方面工作:

一、发展教育人才市场,发挥教育人才交流中心在配置教育人才资源中的基础性作用

1. 在总结以往全市性大型教育人才交流洽谈会的基础上,继续办好1998年、1999年和2000年全市性的大型教育人才交流洽谈会

围绕本市构筑人才资源高地的目标,以为本市高校引进高层次拔尖人才,为中学、中专、职校和民办学校及特殊学校等各级各类学校招聘优秀骨干教师为目的而举办的大型教育人才交流洽谈会,受到了用人单位和应聘人员的普遍欢迎,参加招聘的单位由1998年的250家增加到2000年的400余家。前来应聘的人员2000年已达7 820余人,初步达成意向的有5 912人,其中本科4 170人、硕士716人、博士171人,807人有高级专业职务、1 702人有中级专业职务,为上海师资队伍整体素质与水平的提升起了积极的促进作用。

人才市场的开发是人才得以充分利用、潜力得以充分发挥、配置得以优化的前提条件。"中心"成立以来,教育人才市场的发展,突破了过去人员配置单

---

* 2002年2月8日的述职报告。作者时兼任上海市教育人才交流服务中心主任。

一靠行政调配的模式,为供需双方逐步营造一个人才合理、有序流动的良好环境,为盘活教育人才资源、优化本市师资队伍,在教育人才资源的合理配置方面发挥了基础性作用,而且呈现了上海教育人才市场朝着更趋成熟、规范、有序的方向健康发展。

2. 举办上海市教育系统高级人才交流洽谈会

1999年1月,由上海市教育人才交流中心主办,华东政法学院、上海大学人才交流中心协办,在上海大学成功举办了"上海市教育系统高级人才交流洽谈会"。本市21所高校参加,拟招聘引进高层次的拔尖人才及应届毕业的硕士生、博士生400余人,收到应聘材料450余份,经筛选后,发出洽谈通知书250份,当天参加洽谈的400余人,通过洽谈达成意向的332人次,其中具有硕士学历的204人次、博士学历的66人次、博士后16人次、回国留学人员10余人次、副教授15人次、教授15人次、博士生导师2人次、其他高层次人才22人次。

这是本市首次举办的上海教育系统面向国内外招聘高级人才的小型、专业人才交流洽谈会。这次洽谈会体现了高起点、有新意的特点。高起点,体现在应聘者的层次高,应聘者必须具有硕士以上学历或副高以上职称,必须专业基础扎实、动手能力强、年轻而有后劲。有新意,体现在招聘录用方式新,改变以往集市式的模式,通过反复筛选、对号入座,整个洽谈在宽松、安静、和谐的气氛中进行,大大减少了供求双方的盲目性。由于成功率高,本次高级人才洽谈会受到了招聘单位、应聘高级人才、领导及各大媒体的一致肯定。

3. 组织上海市重点高校赴北京招聘人才

上海高校事业发展和学科建设,急需一批拔尖的优秀人才、学科带头人和博士生导师。根据复旦、交大、同济和上大等19所高校的调查,他们有70余个专业(学科)1650个岗位需要招聘、引进国内外优秀人才。为此,2000年1月,"中心"组织复旦、交大等12所重点高校前往北京,招聘北京及东北、华北地区的高层次优秀人才。仅两天时间,在京直接参加面试洽谈的达900余人,初步达成意向的700人,其中博士334人、博士后21人、硕士300余人、正副教授68人、博士生导师6人。此次招聘,上海、北京各大报刊、电台、电视台及时作了报道,社会反响良好,反映了改革开放的上海海纳百川、汇聚国内外英才的姿态,同时,宣传了上海引进人才新的政策(包括人才柔性引进的政策),国内外的优秀人才进而把上海视作首选的"施展才华的用武之地"。

4. 做好日常的人才委托的招聘、委托推荐服务工作,充分发挥"中心"的服务功能

(1) 通过各种宣传、信息发布等途径,"中心"加强与区、县各有关学校及社会各方面的联系和合作,扩展供需双方信息的容量,在"中心"内外开辟了两大宣传专栏,介绍"中心"的职能,及时发布招聘活动信息,并通过人才市场报公布教育人才招聘热线。截至2000年,"中心"的各类教师信息库容量达4 600余份。

(2) 在日常委托招聘、委托推荐工作中,"中心"力争做到服务质量优质,力求管理科学规范,不断提高服务质量。三年来,"中心"共接受200余个单位委托招聘各类专业人员350余人,并向上述单位推荐各类专业人员700余名,成功160余人,解决了许多单位人员紧缺的燃眉之急,得到了招聘单位及应聘人员的好评。

(3) 做好来信来访接待处理工作。三年来,"中心"共收到各类应聘、咨询信件700余封,根据不同情况,做到有信必复或给予登记入网,并做好来信处理情况的记录。"中心"曾先后收到多封来信来访者的表扬信。

5. 做好每年引进教师的情况汇总及下一年度引进教师需求的调查工作

1998年至2000年的三年中,在"中心"的牵头和促进下,本市普教系统共引进各类教师2 500余名。

二、加强调查研究,拓展业务范围

1. 拟订《上海市教育人才交流中心关于委托管理高校分流人员的暂行办法》

1998年,根据市教委领导的要求,"中心"通过开展调查研究,拟订了《上海市教育人才交流中心关于委托管理高校分流人员的暂行办法》。经市教委人事处领导的具体指导和关心,"中心"一方面组织部分高校人员至纺织再就业中心、仪电再就业中心、文化系统人才交流中心等单位学习他们委托管理分流职工的有关经验及政策,另一方面在南市区社区学院及民办东海学院调查了解他们对教师的需求及吸纳分流教师所需解决的政策及问题。在此基础上,草拟了《上海市教育人才交流服务中心关于委托管理高校分流人员的暂行办法》,对托管的任务、职责与组织机构,委托管理人员的申报程序,分流托管人员的经费、使用和管理,分流安置及配套政策等作了阐述。

2. 积极创造条件,探索开展培训工作的新路子

(1) 1998年"中心"举办了一期"幼教信息讲座",听课者达300余人。通

过讲座,使幼教教师进一步了解国内外幼教动态,促进幼教工作者的业务交流,取得了较好的社会效益和经济效益。

(2)举办"招聘、引进中学骨干教师讲习班"。为了帮助从外省市引进的中学骨干教师尽快熟悉上海教育改革的形势,缩短适应期,促进师德修养和业务能力的提高,"中心"从1999年开始每年举办"招聘、引进中学骨干教师讲习班",学员来自全市各区、县,两年中共有1 200余人参加,市教委副主任张民生教授、闸北八中校长齐京海、市教委教研室副主任张福生以及市教研室语文、数学、外语的教研员和化学、物理特级教师等,分别向引进教师介绍上海市基础教育改革的思路和目标、上海新一轮课程教材改革的指导思想、课程教材结构体系和教学要求、上海中学生的特点等,受到了引进教师的普遍欢迎,取得了很好的社会效益和经济效益。

3. 拓展业务范围,开展人事代理工作

为了配合教委系统人事制度改革,有利于办好外籍人员子女学校、民办学校,保障其教职工的合法效益,在市教委人事处的领导和具体指导下,经多次协商,"中心"于1999年1月17日与上海市人才服务中心签订了协议书,明确"中心"作为中国上海人才市场的一个服务点,受理教育系统流动人员(含外籍人员子女学校、民办学校教职工及高校出国留学人员等)的人事档案接转业务,取得了人事代理权。

1999年5月5日,市教委《关于对本市外籍人员子女学校中国雇员实行人事代理工作的通知》(沪教人〔1999〕23号文)下发,在此基础上,我们与中国上海人才市场商量,草拟了《对外籍人员子女学校中国雇员实行人事代理工作的操作办法》,在市教委国际交流处的协助下正式开展了对外籍人员子女学校中国雇员的人事代理工作,并根据对事业单位非在编人员实行人事代理的有关精神,同时开展对委属事业单位非在编人员的人事代理工作。从1999年7月至2000年12月底,先后受理五所外籍人员子女学校、14名教职工的人事代理工作,其中13名均代为办理各项社会保险(四金);受理2个委属事业单位、4名非在编人员的人事代理工作,同时还接受了高校后勤社会化改革后新进人员的人事代理工作以及4所高校清理辞职、辞退人员的档案5份。

人事代理工作的开展,规范了上述单位,特别是外籍人员子女学校中国雇员的用工手续,帮助中国雇员补办了从实际建立劳动关系后(最早从1996年起)从未交纳的养老保险等社会保险费用共计208 000元,维护了中国雇员的合法权益。根据市教委的要求,"中心"还配合市教委人事处制定关于民办学校人事与师资队伍管理及关于民办学校实行人事代理的有关规定和政策,以维护民办学校教职工的合法权益,充分调动他们教书育人的积极性,促进民办学校健康发展。2000年,"中心"与卢湾区、虹口区教育局合作,对民办学校人事代理工作作了研究,开展了试点工作。

三、加强对教育人才交流协会的领导与协调

1. 积极倡导理论研究,开展人才交流工作的论文评选工作

为了加强教育人才中介机构队伍的建设,不断提高工作人员的理论水平,"中心"每两年举行一次工作研究论文的评选工作。1998年及2000年前后两次围绕教育人事制度改革、教育人才流动和中介机构的建设等问题,"中心"组织各协会小组在认真学习、调研和研讨、交流的基础上,撰写论文,两次共收到论文41篇,并组织领导与专家进行评审,召开论文交流、优秀论文表彰大会,推动了本市教育系统人才交流工作的深化与健康有序的发展。

2. 召开全国高校人才资源开发交流暨深化高校人事制度改革工作研讨会

由全国高校人才交流工作联合会理事会、上海市教育人才交流协会共同举办,于1999年5月17日—19日在复旦大学召开了全国高校人才资源开发交流暨深化高校人事制度改革工作研讨会,来自全国各地110余所高校的160余名代表参加了会议。会上,国家教育部人事司管培俊司长发表了有关高校人事制度改革的讲话,国家人事部人才流动开发司王克良处长介绍了人事部对进行事业单位人事制度改革的思路,上海市公共行政与人力资源研究所沈荣华所长作了"面向二十一世纪构筑上海人才资源高地"的专题报告,清华大学人事处裴北宏处长和上海理工大学校长陈康民教授介绍了各自校内管理体制改革和人事制度改革的经验,与会代表共向大会提交交流论文57篇,并就高校改革与人才资源开发交流工作、高校人才交流工作如何适应社会主义市场经济、高校人才交流中介组织服务方向、社会化再就业工程与高校改革等四个主题开展专题交流与研讨。这次研讨会在理论上有新的提高,在实践方面有新的突破,体现了改革与创新的精神,受到与会者与有关领导的充分肯定。

3. 组织讲座、参观和考察活动

为了进一步开拓工作思路,更好地推进人事制度改革和人才交流工作,协会先后举办了以"国家机关和事业单位机构人事制度改革及人才流动"为内容

的讲座,请市人事局周茂生处长作事业单位人事制度改革的辅导报告。组织区、县和直属单位的会员参观上海市工商外国语学校,听取工商外国语学校校长介绍该校深化教育人事制度改革、加大引进优秀人才力度、加强师资队伍建设的经验。并还利用暑假,组织部分会员单位赴广东、海南考察,学习海南省和广东省高校人事制度改革的经验及民办教育师资队伍管理的经验,并写出调查报告。各会员小组也先后开展了小组的研讨、学习、交流活动,特别是西片高校小组邀请了徐汇区劳动局仲裁处及市人事局人才流动管理处的同志讲解劳动仲裁及人才流动仲裁工作中的难点及案例,各单位还提出本单位在工作中遇到的疑难问题,请市劳动局、人事局的同志给予解答并进行研讨。

上述这些活动的开展,沟通了信息,交流了经验,学习了先进,对各会员单位更新观念、拓展思路,对各单位的人事制度改革与人才交流工作起了促进、推动的作用,受到了各会员单位的好评与积极的参与。

四、遵守国家财经纪律,合理使用经费,在提高社会效益的前提下,逐步提高经济效益

根据市教委的要求,1998年至2000年期间,"中心"的工作主要以服务为主。在提高社会效益的前提下,逐步提高经济效益。因此,"中心"高度重视加强工作人员为人民服务的意识,树立"廉洁、热情、高效"的良好职业形象,同时,注重建立健全内部管理的各项规章制度,并严格加以执行,加强规范管理,不断提高工作质量和办事效益。"中心"的经费来源主要有两方面:一是市教委的财政拨款,二是"中心"的业务收入。业务收入主要有三方面:一是举办教育人才市场及提供人才中介服务的收入;二是举办教师培训;三是开展人事代理。虽然"中心"人手少,各项服务收费十分低廉,主要以服务为主,甚至有不少是无偿服务,但由于全体工作人员的努力,逐步扩大业务范围,千方百计地开源节流,使"中心"的收益逐年有所增加。在经费使用上,我们严格遵守国家财经法纪,坚持勤俭、节约的原则,合理地使用经费,使"中心"的积累逐年提高,促使了事业的进一步发展。

1998年至2000年期间,"中心"共有五名工作人员,其中一名为在职人员(1998年6月由市教委转入),四名为返聘人员。在职人员及返聘人员的津贴均参照教委的有关标准执行,几年中无新的变动。

"中心"凡添置大件物品都坚持必需、实用的原则,并经主要领导批准,固

定资产均及时登记并由专人负责,使用中注意保管及维护。办公经费及业务活动都能注意勤俭节约、合理,使用上严格控制,不乱花一分钱。

虽然几年来"中心"财务主要是请外单位人员兼管并几经变动,但每次都能注意做好交接工作。能根据教委的要求逐步完善财务管理,以做到账目清楚,使用合理,无违纪违法现象。

截至2000年10月,"中心"账上共有银行存款638 732.38元,现金5 000.38元,固定资产110 628.00元,加之其他收入合计754 351.74元。其中,除代管账款46 477.74元(主要是教育人才交流协会会费)及其他应付款219 820.03元(主要是人事代理中,代为逐月缴付养老金、医疗保险等的费用)外,"中心"留有历年积累事业基金103 330.12元、专用基金36 641.60元,当年结余资金237 454.19元(2000年市教委拨入经费尚有40 000元,于2000年11月份转入,未计在内)。

鉴于黄良汉同志在以上任职期间担任市教委人事处处长兼任"中心"主任,"中心"的日常管理工作由常务副主任张晓春同志负责,她为"中心"做了大量工作,而且"中心"所做的上述各方面工作,均是在以几位退休返聘老同志为主的工作人员的共同努力下完成的。

奖掖优秀教师力行尊师重教

——上海市中小学幼儿教师奖励基金会工作的回顾与展望*

1987年,正当上海基础教育面对由于教师地位不高、待遇偏低、队伍不稳定而影响事业顺利发展的情况,为适应教育发展、加强师资队伍建设的需要,经上海市政府批准,成立上海市中小学幼儿教师奖励基金会(以下简称市基金会)。十多年来,在社会各界的大力支持下,市基金会的事业逐步壮大,并认真贯彻理事会确立的"开拓、求实、奉献、服务、廉洁"的十字会风,为推动全社会重视支持教育、尊重关心教师、促进加强师资队伍建设、促进全面实施素质教育,推动教育事业顺利、健康地发展,发挥了重要作用,取得了显著成绩,赢得了广大教师与社会各界的热情赞誉,为重教育才、科教兴市、科教兴国作出了应有的贡献。

一、回顾总结市基金会多年来的表彰奖励工作、宣传工作和各项资助工作

(一)表彰奖励的范围与对象涵盖了中小学、幼儿教育、特殊教育、校外教育及中等职业教育等各类学校,为广大教师树立了学习楷模,在社会上产生了广泛的影响

据统计,十几年来,市基金会在各方面的支持和配合下,共表彰、奖励优秀教师和教育工作者2.49万人次。其中"园丁奖"作为市基金会设立的主要奖项,评选的范围与对象为普通中小学校、幼儿园、职业学校、特殊教育学校(含工读学校)、青少年校外教育机构、教师进修院校和中专校、技工学校、独立建制的成人教育中初等学校、市属厂矿企业以及其他部门办的中小学校、幼儿园

---

* 2002年上海市中小学幼儿教师奖励基金会成立15周年的工作总结,由黄良汉执笔。作者时任该基金会秘书长。

的教职工,并强调以教学第一线的教师为主要评选对象,每三年评一次,评选的名额比例为教职工总人数的千分之三。自1988年以来,已组织了8次"园丁奖"的表彰奖励,全市共评选了1.37万名优秀园丁。市基金会会同市教育行政部门和市工青妇等有关部门组织的单项奖励,共表彰各类先进1.12万人次,奖励面涵盖了普教系统的各级各类学校。

(二)奖项与资助项目逐步拓展,与时俱进,具有较好的激励、导向作用

如"园丁奖"的获得者,一般都是思想品德好,具有为人师表、教书育人的良好职业道德和敬业精神,严谨治学,教育教学效果优良,深受家长欢迎和学生爱戴的教师。评选中还强调向在实施素质教育中勇于探索、敢于创新,在教学改革中取得明显成效的优秀教师倾斜。为了弘扬尊师重教社会风尚,市基金会专门设立了"尊师重教奖",先后7次表彰奖励了企事业单位、街道乡镇、部队等关心支持教育的123个先进单位和509位先进个人,还奖励了对实施义务教育作出突出贡献的区县领导。近几年,针对师德这一师资队伍建设的核心与突出问题,为激励广大教师加强师德修养,资助开展了以师德昭人为主题的"我的讲台我的爱"等师德建设系列活动与评选活动。针对中青年教师这一师资队伍建设的重点,市基金会为青年教师搭建施展才华的舞台,鼓励他们脱颖而出,连续8年会同市教学研究室完成了两轮中青年教师的教学评优活动,奖励在实施素质教育中各学科教学成绩突出的中青年教师共2 343名;连续4年资助青年教师教育教学研究课题评审及成果鉴定工作,共奖励优秀课题297项。市基金会还特别关注教育薄弱县区和农村困难地区,在"园丁奖"评选中注意向农村边远地区及困难学校的教师倾斜;连续5年组织市郊农村偏远地区的小学和初中校长、教师到市区参加专题培训班和参观考察,帮助他们了解教育改革的最新信息及办学的创新思维与理念,开阔视野,推进农村学校的教育改革,提高教育质量。市基金会还资助编辑出版《上海教师》丛刊,及时反映广大教师为人师表的风采,展示和交流教师教书育人与教改成果,促进教师的专业化发展。

(三)大力宣传和发扬光大优秀教师的先进思想和先进事迹

市基金会坚持把宣传优秀教师无私奉献、勇于开拓的精神以及他们的先进事迹作为一项重要工作来抓。如以《耕耘者之歌》为题编辑出版系列丛书,拍摄系列电视片,宣传优秀教师,先后颂扬了470多位优秀教师、12户"教育世家"的先进事迹。编辑出版《在教育史册上——上海当代普教名人传略》3集,宣传了本市普教战线42位有突出贡献的老教育工作者献身教育的业绩和崇高品德；资助老教育家赵宪初、李楚才、左淑东和特殊教育专家戴目、优秀体育教师兼教练胡鸿飞等出版专著或教育文集。市基金会还编辑出版"上海教育丛书"，将几十位优秀中小学教师丰富的教育、教学经验整理成书或由本人撰写，共出版了54本这方面的教育专著。既使宝贵的优质教育资源传播开来，发扬光大，同时也为广大教师尤其是青年教师树立了爱岗敬业、奉献教育的光辉典范。

（四）评优表彰工作始终贯彻"公正、公平、公开"的原则，坚持标准，确保质量，并把评优的过程作为发扬先进、学习先进的过程

以"园丁奖"的评选为例，"园丁奖"的评选历年来按照"坚持标准、严格把关、确保质量、宁缺毋滥"的指导思想和原则，在评选中坚持标准，操作程序严格规范，确保了"园丁奖"的先进性，成为被全市广大教师十分看重的一项奖项和荣誉。又如，市基金会组织开展的优秀教师标兵、优秀校长、模范班主任、优秀青年教师标兵、幼儿教师标兵以及"我喜爱的好老师"和"我心目中的好校（园）长"等的评选，都是在广大教师、学生和家长乃至全社会以及各种媒体共同参与、参加下举荐人选，最后经由市领导小组审核后评定的，使被评者都具有一致的公认性与权威性。

二、今后工作的展望

（一）进一步拓展服务功能，发挥促进加强师资队伍建设的桥梁纽带作用

中国加入WTO后，随着政府的改革和政府职能的转变，为非政府组织的发展提供了许多新的空间，特别将为其在公共服务社会化方面更好地发挥作用提供了空间。市基金会要坚持为教师服务的宗旨，进一步从内涵上提升基金会工作的质量，在拓展服务功能中求发展，以坚持发展来推进基金会的事业。要按照"突出重点、体现特色、严格把关、归口管理"的要求，不断完善评选奖励制度，进一步发挥奖励工作的激励导向作用。要把宣传先进的工作作为评优奖励的延续，作为衡量评选奖励效果的重要标准，加大力度，增加投入。要会同市教育行政部门，组织教育论坛，开展中青年校长和教师论坛活动，展示中青年校长办学思路和办学成果，选拔评选"上海市十佳中青年校长"和"上海市中小学青年教师新秀"，充分发挥优秀校长、骨干教师在学校管理和教育、教学改革中的示范、带头、辐射作用。要以农村教育和特殊教育作为基金会工作的重点,进一步关心并帮助教育系统弱势群体增长知识,拓展思路,提高教育、教学科研与管理水平,提高全体人员的整体素质。进一步发挥基金会在表彰奖优,促进加强中小学校长、教师梯队建设、促进教育的均衡化发展中的作用。

(二)继续做好基金的募集与保值增值工作,管好用好基金,扩大基金会联网优势,协同各区县教师奖励(教育)基金会形成工作合力,保证基金会事业与优秀教师奖掖工作不断健康、深入向前发展

多年来,市基金会在社会各界的支持下,特别是在诸多金融、证券和实业公司的支持下,基金会的总额逐步扩大,同时通过积极稳妥的运筹,基金的累计与增值达数千万元,增值额为筹集基金总数的 1.97 倍。市基金会要协同相关部门,进一步积极促进全社会形成"教育乃兴国之本,教师乃教育之本"的共识,在贯彻"积极稳妥、分散风险、依法理财、确保安全"原则的前提下,拓展渠道与途径,继续做好基金的募集与保值增值工作。宜考虑遴选有社会影响的奖项冠以企业的名称,争取企业捐款用于这些奖项的奖金。通过对专项基金和企业奖教的宣传,把募集基金的工作推进一步。继续促进和推动与区县基金会的网络建设,发挥基金会的整体优势。要进一步完善风险基金的提取启用办法,基金的运作坚持做到"充分酝酿、手续完备、符合法规",努力争取较好的收益。坚持认真执行基金会使用的预决算制度,加强资金使用的计划性,完善资助经费的核算检查办法,督促受资部门按计划、按财务规定合理使用经费。坚持严格执行财务制度,将精打细算、履行节约与开辟财源相结合,不断增加累积,把基金会的各项经费用好、用出效益,广泛深入地做好教师的奖优及尊师重教工作,使基金会的工作更富有开创性、更具有时代特色。

上海市中小学幼儿教师奖励基金会组团赴台参加"海峡两岸加入WTO后教育兴革与社团发展研讨会"暨教育访问考察情况报告[*]

我会应台湾民生文教基金会邀请,以上海市中小学校和幼儿园优秀中青年校(园)长、部分区教育基金会和教育局领导为主要成员的15人访问团,由我会及市教育党委领导胡正昌、项伯龙同志率领,于2003年12月1日至10日赴台参加了为期10天的"海峡两岸加入WTO后教育兴革与社团发展研讨会"暨教育访问考察活动。

此次台湾之行,达到了加强交流、增进了解、取长补短、争取共识的目的。所到之处,台湾民生基金会的周到安排和台湾同行的热情接待,使我们感到了同胞之间血浓于水的深情。研讨交流和参访活动,使我们受益匪浅。十天中,海峡两岸的学者、教育工作者进行了数次很有成效的学术交流活动,就两岸加入WTO后的教育问题进行了深入的讨论,取得了不少共识。我们还考察了十所不同类型的大学、中学、职业学校和小学、幼稚园,并且与这些学校的校长、教师就共同感兴趣的教育问题,坦诚地交换了意见,收获颇多。民生文教基金会还编印了《2003年海峡两岸加入WTO后教育兴革与社团发展研讨会论文集》,其中收录了我考察团提供的教育论文11篇。

一、考察概况和体会

两岸同文同宗有着共同的中华传统文化背景,在教育观念、教育方法上都有许多相似之处。比如两岸的办学体制比较相像。台湾实施九年义务教育,并正在向12年制发展。义务教育由当地有关部门负责,学生实行就近入学,

---

[*] 原载2004年2月6日上海市教育委员会办公室主编的《教育参考》,由黄良汉执笔。作者时任考察团秘书长。

经过"国中"学业考试后,学生分别申请就读各类高中(普通高中和职业技术学校),普职比为5∶5,高中教育实行全纳教育,即"零拒绝",每一个适龄学生都有机会接受高中教育。学校分公办、民办两类。民办学校根据台湾当地有关法规自主及按市场需求办学,适者生存,一般有较高的教育质量。

台湾的公办学校对课程设置、教材选择、师资的配备都有相当的自主权。加入WTO后,两岸的学校更是共同面对如教育的国际化、信息化和教育服务等教育发展的诸多问题。台湾人均GDP达2万美元,上海人均5 000美元,但上海近年来对普通教育的大规模投入,学校规模、教育硬件设施和办学水平都不低于台湾。通过此次研讨和实地参访,我们感到,台湾教育发展的经验,有许多地方值得我们借鉴和思考。

第一,台湾中小学很注重现代教育技术的运用,突出现代教育技术与学校课程教学的整合,信息技术已被广泛地运用到台湾各级各类学校的教学和管理之中,其多媒体和网络技术的应用与开发,给人留下了深刻印象。台湾学校都有现代化的实验设备(包括职业学校的实习工场),每个教室都配有"多媒体+网络+实物投影仪"等设施。学校的校务工作在网上对外公布,学生家长可在网上全面了解学校的情况。

第二,在学校发展中,台湾的学校重视社区的作用,学校和社区的关系比较密切。各学校普遍成立家长委员会,会长有参加遴选校长的投票权。我们考察的高雄市立社会教育馆,这个馆主要为青少年提供课外活动的场所,包括相当规模的野外活动区域。同时这个馆也是社区的成年人进行文体活动的地方。该馆属社会公益事业设施,除游泳池外,其他设施一律免费。服务人员主要是以退休人员为主的义工,他们没有津贴,自愿服务。这样,学生的活动场所为社区的成人活动提供了资源,社区也为学生的活动提供了低价和优质的服务。

第三,面对WTO和竞争,台湾非常重视教育的国际化和多元化人才的培养,并高度重视人的基本素养的培养。两岸教育工作者在研讨中一致认为,现在的在校学生面临全球经济一体化的新形势,面对日益"缩小"的世界,直接接触各种文化现象,将来要成为国际化人才,这就要求学生必须具有国际视野,了解和掌握国外的语言文学,树立从全人类利益、全球观点出发考虑问题,具有理解国际社会、关心和宽容异国文化的国际精神。在参访中,我们看到,台湾的学校非常重视强化教育的国际化理念,重视国际的交流和合作。台湾学校课程设置的基本思想体现了重视人才的多元化培养,促进学生的全面发展和个性发展。学校注重因材施教,并大力发展各种学生社团组织,组织策划各种专题研究活动,等等。台湾的小学和幼儿教育很注重儿童学习的渐进、有序、自主,注重动手能力的培养,教育课程的设置注意切合孩子的生活经验,以有利于转化为孩子良好的行为、品质和习惯。台湾的学校还非常重视中华传统文化的教育与传承。

第四,台湾学校的师资学历层次与整体水准较高。教师职业在台湾收入较高,工作比较稳定,社会地位高,也有较好的尊师重教的社会氛围。从制度和机制上也不允许在职教师从事家教一类的工作和活动。在台湾,留学归来的人都愿意从教,许多高中学校具有硕士、博士学位的教师占全体教师的比例达50%以上。他们的学业、学术功底厚,视野广阔,学术气氛浓,言行举止文明有礼,自尊自信,爱岗敬业,处处体现了对学生的人文关怀和强烈的终身学习意识,体现了教师应有的素质,而且在为人师表方面也产生了良好效果。台湾各学校都高度重视教师的专业发展,许多学校为了使教师跟上教育发展的步伐,都不惜花重金外聘专家对学校教师进行专门培训。在教师待遇方面,高中、"国中"和"国小"及职校教师的同级同类人员享有同等的收入与待遇。许多高学历者同样乐意在小学甚至幼儿园从教,并成为很有地位的某一方面的专家。

第五,台湾的职业技术教育发达,起点高,层次高。台湾经济腾飞的两个主要原因之一就是发达的职业技术教育。我们考察了新兴高级职业学校、彰化高级商业职校、台南高级农工职业学校、高雄餐旅学院等,感到台湾职校有以下四个特点:一是这些学校的设备不断更新,都达到了一流的水准,办学水平也堪称一流;二是职校办学的目的注重培养适应不同产业需要的各级各类实际动手能力强的应用型专业技术人才,既能动手又能动脑,而且职业技术教育同样也培养硕士、博士等高层次的人才,有60%的中职生可以升入高等技职学院。三是学界和业界在管理、资源、培训等方面都有密切联系,相互沟通,解决了学生的实践问题,也为业界考查学生、挑选学生提供了依据;四是学校颁发的职业技术证书为社会所承认,学生一毕业就可以升入高等院校,也可以上岗就业。

第六,台湾民生文教基金会的运作机制较多地体现了面向社会与文化教育市场的特色。他们努力提升自身服务功能及社会的地位与影响,并聘请了一批素质高、热心公益事业的"义工"。他们的经验也值得我们学习与借鉴。

二、几点建议

第一，上海教育的投入应更注重软件建设。目前，上海的教育投入主要用于校舍建设。台湾学校的校舍、桌椅相对较陈旧，但学校的教学设备，包括信息技术的应用都是一流的，用于教师专业发展和教师工资、福利待遇的投入较充裕，这对加强教学改革、提高学习质量、吸引和稳定师资队伍起了重要的作用。台湾的教育投资注重实效、讲究效益的思路和做法值得借鉴。上海教育的投入应更注重软件建设，更注重学校的内涵建设。在提高教师地位和待遇方面，上海要有进一步的举措。在加强教师培训方面，也要有更好的制度与机制。

第二，台湾学校与社区的互动联系，学校教育与家庭教育的紧密配合值得我们学习。台湾学校除与社区教育互动联系外，重视家长委员会、校友会的支持配合，家长对学校教育、教学工作有较多的发言权。上海的学校资源和社区资源应如台湾的许多学校一样做到资源共享。学校的体育设施、图书馆应向社区开放，学校可以办社区成人学校、老年学校；社区可以向学校提供更多的社会实践基地。学校教育、社区教育和家庭教育应真正形成教育学生的合力。学校社区互动，是建设学习型社区的关键，优质学校应该在"凝聚社会"中发挥重要作用。

第三，无论是培养国际化人才还是人才的多元发展，都要重视民族文化的熏陶滋养。"民族的才是世界的"，人才培养也是如此。所以我们要进一步加强民族传统文化教育，大力弘扬中华传统文化。在学校教育中还要特别重视人的基本素养的培养。

第四，大力发展职业技术教育，积极培养"专门人才"。上海要转变观念，大力发展职业技术教育，提升中等职业教育的内涵，中职校的主要功能应从就业导向为主转型为升学为主，为学生接受高等教育提供更多的机会，这既是市场经济发展的需要，也是提高就业人员素质和培养多元人才的需要。大力发展职业技术教育应该成为上海教育进一步发展的另一个"增长点"。同时也应重视同台湾职教界的联系及人员交流。

此次以民间社团组织的台湾之行，进一步加强同台湾的交往，也为上海的学校与区教育部门继续扩大与台湾的教育交流搭建了桥梁与平台，尤其是加入WTO之后,加强两岸的教育交流对两岸教育的发展和改革有利,不仅可加深了解,更可起互补作用,促进共同发展和两岸统一。这次参访后,台湾商业职业教育学会理事长、私立新兴高中创办人魏照金先生已来访上海,与卢湾区教育局建立职技教育的协作关系,并来沪置业拟发展资讯产业。台北市第一女子高级中学与上海第三女子中学建立协作关系,将互派师生进一步扩大交往。

最后,我们衷心感谢上级有关部门的支持,促成了此次台湾之行,希望今后能有更多对外交流的机会,以开阔中小学校长、教师的视野,提高教育对外开放的水平。

今天怎样做一名合格的校长
——在2005年上海市郊区初级中学校长培训班结束时的总结发言*

刚才六位校长作了交流发言,给了大家很好的启示。在这四天半的学习培训中,我们听了市教委李骏修副主任所作的动员报告,听了复旦大学、华东师范大学专家、教授和中学优秀校长作的五个专题报告,还实地参观考察了昆山市的学校,并分小组进行了讨论与交流。大家都非常认真地参加了这次学习培训,十分珍惜有这样的学习培训机会。在市教委领导和人事处的关心、支持下,在各位校长的密切配合和参与下,我们圆满地完成了这次学习培训任务,达到了办班的预期目的。我会理事长胡正昌同志一再强调,当前办好初中是实现义务教育均衡化发展的关键,而办好农村初中更是加强初中建设的重点。他特别关心和重视我们这个培训班,今天他亲自参加我们的结业式。

大家普遍反映,这次培训班的几个报告立意高,内容丰富而深刻,信息量大,针对性强,使我们及时了解到当前教育改革与发展的最新信息,了解了本市与邻近省市先进学校办学的成功经验与做法。大家说,参加这次学习培训,更新了自己原有的一些观念,拓展了工作的视野与思路,增强了工作的使命感与责任感,也增强了工作的信心,对回去后如何更好地做好校长工作有较大的帮助与启迪。通过参加这次学习培训,大家共同感受到,当前要当一名合格的校长,做一名高素质的校长,尤其在以下几个方面应当很好地把握,并在工作中努力进行实践与探索:

第一,作为校长要有正确的办学理念。理念不是理论的教条,也不是背诵专家的语录,而是教育理论、办学目标、办学历史与学校实际工作相结合,经过校长独立思考而产生与形成的。办学理念是校长治校的信仰与价值取向,是作为校长去努力达到的一种办学境界。有没有正确的办学理念,有没有在办

---

* 原载2005年7月《上海教师》专辑三。作者时任上海市中小学幼儿教师奖励基金会秘书长。

学理念的引领下，不断追求的办学目标和改进工作的意识与能力，应是一名好校长与碌碌无为、平庸校长之间的根本性区别。而且一旦形成了自身的办学、办校理念，重要的还在于要能把它内化为全校教职员工与学生的共识，成为自觉的教育、教学的行为与实践，要让学校的整个团队一起分享并得到他们的共同支持，使办学理念真正能落到实处。总之，我们要把理念治校作为一名校长高层次的追求。

第二，校长要成为全面实施素质教育的带头人、引领者和实践者。实施素质教育的真谛，我理解就在于学校教学生只有几年，但着眼的是学生今后几十年的发展，要能为学生的终身发展打下良好的人生基础。即正如这次培训班上浦东洋泾中学胡雨芳校长所说的，要对每一位学生负责，为每一位学生的终身发展负责，打好人生的基础。当前，实施素质教育就是要以德育为核心，以培养学生的创新精神与实践能力为重点。德育工作的首要问题正如前不久上海市德育工作会议所强调的，要让学生能树起理想信念之魂，立起民族精神之根。我认为，德育工作最起码要让学生懂得做人的基本道理，具有对国家、社会和家庭的责任感。德育工作在方法上要有个"晓之以理、动之以情、示之以范、导之以行、持之以恒"的过程。我觉得，作为一位懂教育规律的校长，应该从培养人才的大局出发，眼光看得远一些，校长决不要一味去当升学竞争的推波助澜者。如果我们培养的学生身体健康受到影响，心理被扭曲，学生没有一点时间学习他们自己所喜爱的科目与知识技能，抹杀了学生的个性特征，埋没了不同学生的天资与爱好，更谈不上培养学生的创新精神与创新能力，这样，必定培养不出21世纪所需要的人才。

第三，作为一名好校长，要始终十分关注、十分着力、十分投入地抓好学校的师资队伍建设，促进教师不断向专业化发展。抓教师队伍建设，我觉得从校长的工作层面讲重要的有三条：一是要把握好师资来源的源头，做好选拔、选聘和引进工作；二是要关注队伍的梯队建设，努力优化队伍的结构，特别要着力加强对青年教师的培养。校长要千方百计为青年教师创设成材、成功的舞台与环境、条件和机会，就像这次培训班有的校长所说的，要给青年教师压担子、铺路子、搭台子、给位子，还要给票子（即应有的待遇）。同时在校内还要建立和完善校本培训体系，形成以老带新的带教培养机制。一般青年教师的成长规律可分为初级的规范化发展阶段、中级的个性化发展阶段、高级的核心化发展阶段。这三个阶段的标志分别是胜任教学、创作教学和发展教学，是从学会操作到学会创作到学会研究的过程。三是要加强师资队伍建设,学校要创设良好的制度环境,建立相应的竞争、激励机制等等。校长要千方百计、想方设法地留住学科的领军人物和骨干教师,一定要牢固树立办学以人才为本、以教师为主体的观念,努力打造一支高素质、高水平、专业化的师资队伍。

第四,当一名好校长,除了抓好学校的行政管理工作外,还特别要关注、抓好教育、教学工作。校长要深入教学第一线,抓好课堂教学。胡雨芳校长就是通过狠抓课堂教学,通过与教师一起磨课、磨人,大幅度地提高了洋泾中学的教学、教育质量。在交流发言中,有的校长说,要立足课堂,聚焦课堂,决胜课堂,都是强调校长抓课堂教学的重要性。我个人以为,年轻校长最好避免一当校长就什么课也不上了的现象。好校长必须首先是好教师。事实证明,许多好校长往往是某个学科教学的内行和专家,似乎多数的师生也都比较认同专家型的校长。当然,抓好教育、教学工作,校长自己首先要确立正确的教育观、质量观和学生观,不断地去推进和深化教育、教学改革。我很欣赏这次培训班上华东师范大学应俊峰教授在报告中所推介的美国哈佛大学心理学家加德纳的"多元智能理论",即每个人的智能是多元的,包括语言智能、数理逻辑智能、音乐智能、空间智能、身体运动智能、人际交往智能、自我认识智能及自然观察智能等等。加德纳认为,每个学生都有自己的智能长项,每个学生都是优秀生,学校里不存在差生,全体学生都是具有自己智力特点、学习类型和发展方向的可造就人才,人与人之间的智能差别并不完全是智商的高低,而是由于各人智能长项及其表现形式的不同。过去我们的校长和老师往往侧重于对学生语言智能和数理逻辑智能的培养,即使对这两项智能也往往重"知"轻"能"。而实际上,每一位学生都有智能强项,身上都有闪光点,学生人人有才,人无全才,扬长避短,必定成才。有了这种正确的观点,就会以欣赏的眼光去看我们的学生,就会满腔热情地改革教育、教学方法,让课堂更有活力,让教学更富创意,有效地开发学生的潜能。作为校长和教师,所有的智慧、最高的智慧,都与"发现学生"有关。舍此,再大的事,也只是小事了。在华东师范大学一批专家、教授的引领下,我们上海已有一批学校的教师用"多元智能理论"指导教育、教学改革,用多元智能的眼光看待学生,因材施教,努力去发挥学生的智能强项,带动其弱项,使他们中的每一位向最适合自己的方向发展,取得了显著成效。

第五,校长要重视抓学校的文化建设。学校文化是指学校主体在整个学校生活中所形成的具有独特凝聚力的学校面貌、制度规范和学校精神氛围等，其核心是学校在长期办学中所形成的共同的价值观念、共同的思想观念、共同的处事规则，甚至共同的话语系统，等等。校长对学校文化的追求一般可分为物态文化、制度文化和精神文化三个层面。物态文化反映在一所学校的校舍结构与造型、校园的布局与环境等方面，它虽是学校文化的外层，但既体现了学校的物质环境，又体现了精神环境；学校一般都有制度，但只有当制度成为师生员工的自觉认同并自觉遵守、执行时，才能说有了制度文化。制度文化是学校文化的中介层次，制度文化的规范、完善与成熟，是建设学校文化的重要保证；学校的精神文化则是建设学校文化的内核，它包括上面已提及的共同的教育理念、共同的价值观念以及和谐的人际关系、师生关系和良好的校风、师风与学风等。作为校长应根据学校的办学条件、人文历史、所处的社会环境、师资状况和学生兴趣爱好等，立足于学校的实际与优势，对本校的学校文化进行特色设计。学校一旦形成了具有本校特色的文化并成为学校上下的共识与内部默契，就能产生巨大的影响、发挥巨大的能量，甚至达到"无为而治"的境界。

第六，作为一名校长要有人文素养，要有自己的人格魅力。我们知道，所谓人文素养、人文精神的内涵是非常宽泛而深刻的，它包括人的文化品位、审美情趣、心理素质、人生态度、道德修养、爱国情怀、精神世界，以至价值观、人生观等。而人格实际上是智慧力量、道德力量、情感力量、意志力量和审美力量等等的有机统一体。具体而言，如胡雨芳校长所说、所做的，努力成为一个胸襟开阔的、大气的校长，我以为这就是胡校长的一种人格魅力。还有，学校的广大教师都希望我们的校长能够做到处事公平、公开、公正，能以身作则，严于律己，率先垂范，能懂得尊重人、理解人、关心人，有亲和力，等等。在这些方面做到了、做好了，在师生中实际上也就形成了作为校长的某种人格魅力和凝聚力。有的教师说："尽管我在这所学校物质待遇要比其他学校低，但我在这样的校长领导下工作舒心、开心，能激发我去体现自身工作的价值，'士为知己者死'，其他学校我不去，我就认定在这个学校一直服务、工作下去。"

归结以上几方面，我觉得我们在座的青年校长应该努力把自己锤炼成为一名"有理念、懂业务、善学习、善思考、善管理、有人文素养和有人格魅力"的好校长、新型校长，从而带领并凝聚学校的领导班子成为一个"团结、民主、和谐、求实、奋进、创新"的班子，引领全体师生朝着学校既定的目标不断前进。

最后，提几点希望与要求：一是请各位校长回去后向区、县教育局领导和本校老师，把学有所得的体会，作一次汇报。二是把通过这次学习培训学有所得的某一点、某个方面，结合本校的实际，写一篇学习体会文章，我们拟推荐给《上海教师》发表，以利相互交流。当然，更重要的是作一些探索与实践，把学有所得转化为学有成效。三是学习培训班虽然结束了，但希望大家今后进一步加强联系与沟通，更多地相互交流、相互学习、共同提高。各位校长也可以把市基金会作为你们在市区的一个家，与我们继续保持联系，我们十分高兴为大家做好服务工作。

素质教育的一个重要理论基础
——多元智能理论,兼谈上海教改动态*

很高兴有机会回来参加母校的校庆活动。我理解,办校庆很大程度上是庆昨天、看今天、望明天,或者说是继承昨天、建设今天、开创明天。莆田二中是一所具有127年办学历史的老校,它的办学传统称得上是严格意义上的"传统"。因为一般认为,"传统"是指产生了三代(每代30年),约百年以上又世代连绵相传并沉淀于主体灵魂深处、闪发时代光芒的精神、物象与行事方式。我们二中无愧是这样一所具有百年积淀和传统的学校。在继承传统的基础上,我们二中又不断地与时俱进、开拓创新,学校越办越兴旺,教学、教育质量不断提升,如今已是省一级达标的重点校,现在高中部又乔迁到具有国内一流办学条件的新校区,正向着国家级示范校的目标继续奋进。我们坚信,莆田二中的明天必将更加美好!

当今世界最著名的心理学家和教育家之一、被誉为"多元智能之父"的美国哈佛大学教授霍华德·加德纳(Howard Gardner)创建的"多元智能理论"告诉我们:人的智能是多元的,是先天存在而又是可以后天开发的;每种智能都有其脑生理基础,都是其生物的本能;每个人都在一定程度上拥有其中的多项智能;智能是指解决问题和生产产品的能力,而不是解答问题的能力;解决不同问题需要不同的智能。经研究,人们至少存在着语言智能、音乐智能、数理逻辑智能、空间智能、身体运动智能、自我认识智能、人际交往智能和自然观察智能等八种智能。而且人的八种智能之间的关联是很低的,不同智能各有特点,不同智能之间的优势和特点难以相互迁移,即每一种智能是相互独立的。

对大脑损伤病人的研究表明,如果大脑皮层的某一特定区域受到损害,某

---

* 2005年12月30日在福建省莆田第二中学127周年校庆活动上所作的"教育讲座"报告摘要。

种特定的智能就会消失,但这不会影响其他的各种智能。例如,大脑皮层左前叶的布罗卡区受到损害,个体就会发生语言智能方面的障碍,但个体的数理逻辑智能和身体运动智能等仍会有正常的表现。对特殊儿童的研究表明,"神童"是在某一或几个智能领域中有突出表现的个体。然而世界上也存在着一定数量的"障碍奇才",他们在某一方面有突出的表现,但在其他很多方面则存在缺陷或障碍。总之,诸多方面的研究都已为多元智能理论的来源提供了有力的支持与支撑。

多元智能理论特别强调的是,每个人都同时拥有相对独立的八种智能,而这些智能在每个人身上的组合方式、发展顺序、表现形式、发展程度各不相同,这就表现了个体智能的差异性。这些差异除了某些遗传基因的作用外,更重要的是环境和教育所造成的。但这种差异是不能用聪明与否来区分,同样具有高智力的人有的是数学家,有的是歌唱家,有的是运动员,有的可能是能工巧匠。我们教育的任务应是多方面、多角度、多种方式地发现人、培养人。特别是对于在校的学生要看到每个学生都有各自的优势智能领域,有各自的学习类型和方法,学校里不存在"差生",全体学生都是具有各自的智能特点、学习类型和发展方向的可造就人才。学生的问题不再是聪明与否的问题,而是在哪些方面聪明和怎样聪明的问题。一个学生所拥有的若干种智能中,可能其中的某一种或者两种智能在他的智能结构中占主导地位,其他若干种只是处于次要的从属地位。作为教师就要针对每个学生的不同智能特点、学习类型和发展方向,力图采用不同的教育、教学方法,"对症下药",有效地进行教育和教学,进行开发。教师不能仅仅用纸和笔、用一张卷子考核学生,而要采取多元的评价手段。教师要多方面地去观察、评价和分析学生智能的强项和弱项,并选择和设计适宜的教学内容和教学方法,使评价确实成为促进每一个学生充分发展的有效手段。

智商理论通过一系列涉及判断、理解和推理的测验,建立了用"一把尺子"衡量个体聪明与否的评判方法与评价观,至今依然有重要作用。但是,人们发现一个悖论——曾经在学校中智商高的人,过了十年、二十年在社会上的表现却与智商关系不大;很多在学校中智商并不高的人,在社会上表现很好、成就很高。所以,有的教育专家指出,多元智能理论实际上在一定程度上对智商理论提出了质疑与挑战。

"没有差的学生,只有差的教育。"每一位学生都有智能强项,身上都有闪光点,学生人人有才,人无全才,扬长避短,必定成才。作为教育工作者决不可只用一个标准去衡量学生,否则必然会把这一领域不够突出而在其他领域大有可为的学生视为差生。教育工作者要真诚地对待每一位学生,尤其对所谓成绩差或行为有偏差的学生,绝不能放弃,要让每一位学生在学校里都能得到自己的发展,这是检验教育者是否坚持"育人为本"的一块试金石。在我们的教学、教育工作中,要及时慷慨地对每个学生予以积极的评价;要尊重、理解、宽容每一个学生;要善待学生的错误,要用优点融化学生的缺点;要给每个学生"推销自我"的机会和条件。过去常说"失败乃成功之母",但从事物发展的另一视角,现在教育界提出了"成功是成功之母"的命题。因为事实证明,信心最好用成功来培养。譬如,现在的成功可以激发潜在的成功,今天的成功可以激发明天的成功,此一成功可以激发彼一成功,小的成功可以激发更大的成功……成功并不一定都要经由失败来铺垫,它可以不断地由一个成功走向另一个成功,其途径往往是从帮助成功到尝试成功再到自主成功。即通过教师对学生抱有期望,为学生创设成功机会,使学生在不断获得成功的喜悦中,自己对自己抱有期望,自己主动争取机会,进而达到自主成功。

教师要能教"活书"。"活书"是指那些带"点"的内容——现实点、历史点、将来点、兴趣点、关注点、兴奋点、活跃点、沟通点、碰撞点、关键点,一点通百点,一点带一片,当"带点的活书"展示在学生面前时,学生的思维之火便会烈焰腾空,学生的创新思维便会油然而生。现代的教学过程将不再是完全按照教师单方思维设计并运作的"流水线"和"圈套",而应是一种动态的、变化的、发展的,并不断完善的富有师生个性的创作过程。

有人总结了教师日常工作的十点要求,即衣着美一点;精神振一点;微笑甜一点;说话实一点;观察细一点;思考勤一点;方法巧一点;情绪稳一点;表扬多一点;批评少一点。这十点要求,我想也可以作为我们如何做好教师工作的参考。

在现代社会,教师职业成为一种专业。过去我们常说教师要有"敬业精神",现在多用"专业精神"一词来代替"敬业精神"。作为教师,理想的"专业精神"应包括下面一些特征:一是服务性,即乐于从事某项工作,不计物质待遇,而重视对他人及社会团体的贡献。二是专门性,即从事一项工作应接受专门训练,具有专业知识,教师工作毕竟不是靠体力和普通常识即可应付工作之需要。三是长期性,即有终身从事这项事业的意愿,且与所属之机构团体有休戚与共的情感。四是创新性,即有革新创造精神,不墨守成规,并有高度使命感。五是自律性,即查己严,待人宽,以身作则,爱护团体荣誉。

教师学历和职称的提升对教师专业发展来说固然重要,但它仅仅是外界对专业发展程度的认定和标志,专业发展的内核却根植于教师专业知识——教育、教学知识的功底以及对知识的运用、发现、表述和积淀;根植于教师专业才能的生长、积累和发展;根植于教师专业素养的培植、稳定和提升。

总而言之,教师应是学生成长的引领者,学生潜能的唤醒者,教育内容的研究者,教育艺术的探索者,学生知识建构的促进者,学校制度建设的参与者,校本课程的开发者,更是自己幸福生活的创造者。

上海市的中小学最近正在积极贯彻实施《上海市学生民族精神教育指导纲要》与《上海市中小学生命教育指导纲要》。强调民族精神教育的重点内容是国家意识、文化认同、公民人格教育。在国家意识教育中,把国家观念、国情意识、国家安全和国家自强作为重点;在文化认同教育中,把民族语言、民族历史、革命传统和人文传统作为重点;在公民人格教育中,把社会责任、诚信守法、平等合作、勤奋自强作为重点。开展生命教育,就是帮助和引导学生处理好四种关系,即生命与自我的关系、生命与他人的关系、生命与社会的关系、生命与自然的关系。通过生命教育,力求让学生懂得:生命是一种美丽,要学会欣赏生命;生命是一种善良,要学会感恩;生命是一种关爱,要学会在乎;生命是一种责任,要学会履约;生命是一种宽容,要学会谅解;生命是一种付出,要学会磨炼;生命是一种尊重,要学会理解;生命是一种和谐,要学会相处。

上海中小学在一期课程教材改革的基础上,正在积极推进二期课改。二期课改旨在依托上海建设国际化大都市和数字化城市的教育环境,构建以德育为核心、以培养学生的创新精神和实践能力为重点、以完善学习方式为特征、以应用现代信息技术为标志,建立关注学生学习经历和促进每一位学生发展的课程体系。基本理念是以学生发展为本,坚持学生的全面发展,关注学生个性的健康发展和可持续发展。

全面育人,育全面发展的人,是摆在我们教育现实中的重大课题。实施素质教育,归根到底,是为了让学生获得全面发展和持续发展。学生的全面发展在深层次上应该理解为身心、学业、人格的和谐发展。我们既不能脱离学生学业任务,片面地强调学生身心发展和人格完善;也不能不顾学生身心健康和人格完善而一味地追求分数至上。在现代教育中,学生的发展目标是,既要更快更好地完成其学业任务,又要拥有健康的身心和完善的人格。

"教育是事业,事业的意义在于献身;教育是科学,科学的价值在于求真;教育是艺术,艺术的生命在于创新。"让我们以一位老教育家的这样一句格言作为我们大家的共勉语。谢谢!

在上海市"我心目中的好老师"颁奖会上的发言[*]

经过学生上网投标、学校推荐、专家评议,这次我们在全市中小学、幼儿园中共评选出 20 名"我心目中的好老师"金奖,80 名"我心中的好老师"银奖,以及 298 名"我心中的好老师"入围奖。请允许我代表这次评选活动的主办单位上海市中小学幼儿教师奖励基金会和上海教育报刊总社少年报社,向获奖的老师致以热烈的祝贺!我们的这次评选活动得到了市科教系统精神文明建设委员会办公室、市科教党委宣传处和市教委德育处的直接指导和支持,也得到了上海九文读书人文化实业有限公司的鼎力支持和帮助,还得到了各区教育行政部门和学校的大力支持,得到了新闻媒体《解放日报》《文汇报》《新闻晚报》和市广播电台以及上海教育电视台等的关注与支持,在此,我们向指导、支持、帮助和关心这次评选活动的领导部门、单位、学校和新闻单位表示衷心的感谢!

上海市中小学幼儿教师奖励基金会非常幸运和高兴地能作为这次评选活动的主办单位之一。市中小学幼儿教师奖励基金会是经过上海市人民政府批准成立、业务工作直接接受市教委指导、具有独立法人地位的社团组织。市基金会原来的理事长是上海市委的老书记陈国栋同志,现任的理事长是原任上海市人大常委会副主任胡正昌同志,他们都是对上海教育情有独钟、德高望重的老领导。市基金会在他们的领导下,向社会广泛募集资金建立教师奖励基金,用以表彰奖励优秀教师,为推动全社会重视支持教育、尊重关心教师、促进加强师资队伍建设和全面实施素质教育、推进上海教育事业持续健康发展,发挥了积极的作用。十几年来,市基金会会同有关领导部门和方面,通过评选市"园丁奖",评选上海市师德标兵、优秀校长、支部书记、班主任、少先队、辅导员

---

[*] 2006 年 1 月 12 日在该颁奖会上代表主办单位的发言。

以及围绕实施素质教育,促进提高教学、教育质量设立各种单项奖励,至今共已表彰奖励了本市的优秀教师 2.74 万人次(其中评选市"园丁奖"1.47 万名)。奖励的范围和对象覆盖了本市中小幼、特教、工读、校外教育及中等职业教育等各类学校的优秀教师和教育工作者,为广大教师树立了学习的榜样。我们表彰和宣传广大教师的功绩,目的在于提高教师的社会地位,激励广大教师忠诚人民的教育事业,教书育人,为人师表,促进教师这个职业群体向专业化健康地成长和发展;在于提高全社会的教育意识,推动全社会关心支持教育,尊重知识、尊重人才,弘扬尊师重教的社会风尚。这种无形的社会作用,远远超出了奖励的有形价值。

这次我们评选出的 20 名"我心中的好老师"金奖获得者、80 名"我心中的好老师"银奖获得者以及 298 名"我心中的好老师"入围奖获得者,都是我们上海教育园地的辛勤耕耘者,他们热爱教育,热爱学生,师德高尚,为人师表,他们具备作为一名好老师的专业知识、专业才能和专业素养;他们在工作中充满激情和诗意,富有高度的责任感、使命感,具有教师的人格魅力,深受学生尊敬和爱戴,他们不愧是教书育人的楷模,不愧是学生心目中的好老师。

我们希望获奖的老师在今后的工作中再接再厉,开拓创新,再创佳绩,也希望广大教师向获奖的教师学习,发扬无私奉献精神,爱岗敬业,团结合作,在教学、教育上精益求精,与时俱进,让学生成才,让社会满意,让家长放心,共同为建设上海一流教育、为上海教育的现代化作出更大的贡献。

尊师重教谱新篇
——从教师节的诞生说起*

"文革"中,教师被贬为"臭老九"。在教育战线拨乱反正的进程中,为了提高教师的社会地位,使教师成为最受人尊重、最令人羡慕的职业,推动形成尊师重教、尊重知识、尊重人才的良好社会风尚,1985年1月21日,第六届全国人大常委会第九次会议同意国务院关于建立教师节的议案,决定每年9月10日为教师节。教师节的诞生,不仅对广大教师是有力的鼓舞和激励,同时为社会各界和各级政府在每年新学年开学之际,集中开展尊师重教活动、对教师的功绩进行表彰奖励、为教师办实事做好事、为教师排忧解难、为学生和家长及社会表达对教师的感恩之情等,创造了机会和条件。特别是教师节的建立,强化了"教育大计,教师为本"的共识,社会各界更加关心、关注教师,党和各级政府采取了一系列重大措施,进一步加强教师队伍建设。

1986年,为提高中小学教师的社会地位,扩大教师影响,促进教师待遇改善和教师队伍中一些突出问题的解决,由时任国务院副总理兼国家教育委员会主任的李鹏同志提议,经国务院批准,成立中国中小学幼儿教师奖励基金会,由时任国家副主席王震同志任理事长,并依法明确该会为参与和实施对教师进行政府奖的组织领导机构之一。我作为上海市中小学幼儿教师奖励基金会的工作人员,从前不久参加的在广东深圳市召开的全国教育基金研讨会上获悉:自1986年中国中小学幼儿教师奖励基金会成立以来,共支出奖金和组织奖励性活动经费近1亿元人民币,奖励了近5万名全国优秀教师、全国优秀教育工作者和全国模范教师;组织了数十次全国性的奖励性质的教师考察、参观、讲学等活动,参加教师约2万人;还为资助边远贫困地区的困难教师做了大量卓有成效的工作。

---

* 原载《上海教师》2008年4月。作者为该杂志编委会主任。

建立教师节后,在中国中小学幼儿教师奖励基金会的影响和示范下,全国大多数省、市、自治区及一些地(市)县相继成立了类似的基金会。1987年,在上海市庆祝教师节大会上,时任市委副书记曾庆红同志代表市委、市政府宣布上海市中小学幼儿教师奖励基金会(下称市基金会)成立,中共上海市顾问委员会主任、原任上海市委书记陈国栋同志出任理事长。时任市长江泽民同志到会祝贺并作了讲话。他深情地说:"国将兴,必贵师而重傅,我热忱地希望各级领导和社会各界对基金会给予大力支持。"并亲自批准从有限的市长基金中拨款捐给基金会,成为市基金会第一笔基金。此后,全市掀起了为教育捐款的热潮。"集八方之力襄赞教育,以奖励和资助这一特殊激励机制为教师队伍建设作贡献。"市基金会成立20年来,在社会各界的鼎力支持下,共筹集资金3 463万元,累计增值6 763万元,用于教师的各项表彰奖励和资助实事等活动共支出4 394万元。近两年,市基金会基金的盘子进一步扩大,基金净值已达1亿元人民币。20年来,市基金会会同市教育行政部门和各有关方面,共表彰奖励优秀教师3.18万人次,其中市优秀园丁1.57万名;奖励学科科研先进工作者450名;奖励各学科教学成绩突出的中青年教师3 738名。还组织开展优秀教师、少先队辅导员和幼儿教师标兵、模范班主任、优秀校长和学校党支部书记、十佳青年校(园)长、加强初中建设工程优秀校长、优秀德育工作者、优秀家庭教育工作者等评选奖励。还参与上海市优秀教师、优秀教育工作者和上海市教育功臣的评选,并予以奖励。市基金会所开展的一系列表彰奖励活动,大大激励了广大教师教书育人的积极性,同时产生了巨大的社会影响,推动了全社会尊师重教。

本人曾在市政府教育行政部门的教育处和人事处任职十余年,在过去多年的工作中,我亲历或参与其事,深切感受到改革开放以来党和政府为推动尊师重教、提高教师的社会地位和待遇、加强教师队伍建设所采取的许多重大的特殊措施。如实施特级教师评选,加强骨干教师培养;建立新工资制度,提高教师待遇;实行教师职务评定与聘任制度,强化教师激励机制;采取多种培训措施,全面提高教师素质;颁布《教师法》,实行教师资格制,大力推进教师队伍法制化建设,等等。应当说,经过30年的改革开放,如今教育正沐浴着最温暖的阳光,教师已逐步成为令人羡慕的职业。胡锦涛总书记在2007年教师节前,对全国优秀教师代表的讲话中指出:"教师是人类文明的传承者。推动教育事业又好又快发展,培养高素质人才,教师是关键。"要"大力宣传教师工作的重要性和特殊性,让教师成为社会上最受尊敬的职业,让尊师重教蔚然成风"。愿我们一起认真学习和践行总书记的教导,为培养和造就一支具有先进教育理念、良好职业道德和坚实业务基础的高素质专业化教师队伍而共同努力,让尊师重教的丰碑永驻华夏大地。

有感于浦东新区建设和命名
"教师专业发展学校"*

近两年,本人有幸作为评委多次参加浦东新区实验性、示范性高中和教师专业发展学校的评审,深切感受到浦东新区着力构建与新区社会经济发展相适应的教育体系所作的不懈努力,取得了令人瞩目的成就。区社发局充分意识到,教育质量的决定因素是教师,教师的素质及其教育教学的能力和动力是全部教育问题的核心。多年来,浦东新区倾注全力抓教师队伍建设,并在本市率先开展"教师专业发展学校"的申报、评审工作,进行了超前的实践与探索,先后评出和命名了上海市实验学校、福山路小学等八所学校为"教师专业发展学校",创新了教师专业化发展工作的体制与机制,有力地促进了教师的专业化成长和专业化水平的提升。

所谓"教师专业发展学校",浦东新区在申报与评审"教师专业发展学校"的文本中作了界定:"教师专业发展学校是指在原学校建制内,扎根于中小学教育教学实践,采取与大学和其他教育研究机构合作方式,形成促进教师专业发展有效机制和氛围的榜样学校。"同时强调指出,"教师专业发展学校"既要为教师职前提供示范性教育,更要为在职教师提供专业继续教育,帮助广大教师形成教育、教学与研究、学习合一的专业生活方式,促进专业发展。文本还要求"教师专业发展学校",除了承担本校教师专业发展的任务外,还必须将其有较强优势或特色的教师专业发展项目积极主动地向外拓展,为提高全区教育教学质量作出贡献。

浦东新区建设和命名一批"教师专业发展学校"的工作,我以为有如下一些特点、经验和成效可资借鉴、启人以思考:

一是建立了具有科学性、可操作性的"教师专业发展学校"的评估体系,以

---

* 原载《上海教师》2008年8月。作者时任上海市中小学幼儿教师奖励基金会副理事长。

及与申报、评审和管理工作相应的程序与制度,对面上工作的开展与研究有参照意义。

二是进行功能性建设,形成了工作激励机制,建立了有利于教师专业发展的校内组织及其对教师遴选、聘任、评价、管理与保障的机制,使学校真正成为教师专业发展的场所。

三是改变了教师的工作、生活方式。在申报、建设"教师专业发展学校"中,各相关学校制定、实施了学校与教师个人的专业发展规划和愿景;创造、创设了一系列促进教师专业化成长的工作平台和有效的实践模式;强化了中小学与有关大学、教育研究机构,教师与教育理论研究工作者之间的密切合作与互动。许多教师在专业成长的道路上逐步形成不同的教育、教学特色与风格,教学教育质量进一步提高。

教师专业发展是学校持续发展、为学生提供优质教育服务的不竭源泉,给教师自身带来的是职业的内在尊严、价值和幸福。愿浦东新区继续探索、实践,引领教师走专业化成长之路,且越走越宽广、越坚实,取得更大的成功!

在上海市学生事务中心"度佳节、迎盛会"中秋座谈会上的发言*

我们市教卫机关退休第六党支部与学生事务中心(以下简称"中心")是结对单位,一直得到"中心"的关心和照顾。今天晚上我和殷老师、周老师是作为我们退休支部老同志的代表,应邀来参加这个中秋座谈会的。首先,我代表我们退休支部的33位老同志衷心感谢"中心"对我们的关照和盛情的邀请。刚才,有机会聆听了多位流动党员所作的交流发言,我觉得他们的发言都很精彩、很实在,对党的认识既有高度又有深度,特别是你们在工作实践中所展现的"一位流动党员就是一面流动红旗"的价值与风采,使我们老同志从心底里深深受到鼓舞,感到高兴!

归口学生事务中心党总支领导与管理的广大流动党员,尽管平时都在不同的企事业单位上班,而且大都是外资企业和民营企业单位,目前所在的单位还没有建立党组织,但就是在这样的背景和状态下工作,你们克服了种种困难,坚持参加"中心"党总支组织的各项活动,过好每一次党的组织生活,谨记自己是一名光荣的共产党员,不断坚定党的理想信念,牢记党的宗旨,做到时刻关心党和国家的大事,积极学习、宣传、实践党的方针、路线和政策,政治上与党中央保持一致;你们立足岗位,带头做好本职工作,凝聚、团结、关心周围群众,展现和体现了共产党员的先进性,为企业、为单位、为他人、为国家和社会作出了自己应有的贡献!十分可贵的是,你们都是一批平均年龄30多岁的年轻党员,你们的所作所为,你们的表现与风采,使我们老同志进一步看到了党的希望,看到了党的强大感召力、凝聚力和战斗力!

作为年轻的流动党员,你们的学历层次一般都比较高,具有较高的知识素养,还具有思想开放、思维敏捷、朝气蓬勃等青年人鲜明的时代特征,但由于你

---

* 发言时间为2009年9月14日。作者时任上海市教卫机关退休第六党支部书记。

们中多数是在改革开放中的和平年代成长起来的,你们的阅历肯定还不深,经受社会风雨的磨炼也不多,许多同志入党的时间也不长,所以,无论是在心理上、社会经历上,还是在工作上,都还处于逐步走向成熟的过渡阶段,你们的诸多方面,特别是在党性修养方面,与党的要求必定还存在着这样那样的差距,你们的人生道路无疑是任重道远的。正如胡锦涛总书记前不久在纪念共青团成立90周年大会上指出的,当代青年是无比幸运的一代,又是责任重大的一代。

党的十八大即将召开,胡锦涛总书记7月23日在省部级主要领导干部专题研讨班开班典礼上作了讲话。在市教卫机关党委的统一组织与部署下,我们老同志也都在认真学习与领会。我们体会到此次讲话是党的十八大召开之前,党内外统一思想的宣言书,科学发展的动员令,治党、治国与理政的路线图。我们老同志在学习胡总书记的讲话中更是深深体会到,中国共产党从小到大、从不成熟到成熟、从初级到高级不断地发展与变化,党员队伍是在不断发展变化与改变中成长、壮大的,但有一条是不能改变的,那就是我们的信仰、我们的旗帜,走中国特色社会主义道路将永远不能改变。再联系到胡锦涛总书记在今年七一所特别强调的,中国共产党当前面临的"四种考验"很严峻,"四个危险"很尖锐。"四种考验"就是执政的考验、改革开放的考验、市场经济的考验、外部环境的考验;"四个危险"就是精神懈怠的危险、能力不足的危险、脱离群众的危险和消极腐败的危险。这就要求我们全党、我们每一位党员,必须居安思危,常怀忧党之心,恪尽兴党之责,不断地加强党性锻炼,不断地加强优良作风的养成。在这里,我们老同志愿与广大流动党员和"中心"的党员一起共勉,从我做起,在三个坚持中更好地发挥共产党员的先锋模范作用。这三个坚持就是:坚持围绕中心、服务大局,在推动科学发展和促进社会和谐中发挥先锋模范作用;坚持牢记宗旨、心系人民群众,在密切党同人民群众联系中发挥先锋模范作用;坚持立足本职、创先争优,在推动经常性工作中发挥先锋模范作用。为进一步把中国共产党建设成为立党为公、执政为民、求真务实、改革创新、清正廉洁、富有活力、团结和谐的马克思主义执政党而贡献我们自己的一分力量,共同为绘就祖国繁荣富强的新画卷、为实现中华民族的伟大复兴而不懈努力!

由于时间关系,我的发言就讲这些,不对的地方,请大家批评指正。

在上海市教育人才交流协会年会上的发言*

我在市教委人事处岗位上工作过多年,对人事工作是很有感情的,我从岗位上退下来后,人事工作变化很快。今天上海大学的山教授非常系统全面地介绍了上海市事业单位改革的整个历程、经验和取得的成果,特别是讲了"十二五"期间,当前一些事业单位改革的问题、矛盾、存在的机遇。对此,他也提出了对策,这给了我们很好的启示,引发我们更深地进行思考,给了我们很大的帮助。我的理解,就是我们深化教育人事制度改革,必须尊重我们教育发展规律,尊重教师职业的特点,要努力营造有利于我们教师教书育人、一心做学问的宽松环境,提高我们教师自我发展的内在需求,从而进一步增强我们教师和职工的责任感和积极性,也不断地提高我们专业化的水平,提升我们的工作效率和质量。教育人事制度改革最终是要为教育发展和改革服务,为培养德智体全面发展的接班人和建设者服务。

我们作为教育人事干部,特别是第一线的人事干部,很直接的就是要为加强师资队伍、优化师资队伍做好工作。

我们现在都说"要办让人民满意的教育",就应该有让人民满意的教师,有满意的教师才会有满意的学校、有满意的教育。我们上海现在教育要率先实现现代化,要求我们上海的教师也要率先达到现代化的要求,从这个意义上讲,教师队伍的建设事关重大,是上海教育可持续发展的根本动力和保障。有一很经典的话:"谁赢得了教师谁就赢得了未来。"

我现在在上海市中小学幼儿教师奖励基金会工作,我们基金会也办了一些郊区教师、校长培训班,前不久李骏修副主任在一个会上讲了一些情况和信息,我给大家传达一下。上海教师队伍建设面临多方面挑战:一个是上海急需优化调整教师结构,上海郊区的新城和大型居住区的公共成套的学校的建

---

* 发言时间为 2011 年 10 月 26 日。作者时任上海市教育人才交流协会顾问组组长。

设和使用,要求我们全市中小学的布局还要进一步调整,就是我们教师队伍还要进一步优化,而且受人口生育高峰的影响,幼儿入园的人数现在已经进入高峰了。所以专业老师和保教人员数量缺口很大,郊区的矛盾尤其突出。"十二五"计划的末期,小学将进入入学高峰,将来郊区的教师将出现很大的紧缺,这是李骏修主任讲的第一点。第二点他说现在群众日益增加对优质教育的需求,呼唤有高质量的教师,现在上海基础教育的教师队伍面临的是原来老三届的一代,接下去的青年教师基本是独生子女的一代。所以基础教育要均衡、优质、多样地发展,要求我们青年教师要快速成长,以高质量的师资队伍作为保障,才能够满足人民群众日益增长的对优质教育的需求。那么目前中小学教师的能力和课程实施水平确实有待提高,有的学科的教师整体质量也不是非常令人乐观,特别是有一个问题,就是上海在全国具有重大影响力和引领能力的名教师还是太少了,现在我们一讲名教师就是于漪,她也是协会的顾问,上次被评为全国教书育人楷模是第一位,受到总书记胡锦涛的接见。现在名教师、名校长在全国有影响力和引领能力的还是太少了。我们上海今年确定一个教育国际化目标,提出教师要掌握国际交往的语言,形成新的多元文化,就要加快建设一支既能够放眼世界又能参与国际交流的教师队伍,这也是迫在眉睫的。李主任讲的第三点,就是教师专业发展个性化的终身学习,需要教师也要加快学习、培养和创新,现在全市教师教育资源这样一个联盟的框架下面,我们各位教师的教育资源要进一步整合,还要进一步发挥我们师范大学和区县教师进修学院的优势和功能,来推进教师教育的创新,适应教师个性化的终身学习的需求。这里,我想强调李骏修主任提出的"十二五"期间,上海将在人事制度和机制改革上要有比较大的力度。如果说"十一五"期间主要是通过绩效工资改革来促进教师待遇趋于均衡,那么"十二五"期间我们会在制度安排上予以突破,尤其是在教师的准入制度上,要进一步严格实施中小学教师准入制度,要提高研究生学历学位教师在中小学教师中的比例,特别是高中,研究生学历比例的教师要不断地提高。前几天我个人有机会参加川沙中学的实验性示范高中的评审,因为他们是最后一批要进入实验示范性高中的,学校的学科带头人还是比较紧缺的,但是这几年借着这个机遇引进了一些优秀的硕士研究生,其中有两位是复旦大学数学系的,本科、研究生都是在复旦读的,还有毕业于交大、同济的,这两年一共引进了12位这样的人才作为川沙中学的新教师,该校师资水平提升了一大步。

我们看到现在在校的一些青年教师压力很大，他们的业务功底很深厚，主要缺的还是教学经验，但他们适应性很强，有的过了一年，在很多方面已经不比老教师差了。我在有关的座谈会上和青年教师交流，得知现在学生很认可、很肯定他们。所以我想这也是我们一个很好的机遇，现在研究生等高学历教师的比例也会逐渐增加，另外李主任还讲到，要适应教师资格证的有效制度，这个跟我们上海市人才交流服务中心也是有直接关系的，要建立教师资格再认证这样一个制度，进一步探索建立教师队伍的多元化，吸纳一些符合要求的应届的非师范类的毕业生，还有一定的其他工作经验而且自愿加入教育工作的优秀的人才能够进入我们的教师队伍，当然他们必须获得教师资格的认定，总之要打破教师资格的终身制。另外，获得教师资格认证以后上海的新教师录用还要采取实习的教师制度。现在正在认定一批教师专业发展的示范学校，作为以后新进的教师实习的基地，使得我们准教师入校之前具有高起点、规范化体验的机会。

刚才听了山教授的报告非常有启发，总的来说，"十二五"期间，事业单位改革和队伍建设任重而道远，要遵循"以人为本"的原则，努力构建适应和谐社会建设要求的现代教育的人事制度体系，这是山教授特别强调的，我觉得要进一步增强我们教育人事制度的开放性。要加强校内外、国内外人才的有序流动，要进一步优化机制，刚才山教授提到的合理用人机制、公平竞争机制、绩效考评机制、分配概率机制、人员退出机制等等，就是要进一步优化机制，努力形成有利于育才、引才、用才、聚才的良好的环境和政策，这些都是"十二五"期间事业单位面临的任重而道远的任务，今天听了这个报告后，给大家一个启示深入思考，我们大家一起往这个方向群策群力，继续努力。

协会蒋会长要我再通报一下，协会现在有150多个会员单位，我们前一个时期就一直进行新形势下人才人事工作的研究，把研究的工作经验和成果上升为理论，李主任要求我们协会要建四个平台，即信息平台、交流平台、培训平台、研究平台。我觉得我们通过这次论文的征集发挥了研究平台的作用，这次征集的论文有50多篇，大约30万字，内容包括教育人才的配置、培养、引进、开发，还有人事管理制度改革、师资队伍建设和管理等，当时好多论文被评为我们协会的优秀论文，现在都已经选到我们论文集里面，很快将由上海教育出版社正式出版，校样过几天就会拿来，还要作者本人进行最后校对、认定一下，我们要鼓励大家探索人事人才工作的规律，起到相互交流和借鉴的作用，推进深化教育人才资源开发和师资队伍的建设。我作为这本书的主编,给此书起了个名字——《以人为本　转变观念　构建现代教育人事制度——上海教育人事管理改革的实践与探索》,出版这样一本书,也是希望大家今后能够在探索和实践中写出更多的理论和实践相结合的好的论文,进一步提高上海教育人事人才工作的业务水平、理论水平、管理水平,为建设上海教育人才高地作出更大的贡献。我们争取 11 月底将这本书正式出版印发,贡献给大家。

在与上海市学生事务中心结对
工作会议上的发言*

  我们市教卫机关退休第六支部与市学生事务中心的结对活动，2011年按照市教卫机关提出的"三个一"要求，逐一加以落实，开展了相关的活动，取得了良好的效果。通过结对活动，双方的了解、理解与友谊不断加深，不仅我们退休六支部的老同志很满意，学生事务中心的同志也觉得从老同志身上获得了激励与鼓舞。我们双方的结对活动之所以能够有序、有效、健康地开展，我想主要原因有以下几点：

  一是学生事务中心的领导高度重视与支持结对活动。自从双方的结对活动开展以来，我们第六支部的老同志（我们支部有33位同志）一直得到学生事务中心的关心和照顾，每一位同志生日的当天或前一天都会收到学生事务中心寄来的生日贺卡和价值100元的礼券。我们支部的老同志个个都很感动，感到心里暖洋洋的。在与学生事务中心结对活动中，每当我们老同志向"事务中心"的同志表示感谢时，市教委副秘书长兼学生事务中心的主任汪歙萍同志以及事务中心的其他领导董晓峰同志等，总是笑着说："这是我们应该做的。"我们在和事务中心有关领导同志的交谈中，他们总是诚挚地说："你们老同志为上海教育事业的发展打下了坚实基础，作出了贡献，尊重老同志、敬重老同志、关心老同志是我们应该的，你们老同志的今天就是我们的明天。"他们还说："市教卫机关的老同志多，光靠老干部处肯定照应不过来，我们也应该一起来尽一份责任。"

  二是结对活动的内容事先要有沟通、有商量、有准备。经过预先的商量与准备，如去年中国共产党成立90周年时，我们与"事务中心"的结对活动，就确定了以"回顾与展望"为内容的主题活动，先由"事务中心"的董晓峰主任对"中

＊ 发言时间为2012年2月29日。作者时任上海市教卫机关退休第六支部支部书记。

心"的工作作了回顾与展望,听了董主任介绍"事务中心"现代化的科学管理以及热情高效地为毕业生就业和基层单位服务所做出的成绩,给我们第六支部的老同志留下了良好而深刻的印象。之后,按照"事务中心"的要求,由我代表退休第六支部,结合我个人的经历谈了学习党史的体会。在庆祝中国共产党成立90周年前夕,我从学习党史要"用党的成就激励人、用党的革命传统教育人、用党的历史教训警示人、用党的经验启迪人"四个方面谈了学习的体会,说明没有共产党就没有新中国,只有共产党才能带领中国人民实现独立、解放、幸福和富强的道理,说明实现中华民族的伟大复兴任重而道远,还需要我们与"事务中心"的60后、70后及80后、90后的年轻同志一起,结合本职工作,共同肩负实现中华民族伟大复兴的光荣历史使命与责任。学生事务中心的团支部书记王晶事先还发短信给我,希望我结合自己的工作经历谈点如何做事做人的人生感悟。我谈了两点自己的感悟:第一,要不断地学习与积累,从而不断地去适应工作环境的变化和工作岗位变化的需要。第二,在工作中与别人相处要学会宽容,要善于与他人合作,要有团队协作精神,还要拥有一颗感恩的心。对于要懂得感恩,我说这不仅是一种处世哲学,是生活中的大智慧,更是做人应有的品德与品格。我说在庆祝中国共产党成立90周年之际,首先就要懂得感恩我们的党,因为有了中国共产党给予我们的恩泽,才有我们每个人今天的一切;我们还要感恩祖国,因为有了强大的祖国,我们才有今天幸福安宁的生活。除此之外,我说当然我们还要懂得感恩父母、感恩老师、感恩社会、感恩生活、感恩生命、感恩自然等等。总之,懂得感恩与爱同行,大家都为构建和谐的工作集体、和谐的社会出力,让世界处处充满阳光!我代表退休第六支部,衷心祝愿学生事务中心的各方面工作以庆祝中国共产党党成立90周年为契机,在党的阳光照耀下,更上一层楼,为上海教育事业的改革与发展作出更大贡献!

三是对于结对活动,正如黄也放所强调的要抓落实。如2011年敬老节我们支部与"事务中心"的一次结对活动,当时就因为种种原因没有举行,后来王歆萍同志见到我,说就改在今年春节之前,"事务中心"将退休的老同志与我们退休第六支部的老同志邀请到一起,把原在教师节要搞的一次结对活动补上了,汪歆萍同志、董晓峰同志和新到"事务中心"的领导王静怡同志都亲自参加并作了讲话和介绍,这次双方的结对活动搞得也很成功。汪副秘书长还特地把王静怡书记介绍给大家,说结对工作以后由她作为分管的领导,王书记当场讲话表态，一定要把关心退休第六支部老同志的工作继续做好。活动结束时，我们退休第六支部的同志与"事务中心"的老同志一起，接受了一份"事务中心"赠送的慰问品。

四是在结对活动中，作为退休支部要尽可能地为结对单位做些力所能及的事情，使活动尽可能是双向的。比如前年我们退休第六支部与"事务中心"（当时称"就业指导中心"）一起举行了一次与就业中心党总支流动党员在一起的迎中秋联谊、联欢暨表彰优秀流动党员的结对活动。在这次活动中，我们退休第六支部的老同志看到一批平均年龄仅30多岁的年轻党员，他们的党组织关系挂靠在"就业指导中心"，平时都在不同的企事业单位上班，所在的单位没有建立党组织，但就在这样的工作环境下，年轻党员们都能按时到"就业指导中心"过党的组织生活，时时关心党和国家的大事，政治上与党中央保持一致，在单位里和社会上发挥作为中国共产党党员的先锋模范作用，体现了"一位流动党员就是一面流动红旗"的价值与风采，使我们老同志也受到了教育，进一步看到了党的希望，看到了党的强大感召力与凝聚力。在会上，作为老同志，我也代表退休支部发言，衷心祝贺受到表彰的优秀的流动党员并对年轻的流动党员讲了与他们共勉的话，希望他们今后在经受社会风雨和工作磨炼中不断成长，尤其在党性涵养、修养方面能得到进一步锤炼、充实与提高，常怀忧党之心，恪尽兴党之责，为把中国共产党建设成为立党为公、执政为民、求真务实、改革创新、清正廉洁、富有活力、团结和谐的马克思主义执政党而共同努力！在联谊联欢会上，我们退休第六支部参加教卫机关合唱团的几位同志，还一展歌喉，表演了几个节目，展现了老同志良好的精神风貌和风采，受到了"就业指导中心"员工和流动党员们的欢迎与好评，整个结对活动双方互动，气氛热烈而亲切。

我的发言就说这些。谢谢！

在上海市社会力量办园(所)培训班上的发言*

由上海市中小学幼儿教师奖励基金会、"上海教育丛书"编委会和上海市幼托协会共同举办的上海市社会力量办园(所)培训班,这是第二期。本来今天的开班仪式上,应该由市教委原分管学前教育的主任,也是我们市基金会副理事长、"上海教育丛书"的执行主编夏秀蓉同志作为主办方给大家讲话的。由于夏主任出国不在上海,所以临时由我代表主办方,在这里讲一点想法,也作一些交流,与大家一起共勉。

关于我们三家坚持继续举办这个培训班的目的,在办班的通知和发给大家的整个活动安排表中,大家应该都知道了,我们办班的目的,就是为了贯彻落实《上海市学前教育三年行动计划》,通过专家的报告,听取幼儿园(所)长的办学经验介绍和实地参观、考察闵行区的几所幼儿园,引导和帮助我们在座的园(所)长们,进一步学习、理解和实践以儿童发展为本的科学理念,树立正确的办园质量观与育儿观,并从如何依法办园,加强科学、规范的园务管理,如何推进深化课改与课程建设,怎样提高教师与员工的专业化水平与素养,如何做好家长与社会开放办园以及如何加强校园的文化建设等方面进行学习、交流与互动,以促进提升我们社会化力量办园(所)的教学质量,为上海学前教育的均衡、健康发展作出贡献。上一期办学的实践与经验表明,虽然培训班前后只有短短几天,但凡参加了培训班的园(所)长都普遍反映,通过学习培训,促进自己转变了办园的观念,开阔了工作的视野,拓宽了办园的思路,还学到了许多可操作性的管理与办园的实务,取得了较大的收获,学有所得,促进提高我们园(所)长们的管理水平与治园能力。我在市教委人事处工作多年,在与园(所)长们接触中,大家经常谈到教育家型园长办学的话题,形成的共识是园长的岗位非常突出,园长的职责特别神圣,园长的工作格外重要。因为学前教育

---

* 发言时间为2012年6月20日。作者时任上海市中小学幼儿教师奖励基金会副理事长。

是打根基的事业，人才培养要从早期教育抓起，正如通常讲的"有一位好校长才有一所好学校"，同样的是"有一位好园长才有一所好幼儿园"。因为对一所幼儿园来说，园长首先要有正确的办学价值取向，也就是说这所幼儿园的文化建设，最关键的就是看园长对办学的理解，你将形成怎样的文化，首先取决于园长对办学的理解，然后逐步通过园长主导的工作计划与规划，以及对幼儿园的管理，把你的主旨演化在你所领导的幼儿园的各个方面。经过较长的一段时间就可以在幼儿小朋友身上，教师和员工身上，包括学校的环境，甚至绿化的设计、布置上，都可以反映出你作为园长的很多理解、你的很多想法，这个过程就是幼儿园文化的打造，也就是说你作为园长，客观上对一所幼儿园的建设和发展具有如此举足轻重的地位与作用。这是我与大家交流的第一个方面的理解和想法。

第二个方面，就是我们始终认为一所学校、一所幼儿园品质的高低取决于队伍品质的高低，一所幼儿园的水平取决于队伍的质量与水平，一所幼儿园的效应往往也取决于有没有几个有水平、有知名度的老师。所以我们经常讲，校长、园长的最大贡献在于能带出一支好的教师队伍。作为一位园长要经常想方设法地让你所在幼儿园的老师（包括员工），感觉到自我发展、自我提高、自主学习是一种性格、一种生活方式，这就需要园长去引领和调动每一位教师和员工的内驱力、内需力，使教师主动地学习提高。在市教委人事处工作时，我也有机会到学校去听课，往往随机地去听了某所学校的一些常态课，感到这所学校很多堂课都上得那么好，这么多常态课为什么会在这所学校都上得那么好，这中间肯定是有道理的，这个道理就是这所学校，或者说这所幼儿园的校长、园长平时就非常着力抓队伍建设，而且取得显著成效。

第三个方面，就是校长、园长自身素质提高的问题，其实这点更重要、更关键。首先是作为园长，你自己要有品格，要有专业素养。记得当年华东师大一附中有一位校长叫陆善涛（后来他被提拔当了上海市教育局教研室的主任），他当校长时对华师大一附中的管理达到了"无为而治"的境界。他对教师没怎么管头管脚的，更没有门卫执行迟到早退打卡的，但他作为校长很厉害、很有权威，就是他走得进课堂，又能讲得出道道，教师们就是买他的账。他走进课堂听了课后当场就可以给老师很多指导。一些老校长，包括以前南模中学的校长赵宪初、复旦附中的姜拱绅等等，所有的老师、所有的学生看到他们，首先对他们的人格很服帖，其次是对他们的职业素质服服帖帖。这方面，作为幼儿园园长的楷模的代表中,就有下午要给我们上课作报告的上海市教育功臣、思南路幼儿园园长郭宗莉老师,她是我们大家学习的榜样,这次培训班,"上海教育丛书"办公室发给大家一本由郭宗莉园长写的书,书名叫《满足儿童需要,成就幸福童年》,这本书内容很丰富,非常有针对性。这本书共有三大部分:第一部分叫"需要:儿童发展的动力",第二部分叫"关系:满足儿童需要的基础",第三部分叫"活动:促进儿童需要发展的载体"。市教委尹后庆副主任在这本书的序言中对这本著作给了很高的评价,希望大家结合这次培训,或者在这次学习培训结束后,很好地对这本书进行学习与研读,并且能把下午郭宗莉园长报告的内容结合起来,把自己的学有所得运用到自己办园的工作实践中。

最后我要讲的是,我们办这个班的作用和它所能达到的效果充其量是有限的,而最终要达到不断提高我们园(所)长们自身的底气、内涵与品质,更要靠我们园(所)长们平时自己的积累,靠自己长年累月的学习、实践与积累。所以,当园长应该首先在教师中带头做到,把终身学习作为自己的一种生活方式,成为自己所在幼儿园老师们的榜样。你至少要把学习作为乐趣,如果你厌烦,甚至讨厌学习就麻烦了,说得更直白一点,你如果仅仅把工作当作职业、当作饭碗,你给多少钱我就办多少事,那你领导的幼儿园肯定就没文化了。

希望大家十分珍惜这次参加学习培训班的机会。我们这次培训班一共有40位学员,40位园(所)长,就是40所幼儿园,就是40个鲜活的案例,就是40个学习的场所,你们之间就是相互学习的资源。你们每一所幼儿园肯定都有自己闪光的亮点,培训班结束后,你们如何发挥相互资源的作用也特别重要,每位园(所)长贡献一点或两点,就是40点、80点。总之,我们期望这几天的学习培训与参观考察,大家能满载而归。我们相信,你们作为社会力量办的幼儿园,在在座每一位园(所)长的引领与领导下,一定会越办越好,成为老百姓和家长心目中满意、称誉的幼儿园。谢谢!

在 2013 年度上海市高校人事人才工作培训班开班仪式上的发言*

这次上海高校人事干部培训班,我们市教师奖励基金会是作为三家主办单位之一共同参与的。我想我们基金会来参与和支持学校人事干部的培训工作,以提升人事干部的综合素质与能力,是责无旁贷的。前几天也就是 10 月 21 日,习近平总书记在欧美同学会成立 100 周年庆祝大会上特别强调,人才是衡量一个国家综合国力的重要指标,我们比历史上任何时期都更加渴求人才,我们国家将以更大的力度推进"千人计划""万人计划",各级党委和政府要更大规模、更有成效地培养我国改革开放和社会主义现代化建设急需的各级各类人才。深刻学习领会习近平总书记重要讲话精神,我们作为人事干部,要更加深刻地认识到,我们每个人都肩负着重大的职责和使命。因为人才培养的基础在教育,而高校作为培养专门人才和拔尖创新人才的主要基地,作为积聚高层次人才的战略高地,作为知识创新和科技创新的有生力量,在科技兴国和人才强国战略中更是肩负着重大而光荣的历史使命。我们要更加牢固地树立人才资源是第一资源的思想,更加增强人才是立校之本、兴校之基、强校之源的意识,将它践行、落实在实际工作之中。

我看了这次高校人才人事培训班的整体计划和安排,请来的主讲者都是有一定层次的专家、学者、教授以及多年从事人才人事工作的管理者,他们都有从事人才人事工作的丰富经验,主讲的内容必然是既有理论的高度又有实践的深度,而且所讲的内容对我们当下的工作具有很强的针对性,所以希望我们大家都能珍惜这样的学习培训的机会,并通过参加学习培训学有所得、学有所获、有所提高。通过参加这次培训的学习和研讨,我们大家可以结合学校自身工作的实际,一是紧密围绕本校事业发展的战略规划与目标,更好地做好人

---

* 发言时间为 2013 年 10 月 25 日。

才人事工作;二是要以改革创新的精神,努力开拓人才人事工作的新思路,围绕育才、聚才与用才三大环节,进一步做好包括人才培养开发、评价发现、引进与选拔使用、激励保障等各方面工作;三是通过我们的努力工作,更好地构建一流的人才工作的软环境。后面王校长将作"人才与人文"专题报告,我想也会涉及如何构建一流的人才工作环境的问题。在我们高校,就是要大力倡导开放兼容的气度、团结协作的精神、甘当人梯的胸怀、宽松活跃的学术氛围,鼓励创新,包容个性,宽容失误,以及公开、平等与民主的规范等等。我们要努力为优秀人才创造更好的工作、生活环境和学术生态环境。

最近,我重新翻看了几年前教育部分管人事、师资工作的李卫红副部长的一次讲话,她说,今后相当一段时期内高教人才队伍建设主要是三大任务:一是要培养和汇聚一批帅才、将才,一批具有国际先进水平的学术大师和学科带头人;二是要培养和造就一大批具有创新能力和发展潜力的中青年学术带头人和学术骨干;三是要大力推进创新团队建设,培养和建设一批特别能战斗的创新团队和优秀群体。我们这次高教人事干部培训班,除了安排专家的报告,中间还将组织工作交流与研讨,我想我们可以就这三大任务推进的情况、取得的工作绩效与经验以及还有哪些问题与不足、如何进一步改进与完善等,进行交流与研讨。让我们大家一起为实现高校人才队伍建设的这三大任务齐心协力,为推动学校人才人事工作迈上新台阶,为建设一流的高质量、高水平的大学提供有力的队伍支撑。谢谢!

发挥市教育人才交流协会的优势
促进做好人才、人事工作[*]

本次年会有个研讨课题的题目是高校人才服务机构的性质和定位。针对这一问题,我向大会作个发言,简要汇报和介绍一下上海市教育人才交流协会作为教育人才服务、联络和协调的机构,这几年工作和运行的情况,请与会代表对我们的工作给予指导和帮助。

上海市教育系统现有上海市教育人才交流服务中心及各高校下设的人才中心和19个区教育局下属的人才交流中心等几十家从事教育人才交流服务的单位,在上海市教育委员会的统一领导下,承担着各高校和各区县教育人才的招聘、开发、交流、培训、测评、人事代理等服务工作,成为政府行政职能转移后教育人才、人事服务工作重要、有力的支撑,成为面向社会、面向市场开展人才服务不可或缺的中介机构,为构筑上海市教育系统人才高地、加强师资队伍建设发挥了举足轻重的作用。但全市几十家人才交流服务机构也存在着各自为政、服务功能比较单一、信息和资源无法及时交流与共享等弊端。为了改变这一状况,进一步开拓上海教育人才交流事业的新局面,上海成立了市教育人才交流协会,它的性质和功能定位是成为全市教育人才协调、服务、交流与共享的舞台,成为各会员单位优势互补、加强人才交流合作的桥梁和纽带,促进上海的教育人才交流工作朝着更加健康、成熟、规范的方向发展。下面我主要汇报一下上海市教育人才交流协会所做的主要工作。

一、发挥协会的整体优势,做好上海各类师资人才的招聘工作

多年来,上海市教育人才交流协会所属的会员单位积极支持和参加由协

---

* 2014年6月20日在全国高等院校人才交流联合会年会上的发言。作者时任全国高等院校人才交流联合会副会长。

会牵头、市教育人才交流服务中心具体承办的各类师资招聘会。以 2003 春夏两季全市性的师资招聘会为例，在协会各会员单位的通力协作下，去年春季的上海师资招聘会，有 400 多家高校和中小学、中专、职校（包括民办学校）和教育机构，提供了 4 000 多个工作岗位，吸引了近 2 万名来自本市和全国各地的应聘者前来应聘；夏季则有 500 多家用人学校和单位，提供超过 4 000 个教师岗位，参加应聘者达 3 万余人，都取得了较好的成效。同时，由协会牵头、市教育人才交流中心具体承办，还举办面向全市和全国的网上师资招聘会，通过网络服务平台的搭建，给用人学校和应聘者提供了双向交流，进行招聘与应聘的机会。如去年 6 月举办了上海市教育系统面向全国的网上招聘会，短短十多天，就有近 20 万人次浏览上海教育人力资源网站，投递了近 2 万份个人的工作简历，使全市近 180 家教育单位及时挑选到合适的人才。这里我顺便介绍上海教育人力资源网的情况，该网站是 2002 年 12 月 26 日开通的，包括信息公告、表格下载、教育人才招聘求职系统、业务查询、业务咨询等几个主要功能板块，同时还设有政策法规、求职宝典、行业动态、名校风采、名师荟萃等专栏。今年 3 月 29 日，由上海市教委和市教育人才交流协会牵头，市教育人才中心具体承办，并协调江苏省、浙江省的教育厅人事部门和教育人才中心一起，在上海八万人体育场，举办长三角师资招聘会，有 500 多家用人学校和单位（其中江、浙两省 60 多家），提供 3 000 多个教师岗位，面向全国招聘师资，取得了较好的效果和良好的反响。

近几年，上海市教育人才交流协会与市委人事处每年还牵头组织本市的部分高校，组成上海高校招聘团走出上海到外省市进行人才招聘，先后去了北京、武汉、哈尔滨、广州和西安等高校和人才集中的城市，主要招聘硕士、博士和副教授以上人才，也取得比较明显的成效，使上海高校的师资队伍结构（包括学院结构）更趋合理，使队伍也更具有活力。除了促进做好师资招聘工作外，协会在上海市人才服务中心的支持下，与市教育人才交流中心和协会所属的各会员单位一起，在包括人事代理、人才委派等方面也进行了有效的合作，初步形成了有效的工作网络。

二、丰富协会的各项活动，为会员单位及时传递信息，搭建工作交流的平台

为帮助各会员单位及时了解国家及上海人才人事工作的有关政策、法规、规定和改革措施,协会不定期地举办各种专题讲座,邀请市人事局和其他有关方面的领导和专家,向会员单位的工作人员作专题报告和业务工作的讲解与辅导,如请市人事仲裁委员会的负责人介绍人事争议仲裁的方式、特点和处理方法,请市公积金管理中心讲住房公积金的有关政策,请市劳动和社会保障局讲养老保险,请市教委政策法规处讲教育人事管理中的法律问题,请复旦等大学的教授讲人力资源管理,请市人事局的领导及时传达全国人才工作会议的精神要求,等等。这些讲座,促进提高了各会员单位从事人才、人事工作同志的政策业务水平和管理水平。

去年,协会还组织了所属的部分理事长单位的人事负责同志赴澳大利亚进行教育人力资源和教师队伍建设的专题考察,取得了较大的收获,所写出的专题考察报告,上海市教委以专报的形式加以推荐,给予充分的肯定。

本届全国高校人才联合会年会,在我们协会的积极组织下,由市教育人才交流中心具体负责,这次我们由包括复旦大学、上海交通大学、同济大学等16所高校的23位同志来南宁参加会议。上海各高校的同志都十分珍惜这样的机会,向全国各省市的兄弟高校学习,一方面是向兄弟高校取经,同时也是进行相互交流、沟通,进一步建立联系与友谊的极好时机。

三、发挥协会会员单位的积极性,开展切合会员单位工作实际的各项活动

由于我们教育人才交流协会基本上是面向全市各级各类学校和教育单位吸收会员单位,不同层次的学校和教育单位有其各自不同的工作特点。为此,市教育人才交流协会成立之初,就确立了分会的组织机制,分别成立高教分会、普教系统分会和市教委直属教育单位分会。去年,高校分会就针对自身的工作实际和特点,举办了一系列讲座与研讨会,并进行工作上的相互交流,如上海交通大学、同济大学和上海大学等,去年就在高校分会的研讨会上分别介绍了各自在人才引进、队伍建设和人事代理等方面的做法和经验,起到了相互交流、互相借鉴的作用。

四、强化协会的各项管理,加强协会自身建设

协会坚持理事长会议领导体制,协会重大活动和重大问题,都由协会理事长会议决定。每年至少举行两次以上协会理事长会议,研讨当年协会工作的

开展及下一年度协会工作安排。每年举行一次全体理事单位代表会议,总结汇报上年度工作,报告下年度工作安排,广泛听取各会员单位对协会工作的意见。经过逐步的积累,协会的各项管理制度日趋完善。协会会员单位缴纳的会费实行专款专用,主要为协会的各类活动和各项工作提供经费上的支持。

  这里我要特别说明的是,上海市教育人才交流协会这几年来之所以能比较顺利地开展各项活动,其中有一个很重要的原因是我们把协会的秘书处设在市教育人才交流中心,秘书长由市教育人才交流中心的负责同志兼任,市教育人才交流中心的有关负责人也兼任协会的副理事长。因此,协会的各项工作都直接得到了市教育人才交流中心的大力支持和直接帮助。上海市教育人才交流中心是上海市教委直属并经上海市人事局核准的事业单位,目前,中心拥有一支较高素质的专业基础队伍,有较先进的设备和现代化管理手段,设有人力资源部、教师资格受理部、人事代理部、项目开发部和综合办公室等部门。中心在上海比较好地发挥了教育人才资源开发服务的集聚、调节和辐射的功能。

在上海市教卫机关老干部合唱团成立五周年会议上的发言*

我们合唱团成立五年了，刘团长要我讲几句感慨、感悟和感动的话。五年来，在大家的共同努力参与下，特别是在岳老师、朱老师的指挥和调教下，我们合唱团演唱的水准不断提高，在参演中还获得过多个奖项，受到老干部处和其他有关方面的认可与好评。我们合唱团队伍也不断地壮大，人气更旺了，凝聚力更强了。记得建团之初是老干部处动员、鼓励和希望我们老同志参加合唱团，而现在是我们许多老同志积极、主动、自愿来参加合唱团！因为大家已形成了共识，认为参加合唱团至少有三个"有利于"：一是有利于陶冶情操，并在演唱革命歌曲、优秀歌曲中释放展现我们老同志的正能量，展现我们老同志良好、健康、向上和老有所乐、老有所为的精神面貌；二是有利于提高我们老同志歌唱和合唱的水准，我们的音乐素养大大提升了，有了获得感，我们的自豪感、自信心也大大增强了；三是有利于我们老同志的身心健康，经常参加歌唱、合唱的确有利身心健康和益寿延年，这是完全有科学依据的，因为唱歌使人心情愉悦、忘却烦恼，并有利于扩大肺活量，是有节奏的体内按摩，还能增强记忆力等，所以像周小燕、曹鹏及许多七八十岁至今还活跃舞台上的歌唱家、指挥家，都非常地健康长寿！我想，咱们活的就是一种心态，心情好一切都好，这叫作怡情养身。我们合唱团的凝聚力和相互间的友谊不断增强，还表现在我们合唱团已建立了有几十人参加的微信群，除了通常的信息交流及嘘寒问暖外，很多的信息具有我们作为合唱团特有的内容、特点与特色，如有介绍国内外高大上合唱团演出的视频；有歌唱家戴玉强教如何科学唱歌的超级声乐慕课中非常精彩、形象的教学内容；还有许多歌唱家、歌者演绎的优秀歌曲，等等，这都有利于提升我们的演唱水准和艺术修养。

---

* 发言时间为2015年9月13日。作者时任上海市教卫机关老干部合唱团副团长。

最近我读了中国音乐学院指挥系知名教授吴灵芬写的一篇文章,她是中国合唱协会理事长,她对合唱团成员如何更好地投入合唱,提出了九个方面的要求:

第一,应该能够自觉地听着其他声部调节自己在合唱团里的声响,这是合唱团应具备的特有的功能;

第二,应知道自己在合唱团里担负的任务是在和声的什么层次上,有随时调整自己声部某一音的"高"唱或"低"唱的能力;

第三,有规范的科学的发音方法;

第四,唱歌是一项全身的工作,只有当全身心投入以至每个细胞都能充满音乐感时,歌声才能产生悦耳、和谐的作用;

第五,在视唱练耳方面,应有专门的训练,要能识谱快,音准好,瞬间就找到和其他声部的共鸣点;

第六,要加强吐字咬字的学习与练习,养成一种喷吐有力、良好归韵和收声的习惯;

第七,要能根据歌唱作品内容、情绪和风格进行演唱,抒情性的作品咬字吐字就该清晰而柔和,雄伟壮阔的作品就应该强调声母(韵母),做到字正腔圆;

第八,要能听和演唱多声部的作品,同时还能将自己的声音向别人靠拢;

第九,必须有奉献精神,为了合唱的"合",要根据声部的要求压住自己洪亮、过瘾的演唱,服从整体的声音。当然,在合唱中所获得的欢乐也是别的艺术品种难以享受得到的。

让我们大家一起在朱老师的指挥带领下,同时努力遵照吴灵芳教授以上九个方面的要求,继续不断提升我们合唱团的演唱水准,迈向合唱团新的五年。

不忘初心,大力推进改革[*]

1995年3月上海市教委成立,组织安排我到人事处任处长,与我搭档的有杨国顺、金伟民两位副处长,在与他们一起合作共事的五六年中,在市教委的领导下,在全处同志的参与支持下,我们遵循邓小平同志"不改革就没有出路"的指示精神,按照市委、市政府关于建设"一流城市,一流教育"的目标,始终不忘改革,在大力推进深化上海教育人事制度改革中加强校长和师资队伍建设,取得了明显成效。

一是积极推进实施中小学校长职级制。建立了符合中小学特点和校长成长规律,具有持续有效、竞争激励机制的"四级十二等"的上海中小学校长职级制,冲破了原校长职务的"官本位",形成了校长职务能上能下、待遇能高能低、流动能进能出的良好机制,促进了校长队伍的合理流动,加强了薄弱学校的领导班子,提高了学校整体的管理水平和教育质量。

二是在中小学和高校稳步推行教职工聘用合同制。聘用合同制的实施将国家的用工制度转变为单位的用工制度,同时也是从打破分配的"铁工资",逐步转向打破"铁饭碗"和"铁交椅",促进了学校优秀人才进得来、骨干队伍稳得住、不胜任人员出得去的动态平衡机制的建立,盘活了教育人才资源,实现了教育人事工作由"人治"或人为因素起主要作用的状况向依法治教、规范管理的重要转变。

此外,我们还按照"海纳百川,呈现人才高地优势"的思路,多次组织上海高教和普教系统招聘团到北京、西安、哈尔滨和广州等地招聘教师,在上海高校和中小学产生了人才近悦远来的"叠加效应",为构筑上海人才高地、优化师资队伍结构作出了有益的贡献。

---

[*] 原载2016年4月上海教卫机关离退休干部征文汇编《难忘的岁月》。

拥抱老干部工作新的春天*

我们市教卫机关共有离退休干部303人(其中离休干部34人),共成立13个离退休党支部。现将刚才我们机关组学习讨论的情况和体会,向大会作个汇报和交流。我们在学习讨论中认为,上午市老干局领导魏挺同志对中央《关于进一步加强和改进离退休干部工作的意见》(中办发〔2016〕3号)和上海《关于加强和改进机关事业单位离退休干部党建工作的若干意见》(沪委组〔2016〕15号)所作的学习辅导报告很好,使我们对两个文件的重要背景和依据、重点内容和特色、重要意义以及如何学习贯彻与落实,进一步加强和改进离退休干部工作,进一步完善和规范党支部工作,深入开展"两学一做"学习教育,开展践行为党和人民的事业增添正能量活动等,有了全面、系统、深刻的理解与把握。两个文件凝聚了党中央和市委对进一步加强和改进离退休工作和党建工作的新思想、新要求,凝聚了多年来老干部工作和党建工作实践的新认识、新成果,凝聚了老干部工作系统的智慧和汗水,将使老干部工作和党建工作站得更高、看得更远、做得更好!尤其是由党中央办公厅和国务院办公厅共同下发的中央3号文件,对党和国家的老干部工作具有里程碑的意义。在学习讨论中,大家普遍认为:

一、党和国家的离退休干部工作迎来了一个新的春天

习近平总书记在全国离退休干部"双先"表彰会上饱含深情地强调指出,老干部工作"是非常重要的工作,在我们党工作中具有特殊重要的地位,承载着党中央关心爱护广大老同志的重要任务。"中共中央政治局常委刘云山同志说:"各级党委和政府要把老干部工作摆在重要位置,加强领导、强化指导。"同志们说,以习近平总书记为核心的党中央对老干部工作高度重视,又有切实可

---

* 2016年4月29日在上海市教育系统离退休干部党支部负责人培训班总结会上的发言。

行的中央3号文件,我们迎来了老干部工作新的春天,只要咱们上下齐努力,一定能更好地做好老干部工作,做好离退休同志的党支部工作和党建工作。

二、在新形势下,我们要更有针对性地做好老干部工作,做好老干部工作的转型与发展

在广大党员干部,包括离退休党员干部中开展"两学一做"学习教育,对推动全面从严治党向基层延伸,进一步解决党员队伍在思想、组织、作风、纪律等方面存在的问题,进一步保持发展党的先进性与纯洁性具有现实的重大意义。我们要结合离退休干部的实际,通过"两学一做",进一步坚定"理论自信、道路自信、制度自信和文化自信",不断增强政治意识、核心意识、大局意识、看齐意识,做到在党言党、在党爱党、常怀忧党之心、为党之责、强党之志,做一名合格的共产党员,发挥党员的先锋模范作用。

在老同志中开展"展示阳光心态,体验美好生活,畅谈发展变化"为主旨的正能量活动,有利于体现我们离退休干部的特点与优势,有利于服务党和国家工作的大局,是适应党中央全面从严治党、弘扬社会主义核心价值观要求的有机契合点,是推动老干部工作转型发展、科学发展的富有成效的有益的探索,可以让我们老同志在服务他人、奉献社会中为实现"中国梦"作贡献,同时收获幸福感、满足感,实现身心健康,更好地欢度、安度晚年。

大家说,学好文件,提高认识是基础,作为党支部书记,首先自己对中央3号文件和上海15号文件要很好地学习和领会,才能组织好本支部同志的学习,提高认识。在此基础上,关键要按中央的精神和要求将工作落到实处。我们要脚踏实地、尽职尽责,以饱满的精神状态,鼓实劲,抓落实,出成效,做好新形势下的老干部工作和离退休同志的党建工作。

在上海浦东育华学校迎新联谊会上的发言[*]

大家好！今天，我们市教委老干部合唱团一共 42 位同志来到育华学校学习考察交流，并与育华的师生一起，举行以"重走长征路，缅怀先烈情"为主题的迎新文艺汇演，感到特别高兴和亲切！因为三年前我们市教委老干部合唱团就曾经来到育华学校学习考察交流，得到了学校领导和师生的热情接待，至今给我们留下了深刻、难忘的美好印象！还有一个重要原因是，我们团里有许多同志在市教委工作期间，就与育华有不解之缘，曾经与育华有过工作业务上的联系与合作，因此，对育华早就有深厚的感情。就以我本人原在市教委人事处工作时的情况为例，当年我就有幸认识育华的高妙根校长，他被评为"特级校长"和"上海市教育功臣"，在这个过程中，我进一步了解到在高校长的带领下，育华的全体师生齐心协力，团结奋进，在办学和教书育人中所取得的骄人业绩，尤其是育华的老师们特别敬业而有爱心，深受学生的欢迎与爱戴；在评审中，我更具体了解到高校长本人工作上的突出建树和人格魅力以及他的突出贡献！今天，我们市教委老干部合唱团再次来到育华学校，又使我们眼睛一亮，育华的校园更加漂亮了，育华的老师和同学们更加美丽、可敬、可爱了。更令人瞩目的是，如今的育华已成为育华集团学校，成为一所多层次的综合型学校。这说明育华的办学品质进一步提升了，育华的优质教育资源进一步扩大了，并产生了更大的示范辐射效应！为此，我们应该点赞育华集团，以卫校长为首的学校领导班子，带领全校师生，既传承发扬育华原有的办学理念与传统，又坚持改革与创新，从而使育华在已有的基础上，又取得新的办学业绩。我们作为市教委的老同志，深为育华的不断进步，为育华发展改革与创新取得的新业绩，感到由衷的高兴，并受到很大的鼓舞！

今天，我们市教委老干部合唱团与育华的师生一起举行迎新联欢、联谊，

---

[*] 发言时间为 2016 年 12 月 30 日。作者时任上海市教卫机关老干部合唱团副团长。

刚才我们观看了老师和各班级同学演出的十个节目,由我团几位同志担任评委组成的评委团,他们即时向我反馈说,我们育华学校演出的节目有很多亮点:一是节目的形式多样,丰富多彩,有铜管乐、合唱、小组唱、朗诵、课本剧、歌舞、现代舞和武术等;二是演唱、演奏和表演水平都具有较高的水准,等会儿还将宣布获奖的等第;三是演出节目的内容都是正能量的,反映了师生热爱党、热爱祖国、热爱解放军和学校的情怀,反映了他们各方面所取得的进步,都是鼓舞人心、士气的好节目;四是参加演出的同学和老师们的精神风貌都很饱满、很自信、很阳光!

今天的迎新联欢会,我们市教委老干部合唱团,也共同参与了,我们合唱团在陈冶老师传神高水平的指挥下,在张其良老师精准的钢琴伴奏中,演唱了红军《长征组歌》中的两首名曲《四渡赤水》和《过雪山草地》,从刚才大家的热烈掌声中,说明也具有一定的水准。所以,我认为,我们今天的迎新联欢会,还有一个突出的亮点:体现了小手牵大手,我们老、中、青一起共同迎接新年的到来,一起像歌中的歌词所唱的,学习中国红军不怕艰难险阻的革命精神,骨更硬,志越坚,共同携手走向实现中国梦的新的长征路!

在这2017年新年来临之际,让我代表市教委老干部合唱团,衷心祝愿育华集团学校,在育人育才的路上,奏出更加华彩炫丽的乐章,培养出更多德、智、体、美全面发展的祖国和人民满意的建设者与接班人!也让我衷心祝愿育华的校长、老师和同学们,也包括市教委老干部合唱团的全体同志,新年快乐,身体健康,万事如意!

最后,请允许我代表市教委老干部合唱团刘祥瑞团长和指挥陈冶老师,代表我们全团同志,还特别要代表我们市教育系统关工委领导陈步君老师,深切感谢育华集团学校为我们提供了这样一次十分难得难忘的学习与交流的机会,希望咱们的相互交流后会有期!

这里,我再特别说一下我们的陈步君老师,他作为市教育系统关心下一代工作委员会的领导,积极推动和支持我们这次到育华学校的学习交流与联谊活动,我建议大家用掌声向他表示敬意和感谢!在市教育系统关工委的关心与支持下,我们市教委老干部合唱团还将会选择一些基层学校,与学生和老师进行相互的学习交流及演出,并把这样的交流互动与演出,作为我们老同志践行关心教育下一代工作的组成部分。

学习习近平总书记关于反腐倡廉、中国梦系列重要讲话及其文风的体会[*]

党的十八大以来,习近平总书记的系列重要讲话,涉及政治、经济、文化、社会、生态、外交、军事等各个领域,提出了许多新思想、新观点、新论断、新要求,我们退休第六支部全体同志对其中的部分重要讲话进行了认真的学习和讨论。下面将大家主要的认识与体会,也包括我个人的一些学习与体会归纳汇报如下:

一、关于反腐倡廉及党员和干部的作风建设问题

习近平总书记说:"从严治党,惩治这一手决不能放松。要坚持'老虎'、'苍蝇'一起打,既坚决查处领导干部违纪违法案件,又切实解决发生在群众身边的不正作风和腐败问题。要坚持党纪国法面前没有例外,不管涉及到谁,都要一查到底,绝不姑息。"过去一年来的廉政风暴、群众路线教育实践活动,从查会所的歪风、培训中心的奢华,不留死角;防节日腐败,从元旦、端午、中秋一直查到国庆,不给机会;党员干部违反八项规定公开点名通报,毫不留情,直到揪出巨贪周永康、徐才厚这样的"大老虎";还有最近我国与澳大利亚等在内的65个国家缔结司法协定,致使腐败分子即使逃到天涯海角,也要将他们绳之以法,等等。现在,广大老百姓已确信,习近平总书记所说的"打铁还需自身硬""全党必须警醒起来",都是真的,人们也终于感受到什么叫言必信、行必果的力量,我们的党以政治生态的净化进一步凝聚了人心。事实证明,以反腐和抓作风问题作为党和政府工作的突破口和切入口是极为高明的一招。大家在讨论中说,如果让部分领导干部的腐败问题再猖獗下去,让干部的"四风"问题继

---

[*] 2017年11月17日在上海市教卫机关党支部书记会议上的发言。作者时任上海市教卫机关退休第六党支部书记。

续蔓延,党将越发严重脱离群众,那么我们的党将失去根基、失去血脉、失去力量,那你搞什么再好的国家战略部署、宏伟蓝图都是白搭,要实现中华民族伟大复兴的中国梦更是一句空话。正如习近平总书记所深刻指出的:"一个政党,一个政权,其前途和命运最终取决于人心的向背。"因此,只有从严治党治政风清气正了,才能促进全体人民心灵上的团结,才能将全体人民的力量真正汇聚到实现中国梦的伟大旗帜下!

二、关于实现中华民族伟大复兴的中国梦

2012年11月29日习近平总书记在参观《复兴之路》展览时指出:"每个人都有理想和追求,都有自己的梦想。现在,大家都在讨论中国梦,我以为,实现中华民族伟大复兴,就是中华民族近代以来最伟大的梦想。这个梦想,凝聚了几代中国人的夙愿,体现了中华民族和中国人民的整体利益,是每一个中华儿女的共同期盼。"总书记的这一段话令人振奋,让人耳目一新,从此,中国梦承载着中华民族伟大复兴的梦想,走进中国,走向世界,让全体中国人民为之一振,让世界眼前一亮,也充分体现了以习近平总书记为核心的党中央的历史担当和使命要求。现在,实现中华民族伟大复兴的中国梦,已成为全党、全国各族人民的共同目标和共同理想,将13亿中华儿女的智慧和力量凝聚在一起,形成了一股不可战胜的磅礴的中国力量! 我们支部在学习讨论习近平总书记有关中国梦的系列重要讲话后,大家更加深刻认识和体会到中国梦的三大内涵是国家富强、民族振兴、人民幸福。阔步迈向中国梦的三大目标是中国共产党成立100周年时,全面建成小康社会;中华人民共和国成立100周年时,全面实现现代化;21世纪实现中华民族的伟大复兴。而要实现中国梦就应做到三个必须:必须走中国道路,即中国特色的社会主义道路;必须弘扬中国精神,即以爱国主义为核心的民族精神,以改革创新为核心的时代精神;必须凝聚中国力量,这就是各族人民大团结的力量。坚持与践行这三个"必须","生活在我们伟大祖国和伟大时代的中国人民",就一定"共同享有人生出彩的机会,共同享有梦想成真的机会,共同享有同祖国和时代一起成长与进步的机会!"

三、关于党员干部要有坚定的理想信念

党员要在党为党,始终与党同心同德。习近平总书记强调指出:"理想信

念是共产党人精神上的'钙',解决好世界观、人生观、价值观这个'总开关'问题。"大家在学习讨论中说,一个人理想信念动摇是最危险的动摇,理想信念滑坡是最危险的滑坡。我们党员干部,包括我们老同志在内,都应当牢固树立正确的世界观、人生观、价值观,切实增强道路自信、理论自信、制度自信和文化自信,更加坚定共产主义远大理想和中国特色社会主义共同理想。这样,才能做到心中有定力,在任何时候都能经受住考验,在任何情况下都不受干扰,永葆共产党人的政治本色。同时,每一位党员干部要把崇高的理想融入实际工作中,勤政务实,敢于担当,强化为党尽责,为国奉献,为民分忧,奋发有为,全心全意为人民服务,用实际工作的绩效去推动理想的实现,共同为实现中华民族伟大复兴的中国梦而努力工作、努力奋斗!

我们支部同志在学习讨论中,还研读了习近平总书记讲的这样一段话:"大家注意看就知道,西方国家议会投票,往往是政治壁垒分明,一个党的议员要不就是都反对,要不就是都支持。这说明了什么?不就是各党对自己的党员有政治上的约束嘛!对那些在政治上行动上与本党离心离德的党员,西方国家政党也是要执行纪律的,甚至开除处分。"所以,同志们说,我们作为共产党员,更应该做到在党为党、在党言党、在党忧党,心中时刻装着党、想着党,牢记自己第一身份是共产党员,第一职责是为党工作,始终站在党的立场说话,始终与党同心同德。而对哪些与党离心离德,总是与党唱反调、反对中国共产党的党员,应尽早劝其退党甚至开除出党,以纯洁党的队伍。这样,我们中国共产党才能真正成为全国各族人民的领导核心与中流砥柱,才能永远立于不败之地。

四、关于习近平总书记讲话的鲜明特点

学习习近平总书记的系列重要讲话,大家感到习近平总书记讲话有很鲜明的特点,就是他很善于运用群众的大白话,将深刻的道理与内涵阐述、阐明得淋漓尽致。如"人民对美好生活的向往,就是我们的奋斗目标"、"小康不小康,关键看老乡"、"国家好、民族好,大家才会好"、"空谈误国,实干兴邦"、"永远要有逢山开路、遇河架桥的精神"、"踏石留印,抓铁有痕"、"坚持老虎、苍蝇一起打"、"把权力关进制度的笼子里"、"照镜子、正衣冠、洗洗澡、治治病"、"针尖大的窟窿能透过斗大的风"、"鞋子合不合脚,自己穿了才知道"、"使核心价值观的影响像空气一样无所不在,无所不有"、"不忘历史才能开辟未来,善于

继承才能善于创新","干部都是党的干部,不是哪个人的家臣",等等,都说得明白晓畅,通俗易懂,一针见血,入木三分,富有哲理与感染力,有很强的贴近性、针对性与指导性!总之,习近平总书记朴实的文风,也是我们广大党员干部学习的榜样。特别对一些领导干部,在面对下属和群众讲话、作报告时,总喜欢连篇累牍,穿靴戴帽,讲空话、套话、大话的,应该是很好的警醒与警示!

我们的学习体会就汇报这些,不对的地方请批评指正。谢谢!

为了莆田教育更美好的明天
——关于莆田市借鉴学习上海中小学综合改革经验的思考与建议*

近年来,莆田市多次由分管副市长和市教育局局长率各区教育局局长和相关学校的校长,来上海作教育考察和交流,后又选派一级达标高中优秀青年校长、书记和教师到上海多所名校跟岗学习一个月,取得了令人瞩目的积极成果。我作为在沪的莆田乡亲和长期在上海教育战线工作的老教育工作者,感到由衷的高兴,也深感有责任和义务为家乡与上海的教育"联姻"做一点牵线搭桥的工作。本文将从个人视角,谈谈上海教育综合改革中基础教育改革的主要做法与变化,并对家乡莆田市教育改革与发展中如何借鉴上海的经验提出一些不成熟的建议。

一、上海教育综合改革中基础教育改革的主要做法与变化

2014年初,国务院领导要求上海市委、市政府加快推进教育综合改革,并明确提出,上海的教育综合改革应当借鉴上海建设自由贸易区的经验与成效;上海教育综合改革的定位是,30%向国际先进水平看齐,70%给全国教育系统提供可借鉴、可复制和可推广的经验。聚焦上海教育综合改革的重点和核心,主要是推出高校招生考试新政,推进中小学人文思想办学,全面提升教育优质均衡和内涵发展,为上海构建国际化大都市和科创中心提供智力支持。

此次上海高校招生考试新政最显著的特点是,从制度设计上构建"文理并重的高架桥",改变"千军万马过独木桥"的状况。形象地说,就是从原本以看学生高考成绩的"选分"为重,转向以评价学生综合素养的"选人"为主。具体地说,就是降低考试的深度和难度,拓展考试的广度和宽度。为此,上海已经

---

* 选自福建省莆田市教育局2018年编印的《取法于"上"——上海市中学跟岗日记》。作者为该书顾问。

在实施建立以校长、教师、学生和家长诚信体系为保障,对高中生"社会公益性服务、社会责任能力担当和社会实践能力"等方面作出综合评价,以此作为新生报考高等院校录取的基本参考。上海高考制度改革的新政,给中小学摆脱高考指挥棒的"紧箍咒"带来了明显的深刻变化。

此次上海的教育综合改革,确立了"政治认同,国家意识,文化自信,公民人格"为立德树人的主线,倡导人文思想办学为改革的主题。其深刻的变化主要有以下五方面:

1. 以办好家门口每一所学校为目标。上海在教育综合改革中,以"办好家门口的好学校,做学生喜欢的老师"的理念为引领,始终把"办好家门口的好学校"作为各区政府的"托底"工程,大力推进教育公平,促进学校内涵发展,推出了一批市级和区级"新优质学校"。并且扩大对家门口"新优质学校"的宣传力度,这不仅为每一个校长倡导人文思想办学创造条件,而且让社会各界和家长、学生都感受、认同家门口的好学校,形成了良好的全社会重视人文思想办学的氛围。

2. 以选择性学习的校本课程为核心。上海在教育综合改革上坚持国家课程、地方课程和加快校本课程建设并重的策略。从市级层面加大引进试验STEM课程,即加快科学、技术、工程、数学相融合的课程,丰富学生选择性学习和个性化发展。引导每一所学校增强"校本课程是学校品牌特色核心竞争力"的意识,发挥学科带头人和骨干教师的优势,建设每一个学校各具特色的校本课程,让学生有选择性地学习,从而为个性健康发展奠定基础。

3. 以改变传统课堂教学形态为突破。教改的终端在课堂。上海教育综合改革的重心是引导每一位校长和老师,立足学校教育的主阵地——从课堂教学改革着手,摒弃传统的"填鸭式"和"灌输式"的课堂教学,积极倡导课堂教学的"挑战性学习"和"创意性教学",从根本上改变学生"死读书、读死书、书读死"的状况,激发和培养学生敢于质疑和勇于挑战的学习能力,使探究性课堂教学成为本市中小学教改的常态。

4. 以提升广大教师专业境界为重点。根据国家教育部陈宝生部长确立国家"十三五"教育发展专项规划关于"提高质量,促进公平,改善环境,优化结构"以及改变"师风有水,师宗有损,师德有愧"的要求,上海在教育综改中,非常强调全面提升教师综合素养和专业境界,倡导教师要有仁爱之心,建构每一个学生喜欢老师、追随老师、感恩老师的和谐师生关系。在教师中营造"师风清新,师德清心,师宗清馨"的职业操守,全面促进形成教师是教育综改主力军的教育文化。

5. 以扭转升学率的绿色评价为导向。在教育综改中,上海承接20世纪90年代开展发展性督导评价改革的,认真总结PISA测试经验与启示,全面完善本市十大指数绿色指标评价,从制度和机制上克服和规避以往主要以考试、成绩、分数和排名的升学率评价的误导。全力营造和谐师生关系,全面实施和落实素质教育,重视学生社会公益、社会责任和社会实践能力评价的正确导向,营造校长以教育家办学和教师以教育家育人的土壤、环境和氛围,确立绿色评价导向和中小学人文办学的评价取向。

二、对莆田市教育改革与发展中借鉴学习上海教育综合改革经验的建议

为了让莆田市下一步教育发展与上海中小学保持更紧密的联系,体现对接上海、贴近上海和挂钩上海,更有效地借鉴、学习和复制上海教育综合改革的经验和成效,我想提出如下几点建议:

1. 成立教育改革发展智库,提供专业支持保障。莆田市推进中小学教育改革,应当在借鉴学习上海经验的基础上,针对莆田市中小学的特点,形成适合莆田市自身的教育发展模式和运行机制。建议莆田市可以聘请上海教育界在政策设计、评价标准等方面的领衔专家,与莆田本土的相关专家结合,建立莆田市推进教育发展与改革的智库。定期研究莆田市推进教育发展和改革的制度机制、指标体系、评价标准等方面的问题,带动莆田市加快建立一支专业性强、有权威性、有引领性的校长和学科带头人队伍,逐步建立符合莆田市中小学教育特点的发展性专业评价体系,走出一条具有新愿景、新目标、新突破、新发展和新平台的教育发展与改革创新之路。

2. 指导校长制定规划,激活办学目标愿景。在莆田市教育改革有了明确的顶层设计以后,校长就是把顶层设计落实到学校教改的主帅。开展中小学教育改革,一项最基础性的工作是,要求每一个学校制定3—5年的教育发展规划,确定学校教师和学生发展目标以及行动计划,由此激发每一位校长重视办学理念、重视学校的发展愿景。建议聘请上海的教育和督导专家以及莆田本土有经验的校长、专家,对全市校长制定学校发展规划进行"应知应会"的培训,激活校长们的教育情怀、教育理想和教育抱负,制定出有目标愿景、有办学

特色、有项目抓手、有行动计划的发展规划。克服和避免单纯瞄准考试分数和"升学率"的短期行为,倡导每一个学校办出特色和品牌,让老百姓和学生感受和认同家门口的好学校。

3. 强化先培训后上岗,体现督导专业能力。推进莆田的中小学教育改革,很重要的是必须有一支德高望重、专业精湛、判断明锐、分析到位、评价正确的督学队伍。建议莆田市开展此项工作前,对所有承担学校评价的督学进行系统培训,认真学习督导评价的文件、指标体系和进入课堂听课评课、开展问卷调查、小组汇总、督导反馈、撰写督导报告等工作的流程和要求。以此让每一个学校敬畏督导、督学,并期盼督导、督学。这样,中小学教育改革才能始终有正确的方向,有持续健康发展的生命力和活力。

4. 开展课堂教学诊断,带动综合评价水平。上海的教育综合改革,很强调提升校长的课程领导力,提高课堂教学质量,促进教师重视"教学五环节"即备课的针对性,课堂教学体现学生的主体地位,精心设计和选择作业,重视作业批改与学习辅导,改革评价方法,以及引导学生自主学习等。建议聘请上海的督学与莆田市的督学一起,在进入中小学督导期间,对校长在本校的听课评课、教师课堂教学等进行集体性诊断的示范互动和研讨交流,确定对一个学校督导"随堂课"与"公开课"比例,以及好、中、差课的评判标准依据。这样不仅可以确定符合莆田市中小学教育发展实际的督导标准和依据,而且也可以全面提升督学综合评价的专业水平和能力。

5. 引导教师自我量身定制,提高专业发展境界。上海教育综合改革,非常重视每一个教师按照量身定制的要求制定个人专业发展规划,提升每一个教师的综合能力,这是把教育综改措施落到实处的不可或缺的重要工作。建议莆田市可以邀请上海的有关专家校长和莆田本土的有经验的校长,对教师如何按照量身定制的优势条件制定个人发展规划,进行培训与指导。让每一个教师了解和懂得,现在家长和学生在变,教师只有改变自己,才能改变课堂、改变教学,最终改变学生。只有把提升每一个教师的核心素养和专业水平作为促进教育转型变革的重要方面,才能实现培养未来一代人,适应教育综合改革的目标与要求。

6. 组织临场交流学习,建立对口合作平台。建议莆田市在借鉴学习上海教改经验中,与上海有关区建立双向合作与对口交流的机制和平台。具体做法:一是莆田市教育部门定期组织有培养前途和发展后劲的校长和教师,到上海有关区深入中小学观摩考察学习,提高校长和教师现场观摩跟岗学习和挂职锻炼的水平和能力;二是莆田市与上海有关区政府和教育局以签订协议的形式,建立合作交流的平台,也可以邀请上海教育专家和有经验的校长,定期或不定期地到莆田市中小学交流指导。

　　最后,说一句由衷之言:为了通往教育的理想之路,为了学生的终身发展,为了祖国与民族的振兴,为了莆田教育更美好的明天,我这个在沪的莆田乡亲,衷心祝愿莆沪两地教育界加强密切合作与交流,达到和实现"资源共享、合作共赢、发展共进"的目标与愿景!

在上海市教育人才交流协会
2018年年会上的发言*

几年前,在市教育人才交流协会的组织与推动下,在市中小学幼儿教师奖励基金会的支持下,上海教育出版社出版了由我们上海从事教育人才人事工作管理者撰写的《以人为本 转变观念 构建现代教育人事制度——上海教育人事管理改革的管理与探索》一书(我有幸担任这本书的主编),受到协会广大会员的高度肯定与好评。

我们市教育人才交流协会一直重视发动与组织协会会员单位与会员个人,将平时工作中的经验进行总结并上升到理性和理论的高度,写成工作论文这项工作。协会理事长会议每年坚持讨论研究论文和选题,征求大家意见,然后加以修订,由协会秘书处发各会员单位,每两年还组织专家评出优秀论文进行表彰与奖励。

截至去年年底,协会又陆续收到了各会员单位与个人提交的人才人事工作论文180多篇,经过协会理事长会议和编委会有关专家的认真审阅、筛选,最后确定将其中的47篇论文编入《改革创新发展——上海教育人才人事工作实践与探索》一书,现书稿已交上海教育出版社编辑出版,预计5月份就可拿到这本书,全书共30多万字。我作为这本书的主编,与编委一起,在审稿和编辑中,选入的论文我们首先考虑论文的水平与质量,兼顾选题内容及对工作的实际指导意义,还顾及作者单位的广度,在座的不少同志,你们都是论文的作者。我们感到第二本论文集在反映上海教育系统实践、探索新形势下教育人才人事工作改革、创新与发展的经验与工作规律方面,与第一本论文相比,又上升到了一个新的高度,其内容包括改革创新教育人才人事政策制度与机制的建设,如何进行科学的人员岗位设置与分类管理,如何对教师进行考核、评

---

* 发言时间为2018年3月30日。作者时任上海市教育人才交流协会顾问组组长。

价及人事薪酬管理及绩效工资的实施,如何进行人事档案的信息化管理,还涉及高层次人才的引进与使用、博士后管理工作改革、教师的专业化发展、青年教师的培养与储备、职教双师型师资的培养、教师的规范化培训等,都是很好的经验总结及探究的成果。我们相信,这第二本论文集的正式出版,同样会对上海教育系统探索教育人才人事工作规律,交流与借鉴成功经验,进一步搞好上海教育系统人才资源开发,加强师资队伍建设,起到积极的交流、指导与推动的作用。

第二本论文集的编辑出版,首先应该感谢协会广大会员单位与个人积极撰稿并提交给协会,这是大家集体智慧的结晶。同时我们还要感谢市教委人事处的重视、关心与支持,特别要感谢上海市中小学幼儿教师奖励基金会在出版经费上给予的大力支持。也要感谢编委会同志和相关专家以及协会秘书处为这本书的编辑出版所付出的辛勤劳动。

以上是我对这本论文集的背景与编辑、出版情况所作的汇报与说明。谢谢大家!

下面,协会理事长让我再说几句工作上的感言与体会的话。习近平总书记在党的十九大报告中指出,应将教育事业放在优先位置,办好人民满意的教育。前不久中共中央、国务院又颁发了《关于全面深化新时代教师队伍建设改革的意见》,明确提出:"各级党委和政府要从战略和全局高度充分认识教师工作的极端重要性,把全面加强教师队伍建设作为一项重大政治任务和根本性民生工程切实抓好。"这一高规格的纲领性文件对新时代教师队伍建设的战略意义、指导思想、基本条件、目标任务等都有明确的说法和具体要求。当前我们的首要任务,就是要认真学习党的十九大报告的精神,学习贯彻中央及上海即将出台的关于"深化新时代教师队伍建设改革"的相关文件,确保在工作中加以贯彻执行与落实。因为教师是实现教育改革目标的基础,教师是办好人民满意教育的根本支撑,师资队伍建设与发展更是我们人才人事管理干部崇高的使命与职责所在。习近平总书记勉励全国广大教师要做"有理想信念、有道德情操、有扎实知识、有仁爱之心"的好老师。让我们大家一起努力,为建设一支"四有"的教师队伍,形成有利于培养人才、引进人才和用好人才的体制、机制,为厚植上海教育人才优势,为建设上海教育人才辈出的高地作出更大的贡献!

在市教卫机关退休第六支部
迎春团聚会上的发言*

去年我们支部是1月31日举行迎春团聚的,时间过得很快,今天我们又在这里举行2019年退休第六支部迎春团聚。值得高兴和庆贺的是,这一年大家过得都很充实,我们每一位老同志都开心、健康、幸福地从2018年跨入了2019年。值此新春佳节来临之际,请允许我代表支委会在这里表达两层意思:一是感谢,二是祝福。

首先感谢大家一年来对支部工作以及在开展正能量活动中的热情参与、大力支持和真诚帮助。下面我简要回顾一下过去一年支部的有关工作:

1. 加强支部思想政治建设取得成效。在市教卫工作党委、市教委,特别是老干部处的直接领导和关心下,我们六支部进一步加强了支部和党员的政治、思想建设。在每月一次的组织生活中,认真组织老同志学习党的十九大精神,学习习近平总书记的系列重要讲话,用习近平新时代中国特色社会主义思想武装头脑,增强"四个意识",坚定"四个自信",做到"两个维护",自觉在政治上思想上行动上同以习近平同志为核心的党中央保持高度一致,努力做一个"讲政治、有信念,讲规矩、有纪律,讲道德、有品行,讲奉献、有作为"的"四讲四有"的合格党员和退休干部。支部的周玉桂同志被评为2018年教卫机关离退休优秀党务工作者,陈三慰、朱世锋两位同志被评为市教卫机关离退休好党员。

2. 积极参加各类正能量活动获得赞誉与好评。以"展示阳光心态,体验美好生活,畅谈发展变化"和"不忘初心,牢记使命,支持改革,助力发展"为主旨,由支部刘祥瑞任团长,张玉华任艺术总监,郭菊生、殷南华、祝连根、张跳敏、张晓园、金蓉华、戚忻菊、叶翠凤和黄良汉等本支部同志参加的市教卫机关老干部合唱团,今年成功举行了合唱团成立十周年的汇报演出,参加合唱团的

---

* 发言时间为2019年1月23日。作者时任上海市教卫机关退休第六党支部书记。

同志发挥了骨干核心的作用。张玉华、刘祥瑞领衔的教卫机关老同志时装秀节目，入选了市老干部纪念改革开放40周年文艺汇演。张玉华还应邀参加与机关在职干部一起回顾教育事业改革发展40周年展演节目的演出。

余利惠、何幼华、朱世锋、顾剑华、陈三慰、殷南华、刘祥瑞、郭菊生、冯志祥、丁新康、凤慧娟、张爱华等同志，应邀参加市教委和相关专业协会、中心组织的教育评审、检查、评估、督导和咨询等工作，继续助力上海教育的改革与发展。

殷勤、刘志方、叶翠凤、祝连根、金蓉华、戚忻菊、陈三慰等同志积极参加摄影兴趣组活动，多位同志的摄影作品入选市教卫工作党委、市教委机关离退休干部文化养老作品展，并被收入"长者风范，学海青春"作品展集锦中。

张玉华、殷南华、马良福等同志经常活跃在所的社区、小区，带领社区的居民群众排练革命歌曲、组织近郊旅游等活动。马良福发挥所长，为一起出去旅游的社区群众制作美篇短视频。他们为上海文明城市建设和社区建设作出积极贡献。

3. 多措并举切实增强支部的凝聚力、向心力。一是精心组织两次支部外出参观考察活动。分别是4月10日参观考察上海雪榕生物科技有限公司和上海农科院花卉大棚；11月2日参观考察"海巡01号轮"。两次参观考察活动使大家开阔了视野，受到了教育与启示。二是加强"退休第六支部微信群"的建设。支部的32位同志全部加入了"退休第六支部微信群"，做到了人员全覆盖。该群坚持传递正能量，成为大家平时相互联系、嘘寒问暖、交流信息的有力平台。三是加强党内关怀，做好重大节日和寒暑假走访慰问工作。在老干部处的关心与支持下，支委和黄飞同志一起，今年先后对郑挺、杨友庆、戚忻菊、陈三慰、朱世锋、刘祥瑞、刘志方、何幼华、祝连根、郭菊生等同志及其家属进行了走访慰问。支部计划在近两年内对支部每一位同志都要进行上门走访慰问。

总之，2018年我们收获了多多的获得感和幸福感！我们要衷心感谢老干部处对退休第六支部一直以来的热情服务和悉心照顾，感谢他们的倾情付出与无私奉献！这里我们要特别感谢联络员黄飞同志！老干部处的所有同志，你们辛苦了！

再次感谢大家这一年来对支部工作的热情参与、支持与帮助！恳望大家对2019年的支部工作继续给予大力支持和帮助！

最后，祝大家新年新春快乐，身体健康，阖家幸福，猪年诸事如意，开心每一天！

党支部犹如温暖的家
——市教卫机关退休第六支部之歌*

（一）

退六支部大家在一起,回忆过去笑得多甜蜜;退休前你我啊,都是工作迷,啊,大家过得都不容易;一切为民在我生命里,每人都有满满的业绩;为上海教育改革献出智力,战斗友谊永远记心底;退六支部战友啊姐妹兄弟,容颜刻在我心里。

（二）

退六支部难忘的集体,每月一次活动和会议;学习又交流啊,紧跟时代足迹,啊,大家人人都来出席;平时微信群里常联系,嘘寒问暖伴我朝夕;弘扬正能量一齐来努力,党的传统牢记我心里;退六支部战友啊姐妹兄弟,永远在我世界里。

（三）

健康开心是生活的真谛,彼此珍重请勿忘记;如今的你我啊,蹒跚的步履,啊,大家都已儿孙满地;祝愿人人健康美丽,烦恼忧愁别放心里;夕阳幸福时光更加要珍惜,支部犹如温暖的家里;退六支部战友啊姐妹兄弟,此生我永远爱你!

---

* 写于 2020 年 12 月 5 日。作者时任上海市教卫机关退休第六党支部书记。

《岁月如歌　相聚情深》前言*

为了珍藏十年来本支部每次相聚和活动欢乐美好的时光,留下难忘的记忆,我们编印了《岁月如歌　相聚情深》这本纪念相册,共收录了28张支部集体活动的有关照片;遗憾的是有几次支部集体活动,由于没有及时拍集体照而无照片编入(如参观陈云纪念馆、上海长江河口科技馆、世博会展示中心、上海汽车博物馆、上师大奉贤新校区、浦东育华学校、民办彭浦实验小学等活动)。支部的每次聚会和参观学习与考察活动,是支部组织生活的重要部分,在大家的热情支持和积极参与下,都取得圆满成功,达到了丰富退休生活,开阔视野,见证上海和国家发展大好形势,收获成就感、幸福感的目的。相册中的每一张照片具体生动地展现了我们支部团结和谐,人人满怀自信、乐观向上的精神风貌;也如有的同志所说,回看支部历次活动的集体照,更加感受到咱们退休第六支部是个"团结向上,温暖如春的大家庭"。

本支部现有党员28人,非党员同志4人,共32人,平均年龄已达72.78岁。大家从市教委不同的处、室工作岗位上退下来后,能相逢、相聚在同一个退休集体,同志们都说,这是又到了一个大家庭,而且是个伴随到老的大家庭,因此都格外珍惜这份情与缘。

多年来,我们退休第六支部的各项工作和活动都健康、有序、有效地深入开展,每一位党员同志都努力做到"坚定理想信念,不忘初心,牢记使命,始终保持先进性和纯洁性"。非党员同志也融洽地汇入这个大家庭,并发挥老同志应有的作用。这里,我们要衷心感谢老干部处的领导和全体同志对支部一直以来的关心、支持、指导和帮助;感谢我们的联络员黄飞同志所做的大量卓有成效的服务和付出的辛劳;还要感谢兄弟退休支部对我们的关心、支持和帮助;更要深深感谢的是本支部所有同志对支部工作和活动始终如一的热情支持、积

---

* 为上海市教卫机关退休第六党支部历次活动集体照纪念册前言,写于2021年1月5日。

极参与和倾情的付出！

"百年征程波澜壮阔,百年初心历久弥新。"值此 2021 年庆祝中国共产党成立 100 周年之际,愿我们支部继续成为"保持政治坚定,思想常新,理想永存,紧跟形势"的团结战斗的集体！愿每位党员同志继续努力做"四讲四有"的好党员,并力所能及地为党和人民的事业,特别是上海的教育事业和社会公益事业奉献自己的经验、智慧和余热！

愿各位多多保重身体,健康、开心、快乐每一天！正如大家所言,百岁不是梦,让我们在习近平新时代中国特色社会主义思想的指引下,满怀信心与豪情,去迎接和目睹 2035 年伟大祖国基本实现社会主义现代化的宏伟目标与愿景。

坚毅奋斗　心系桑梓
——我所认识的谢敬通先生*

谢敬通先生是莆田埭头人,我是莆田城厢人,我俩都长期在上海工作与生活,我与谢老相识最早是在一次莆田市开发湄洲湾协会上海分会的会议上,屈指算来已有20多年了,他一直是我十分钦敬的一位德高望重的长者和榜样。我对谢敬通的认识是随着时间的推移而逐步深入的。

第一,他始终不忘初心,一心为革命事业、为城市人防工程建设质量服务的高度责任心和使命感深深地教育了我!

1978年10月,中国人民解放军南京军区司令部派谢敬通跟随工程兵副司令员柴书林一起到上海,从事上海市人民防空工程建设工作。谢敬通作为上海市人防办负责人,面临的是1966年至1976年"文革"期间国家重点设防城市——上海掉入全国各省市人防工作倒数第二的局面。谢敬通通过深入全市各重点工程建设工地调查考察,发现不讲科学、不要设计、不要规范的"拍脑袋""想当然"的工程随处可见。于是,他组织全市各大设计院总工程师、相关大学系主任、各工业局基建处处长开会,统一思想并指定专业设计院,重新制定规划设计方案、规程和标准要求,提供各有关业务部门使用,彻底纠正了不讲科学、不要设计、不要规范的工程施工观念。经过四年时间,在上海市人防办领导和集体的共同努力下,1982年上海市人防工作经国家城市人防有关部门严格考核,跃上全国城市人防工作第一名。

随着改革开放形势的发展,国家经济建设的速度加快,城市的灾害风险也日益加剧。上海的城市人防工作对全国来说,有着由个别带动一般的促进全国各大城市发展、做好安全保障工作的普遍意义。正是在这个历史背景下,上海市民防协会的一批专家建议,由谢敬通牵头编写一本"城市灾害防护实用性

---

* 原载福建莆田市《湄洲日报》2021年12月31日。

的科普读物"。这个建议同谢敬通的想法不谋而合。1992年,通过各路专家通力协作,由谢敬通主编的《城市灾害防护实用知识》一书由上海科学普及出版社出版。原任国务委员、国防部部长张爱萍为该书写了书名,时任国务委员、国防部部长迟浩田为该书题词:"防灾抗灾造福于民。"国家建设部副部长叶如棠为该书题词:"普及防灾知识增强抗灾能力。"《城市灾害防护实用知识》一书出版后,在全国城市人防系统引起巨大反响,至今还仍然是城市人防和城市地下空间开发防灾的实用知识指南。2002年,由谢敬通主编的《人民防空工程建设监理》和《人防工程建设监理实务手册》又相继出版。全国人防工程建设同行一致认为,这三种防灾抗灾的普及读物的编撰与出版,是谢敬通对上海市人防工程建设乃至全国城市人防工程建设所作出的重要的理论贡献。

鉴于谢敬通先生在上海从事的人民防空工程建设事业的工作实绩,以及他在城市工程建设科学技术理论上的突出贡献,他接连被同济大学等有关高校、中国土木工程学会聘请为科学技术顾问,参加高校硕士生、博士生论文答辩,并作为专家主持和评审若干科学研究课题。谢敬通始终自强不息,喜欢读书,善于学习,刻苦钻研科学技术,既有理论又有实践,是一位有着真才实学、名副其实的土木工程建筑专家。

第二,谢敬通1993年退休后第二次创业所书写的人生传奇深深地感动了我!

谢敬通1993年12月从上海市人防办临近退休前,在上级的安排下,年届63岁的他受命组建上海三维工程建设咨询有限公司并任总经理。在当时各方面条件都十分困难的情况下,他高瞻远瞩,亲力亲为,以身作则,带领一班人,艰苦创业,摸索前进,步步攀高。由初始公司只有7位员工,发展到有全员科技骨干和职工1 200余人,先后承担监理上海和全国各地大小工程建设项目近4 000个,其中有600余个是全国各大城市重点工程项目,很快使上海三维工程建设咨询有限公司晋级为全国甲级资质单位,获评"上海市建设监理先进集体",成为全国同行业中的知名企业和佼佼者!上海三维工程建设咨询有限公司的广大员工一致认为,上海三维工程建设咨询有限公司的发展,靠的是谢敬通对事业的高度使命感和责任感;靠的是谢敬通的坚定信念、超前的观念和坚强的毅力;靠的是谢敬通的高目标、高标准、严要求和刻苦钻研、一丝不苟的精神;靠的是谢敬通广阔的胸怀与人格魅力,以及形成的优秀企业文化。谢敬通先生为人正直,一身正气,豁达谦逊,待人热忱,他爱护公司的员工就像爱护自己的亲人一样,从而形成了公司团结和谐、有效运行的强大凝聚力和执行力,进而使公司屡屡为上海市和全国各大城市的许多重大建设工程作出了突出的贡献! 谢敬通先生说:"我办企业不仅仅是为了挣钱,为社会尽责作贡献才是我的追求。如今我的诺言实现了,我感到无比的欣慰!"

第三,谢敬通先生始终心系桑梓,他热爱家乡、热爱教育、热爱青少年的深厚情怀,深深地鼓舞了我!

谢敬通先生深情地说:"我是一位有60多年党龄的老共产党员,我在老家福建莆田奖教助学,是长期的愿望,别无他求,只希望家乡多出人才,只希望家乡发展建设得更好!"谢老利用自己在公司的股份所得和专家奖励金等取得的财富积累,先后为老家秀屿区和埭头镇有关中小学、教育基金会、图书馆以及莆田学院共捐资600万元,并一次性捐赠500万元给莆田市壶兰教育基金会,设立"莆田市新时代好少年敬通奖",作为长期奖项,用其每年20万元的利息,年均奖励200名品学兼优的莆田市新时代好少年。

谢老强调说:"在家乡设立'莆田市新时代好少年敬通奖',目的是通过表彰,鼓励家乡青少年学生崇德向善,争当刻苦读书和努力践行社会主义核心价值观的模范和标兵,希望他们从小立志向,有梦想,爱学习,爱劳动,爱祖国,争做新时代好少年,将来成为建设家乡、建设国家的接班人。"经过谢敬通同意,2020年开始,莆田市将原2015年起每年发给200名获奖学生每人1 000元的敬通奖学金,改为以购书卡形式颁发,鼓励获奖学生以书会友,让书香浸润校园,让少年学生在读书中感悟人生、快乐成长!

如今,谢敬通已年逾九十三,除了平时做到生活上饮食有节、起居有常以及坚持适当的活动外,他还乐于为社会做点事。他更相信"仁者寿"、从善积德、德高延寿的道理。所谓"行善怡心,善者心怡",一个人一定要懂得感恩,感恩社会、感恩他人! 他说:"凡做善事的人,一定心情愉快,身心自然就健康了!"

"敬业爱乡兴教助学九旬半度,通情达理奋斗沪莆五福骈臻。"让我们衷心祝愿谢老"五福骈臻",健康快乐地迈向期颐之年!

在 2021 年"莆田市新时代好少年敬通奖"颁奖大会上的发言*

谢老敬通先生本来很想亲自来参加今天的大会,但由于他已 93 岁高龄,在上海 90 岁以上的老人都没有准予打防疫的疫苗,在疫情还存在风险的情况下,他的家人也不放心让他由上海驱车劳顿回莆田参加活动,所以,谢老让我代表他从上海回来参加今天这样隆重的 2021 年"莆田市新时代好少年敬通奖"的颁奖大会。

首先,我代表谢老敬通先生向获得 2021 年"莆田市新时代好少年敬通奖"的所有同学,表示热烈的祝贺!也向同学们所在学校的校长和带教你们的老师表示衷心的感谢!还要向培育你们的父母和家长表示衷心的感谢!谢老还特别嘱托我,让我代表他向参加今天大会的莆田市政府和市教育局以及莆田壶兰教育基金会的领导——胡国防副市长、卓金贤局长和林汝龙会长等,表示衷心的感谢!并向所有参加今天大会的领导、嘉宾、校长和老师们表示衷心的感谢!

谢老是莆田埭头人,我是莆田城厢人(莆田话叫城里人),我和谢老都长期在上海工作和生活,我有幸认识谢老已经二十多年了,我俩从相识、相知到成为挚友,正如我在《百年追梦——谢敬通的奋斗人生》这本书的序言中所写的,谢老一直是我十分钦佩的一位德高望重的长者和榜样,我用三个"深深地"表达了我对谢老的认识、认知与感念和感动:一是谢老始终不忘初心,一心为革命事业,为城市人防工程建设质量服务的高度责任心和使命感深深地教育了我;二是谢老 1993 年退休后第二次创业所书写的人生传奇深深地感动了我;三是谢老始终心系莆田家乡,他热爱家乡、热爱教育、热爱青少年的深厚情怀深深地鼓舞了我!

---

* 发言时间为 2021 年 12 月 3 日。

今天在座的获奖同学肯定都为自己获得这个殊荣感到骄傲和自豪！因为全莆田市一共有1 116所中小学，总共有56万名学生，你们能获得"莆田市新时代好少年敬通奖"，无疑是同学中的佼佼者，而且今天是由胡市长和各有关领导为你们颁奖，你们的大名还登上了《湄洲日报》！所以此时此刻，请允许我代表这一奖项的创设者谢老敬通先生再次向你们致以热烈的祝贺！

我是1959年在莆田二中高中毕业考入上海华东师范大学数学系的，华师大毕业后被分配到国家教育部中学教育司工作多年，后我又调回上海到上海大学里教数学十多年，之后又奉调到上海市政府教育行政部门管理岗位工作直至退休。我作为一位老教育工作者，想借此机会向获奖的同学们提几点希望，也是和同学们一起共勉！

一是同学们要学习谢老做一个始终爱党、爱祖国、爱家乡的人。谢老是一位光荣在党65年的中共老党员。谢老说，没有共产党的培养就没有他今天的一切，他始终听党的话，永远跟党走！我们从谢老的一生中看到，他先后做过福建前线的侦察员，国防工程兵的连长、营长，转业后担任上海市人民政府人防办处长、主任，临近退休时他已经63岁了，组织上又让他组建上海三维工程建设咨询有限公司任总经理，他不论在哪个工作岗位上，都干得非常出色，为上海和国家的国防和经济建设作出了突出的贡献！同时谢老为家乡莆田的经济建设和社会发展也奉献、贡献了很多！所以，我们要学习谢老始终爱党、爱国家、爱家乡的浓浓的家国情怀！

二是我们要向谢老学习，做一个有理想、有抱负的人。谢老早在青少年时期就怀有自己的理想和抱负！他小时候家境很困难，因为家里经济困顿，买不起被子，住校时他曾经和一位同学合盖一床被子，但谢老从小就"人穷志不短"，他认为家境困难是无法选择的，但个人的前途和命运始终掌握在自己的手中，所以他在学校读书时，学习一直非常用功勤奋，他是抓住一切可以学习的机会，努力学好知识和本领，立志将来做个对社会有用有贡献的人，同时改变家庭经济生活困难的状况。谢老曾经对我说，人总要有理想、抱负和目标，活着就要去努力、去奋斗！谢老一生所取得的成功成就告诉我们，理想、抱负和目标是人生前进的灯塔！立志是人生走向成功的第一步，人，只有从小有志向，才能把全部的思想、心智、能量和行为集中在要干的事情上，才会把"不可能"变为"可能"！历史和现实都告诉我们，每一个对社会作出重大贡献的人，都是从小有志气、有抱负，而且确立了明确奋斗目标的人。

三是我们要向谢老学习,做一个脚踏实地、不怕困苦与曲折、有责任敢担当、自强不息、敢于面对挑战、有坚强意志的人。谢老在部队和上海市人防办打拼,以及后来63岁创业的过程中,不管遇到多大的困难与挫折,他从不退缩,从不轻言放弃。谢老说,只有在逆境中不服输,才能成就"一个人"!他这种"坚持到底,永不言败""有责任敢担当"的优秀品格,最终使他的既定目标变成了现实,并达到了卓越的境界。谢老的一生告诉我们,成功在于坚持,做人要有责任敢担当,这也是古今中外成功者的必经之路。在人生的道路上只要肯努力,勇于奋斗,有责任担当,都有出彩的机会,都有梦想成真的机会!

四是我们要向谢老学习,做一个懂得知恩图报的人。谢老曾经很动情地对我说:"我过去在工作岗位时,因为实在忙,加上不少工程保密工作的需要,当年很少回家乡,甚至连家父逝世之时也没有来得及见最后一面,现在我有了一些条件了,我一定要知恩图报。我在家乡奖教助学,是长期的愿望,只希望家乡多出人才,只希望家乡发展建设得更好!"所以,希望同学们也一定要有"滴水之恩当涌泉相报"的情怀,今天谢老给予同学们恩泽与恩惠,你们的父母、老师、母校以及国家和社会都给予了我们恩泽与恩惠,我们都应当懂得感恩,并转化为一种激励自己奋斗向上的动力与行动,让我们的世界处处充满爱的阳光,让我们的社会更加温馨和谐,让我们的明天更好美好!

最近,我特地查阅查看和学习了习近平总书记在不同重要场合和会议上对全国少先队员、共青团员和广大青少年提出和强调的六大要求,他说,中国新时代青少年要树立远大理想,热爱伟大祖国,担负时代重任,勇于砥砺奋斗,练就过硬本领,锤炼品德修为,成为能担当国家繁荣富强、民族伟大复兴重任的时代新人!

最后,我希望获奖的同学以被评为"莆田市新时代好少年"为新的起点,也希望在校的更多同学与你们一样,遵循和践行习近平总书记的教导,同时也以谢老为学习榜样,从我做起,从身边做起,从小事做起,比如首先从勤奋学习、热爱集体、热爱劳动、关心他人、团结友爱、乐于奉献、遵纪守法、尊老爱幼、孝顺父母等做起,努力把自己培养成为德智体美劳全面发展的社会主义建设者和接班人!我作为长年在外的莆田游子,衷心地希望将来从同学们当中走出更多的科学家,各行各业的专家、教授,国家栋梁之材,优秀人才和成功人士!

我的发言就说这些,不对的地方请大家批评指正,谢谢!

第二辑

乡亲情 母校恩 同学谊

致翁云飞学兄的信*

云飞学友：

接第2期《联谊园》，读悉感奋与感慨交集。感奋的是获悉许多老同学的信息和好消息，不胜欣慰，并勾起了对老同学、对往事的亲切回忆；感慨的是岁月无情、人生苦短，我们大家都走进了退休的行列。我想，退休后坚持"一个中心，两个基本点"不应是戏言，而是极富哲理的大实话。而要使"健康为中心"落到实处，有一位九十岁的健康老人总结了五字诀，称之为"动""忙""食""淡""恒"。所谓"动"，即每日不忘运动；"忙"，应天天有些事情做；"食"，戒烟少酒，饮食有常；"淡"，看淡名利；"恒"，对此五字力行不辍。我理解其中的"忙"，当然也包括广结善缘，学友经常相聚之类的"忙"。故"联谊会"倡议同届校友一年一度的春节相聚是很有意义的。

我于2002年12月办理了退休手续，已从上海市教委人事处的岗位上退下来，但感到退休后应有些事情做，使生活过得充实些，现仍担任两个社团的工作：一是任市教师奖励基金会秘书长；二是任市教育人才交流协会理事长。后者基本上是兼职，前者是实职，天天要去上班（也在市教委机关大院内），但没有很大的工作压力，做些对优秀教师的奖优、宣传、组织参观考察及教科研项目、著书立说等的资助工作，同时也要考虑如何募集基金和使其安全、有效地增值。因"基金会"的理事长是市一级领导，具体的事务我要多承担一些。也有本市的若干所民办大学要我去当什么校长、院长的职务，皆让我婉辞推托了。我想，人到了退休之后，就不能去干比退休前还要吃力的工作了。

去年6月应邀赴莆参加莆田学院正式成立挂牌仪式，咱俩在"延寿山庄"匆匆见了一面，不觉又半年多了，甚以为念！按理这回春节我也很想参加大家的聚会，但因已确定2月5日至18日我将随团去欧洲考察访问（主要考察学

---

* 原载2003年9月25日《联谊园》第3期。翁云飞是本届学友联谊会会长。

习对方对教师的社会保险工作），此前还要做些准备，故今年的初二我就不能回莆参加大家的欢聚了，请代我向所有老同学恭祝新春快乐、身体健康、阖家幸福！

随寄我与玉玲去年 6 月至 7 月间赴美探望我女儿、女婿时在华盛顿拍的照片一张，作为留念。本届老同学如有来沪办事、考察或旅游的，可提前与我联系，我一定提供帮助与方便。

敬颂

羊年吉祥安康！

黄良汉
2003 年 1 月 25 日于上海

在新春聚会上的发言[*]

今天能有机会回莆田参加老同学新春聚会,特别高兴和激动。我和大家一样,十分珍惜这样有意义而难得的聚会。

去年11月中旬,我作为上海市教师奖励基金会代表去南京市参加苏步青数学教育奖的颁奖大会,有机会在驻地的宾馆与林荷香、林玉琴、蔡植华等老同学会面,我们一坐下来就畅谈了两个多小时,倍感亲切,深感离开莆二中四十多年后能相聚于金陵是多么令人难忘,希望今后多保持联络,多相互传递家乡和校友的信息。至今,我一想起在二中的学生时代,难忘的学习、生活和劳动的画面就历历在目。当时,大家都怀着美好的理想,过着俭朴的生活,奋发刻苦地读书与学习。我想起赤着脚在操场上跑跳、打篮排球的时光;上山下乡劳动的情景;同学之间相互切磋、相互帮助做题目、做学问,且经常挑灯夜自修到很晚的日日夜夜。我记得当时班里只有一位同学家里是华侨有个手表,大多数同学家里都较贫苦,我们吃的是饭罐蒸的饭和地瓜干,配菜常常只有咸菜之类,可大家都怡然自得、苦中有乐。我更想起二中的许许多多老师,他们对教育事业的高度事业心与责任感,废寝忘食地全身心扑在我们每一位学生身上,教我们怎样做人,教我们学好各学科的知识。我感到莆二中的学习、生活对自己终身受用的至少有两样东西:一是培养了我能吃苦、不怕吃苦的精神与品质;二是打下较扎实的文化基础知识。大学求学及后来工作期间,我仍旧保持着认真努力刻苦学习的精神,一方面上进心较强,另一方面再苦再累也都不怕,正是有了这种精神,使自己在不同的工作环境下都能有所进步。在二中老师的悉心教学与教导下,在同学的相互帮助下,在整个二中良好校风、学风的熏陶下,使我们打下了各学科较扎实的知识基础。我考入华师大数学系,系里让我担任年级的学习委员,辅导员告诉我我的数学是高分考进来的。实际

---

[*] 发言时间为2004年1月24日。原载2004年2月26日《联谊园》第6期。

上,我在二中时语文也学得比较好,记得我曾得过全校作文比赛、朗诵演讲比赛的优胜名次。华师大毕业后我被分配到国家教育部工作,除了看数学成绩,还考察了我的语文基础。上大学时,我是班级里墙报的主编。"文革"后我在上海工业大学教了十几年"高等数学""工程数学",靠的是中学和大学打下的数学基础。以后又调到上海市政府的教育行政机关工作,更多的又用的是语文的基础。当然,在工作中也使自己把握政策的能力、宏观管理的能力与工作协调的能力有了逐步的提高。

有句话叫作"滴水之恩,当涌泉相报"。对家乡、对母校、对校友与学友,"涌泉相报"难以做到,但凡是家乡、母校和校友、学友托来的事情,只要我力所能及的,我都会尽可能帮助联络、联系与帮忙。如莆田学院的申办、二中与上海高校的咨询工作等,我能提供方便与服务的,都尽量给予帮助。在这中间,也使我结识了许多莆田教育界和教育界以外的新老朋友。

这次我从上海回莆田,翁云飞会长早在电话中就约我,要我在今天会上介绍一下上海的情况,以及上个月我去台湾作教育访问和过去去过美国等几个国家考察的情况。下面谈一些我印象最深的感受和体会。

一、上海的有关情况

去年 8 月 29 日—30 日,温家宝总理到上海考察,要求上海在新世纪、新阶段,要适应新形势,站在新起点,实现新的跨越,再攀新的高峰,加快建设,使上海成为现代化国际大都市和国际经济、金融、贸易、航运中心,在全国率先基本实现现代化,继续保持全国各项事业领先的地位。

上海目前发展的势头很好,被公认是全世界最富有活力的城市之一。法国一位世界著名建筑设计师说,如果说巴黎是 19 世纪的世界城市,纽约是 20 世纪的世界城市,那么上海就将是 21 世纪的世界城市。上海 2003 年的 GDP 总值为 6 250.81 亿元人民币,人均 GDP 已超过 5 000 美元,2007 年要达到 7 500 美元,到 2010 年将突破 10 000 美元。上海国民经济已连续 12 年保持两位数增长。目前,上海正大力提倡和实践的城市精神是"海纳百川,追求卓越,面向世界,服务全国,并在面向世界、服务全国中更快地发展上海"。市委、市政府不断在市民中强化"上海是全国的上海"的意识与观念。

由于上海近 10 年对基础设施的高强度投入,上海长期的历史欠账,特别是交通拥挤、住房紧张、环境污染等情况已有很大缓解,已基本消除了苏州河的黑臭。近三年新增公共绿地面积超过了前50年的总和,2002年的绿化覆盖率达30%,已被国家建设部命名为国家园林城市。上海人均居住面积由1990年的6.6平方米,提高到2002年的13.1平方米。高架路,地铁,轻轨,跨越浦江的好几座大桥、好几条过江隧道,运行中的磁悬浮列车,建成的浦东国际机场(一期)以及八万人体育场、大剧院、科技馆、东方绿舟(青少年活动基地),还有正在建造的上海国际汽车城与赛车场(可容纳20万名观众),通到大、小洋山、全长31公里的跨海大桥——东海大桥等,使上海的面貌不仅是一年一个样,几乎是一个月一个样。到2003年,上海已累计批准外资企业3万家,利用外资704亿美元;世界排名500强的跨国公司中有300多家在上海落户;近百家跨国公司的亚太区总部或中国总部迁入上海,这不仅给上海带来了巨大的税收,更代表生活水平的重要指标恩格尔系数,即食品消费在总支出中的比重逐年改善,2002年上海人民生活的恩格尔系数已达39.4%(按联合国粮农组织的标准,恩格尔系数在59%以上为贫困,50%—59%为温饱,40%—50%为小康,30%—40%为富裕)。这意味着上海市民从以吃饭和生存为中心的消费方式,更多地转向发展型的消费,即教育、文化、医疗、旅游、住房等的消费需求大幅度上升。

2010年上海将承办世界博览会,这将成为上海迈向世界级城市的强有力的助推器。上海正与长三角联合构筑世界第六大城市群,包括苏州、无锡、常州、扬州、南京、镇江、杭州、嘉兴、宁波、绍兴等城市,面积10万平方公里,人口超过7 000万人。许多经济学家预言长三角将成为中国乃至世界最富有活力的经济带。

上海要进一步发展,各方面人士认为,关键在于增强城市的原创性。上海长期的发展模式是追赶型的,自身的原创能力不强。在人均GDP跨过5 000美元之后,上海要从追赶型的城市转变成领跑型的城市,必须依靠科技创新,而科技创新的背后是人才,人才的背后是教育。所以,上海的各级领导十分重视教育的发展与改革。

上海的高等教育已形成南北两个大学集聚的高地:一是以复旦大学为核心的,包括同济、上海财大等十多所高校构成的杨浦大学城;二是以上海交大为重点的,包括华师大在内的闵行紫竹科学园区(华师大扩容后的新校区在闵行区)。还形成了两个体现高等教育普及化的大学园区:一是松江大学园区,目前,上外、外贸、华东政法、东华大学、立信和工程大等高校扩容的新校区已进入松江大学城,园区总面积8 000余亩,在校生将达7万人;另一是南汇科教园区,包括电力学院、水产大学和一批民办高校已入驻,占地6 000亩,在校生将达4万—5万人。在普通教育方面,上海近几年新建了十几所现代化的寄宿制高中,每所占地100—300亩,投资2亿元以上。上海所有的农村学校均通过了"达标工程",全是崭新的达到一定标准的新校舍。近年来,上海市和所属地区政府共投入5.7亿元人民币,用于为全市中小学增配电脑、新建计算机房、网络教室、多媒体演示室、学生电子阅览室、教师电子阅览室等。目前,全市中小学生的生机比配置为小学15∶1、初中10∶1、高中8∶1。通过实施"校校通"工程,各区已完成区域网络建设,覆盖全市90%以上的学校,几乎所有的学校都实现了宽带或专线接入。在加强师资队伍建设方面,着力提高教师的学历层次与整体素质,大力培养中青年校长和青年教师,确立先进的教育理念,全面推进、实施素质教育,深化教学、课程教材和招生考试的改革等,大力提高各级各类学校的教育质量,扩大优质教育资源,努力实现上海教育的更大创新与跨越,以满足上海经济、社会发展和市民对各级各类教育的需求。

现在,在上海的莆田籍人士也越来越多,都成广义的"上海人""新上海人",很多人工作、事业上都很有成就,有的曾担任上海某名牌大学的副校长,有的是院士,更多的是大学的教授与各行各业的专家及专业技术人员,如上海几座跨黄浦江大桥的总设计师、国家特大型企业上海江南造船厂的老总等,均是莆田人。许多在上海经商的莆田人,生意也越做越大,有的经销食品,有的经销南北货,有的是木材销售商,有的经营建材,有的开办民营医院、医疗机构等等,其销售、经营额都达数亿甚至二十多亿元人民币。在上海已相继成立了莆田市上海同乡会、莆田市上海商会及城厢区、荔城区和秀屿区上海商会等,为促进上海、莆田两地的经济和社会发展作出更大的贡献。

二、台湾教育的有关情况

去年12月1日至10日,我随上海市教育访问团赴台参加教育考察,访问考察了10所不同类型的大学、中学、职业学校和小学、幼儿园。我认为,上海学校的规模、教育硬件设施和办学水平,从整体上看不低于台湾,但台湾教育发展的经验,我个人感到至少以下一些方面值得上海学习与借鉴:

一是注重现代教育技术与学校课程教学的整合,信息技术已被广泛地运用到台湾各级各类学校的教学与管理之中,各学校差不多每个教室都配有"多媒体+网络+实物投影仪"。

二是台湾的学校重视社区的作用,学校与社区的关系比较密切。各校普遍成立家长委员会,其会长有参加遴选校长的投票权。

三是台湾的学校相当注重培养学生的基本素养,十分重视中华传统文化的教育与传承。

四是台湾学校的师资学历层次与整体水准较高。教师职业在台湾收入较高,工作比较稳定。在台湾,留学归来的人乐意从教,许多高中学校具有硕士、博士学历的教师占全体教师的比例达50%以上。由于待遇较佳,许多高学历者同样愿意在小学甚至幼儿园从教,并成为很有地位的某一方面的专家。

五是台湾职业技术教育发达,起点高,层次高,具有以下特点:第一,职校的设备不断更新,达到了一流水准,办学水平也堪称一流;第二,职校的办学注重培养适应不同产业需要的各级各类实际动手能力强的应用型专业技术人才,而且职业技术教育同样也培养硕士以上的高层次人才(台湾60%的中职生可升入高等技职学院);第三,学校和业界在管理、资源、培训等方面联系密切,解决了学生的实践问题,也为业界考察学生、挑选学生提供了依据;第四,学校颁发的职业技术证书为社会所认可,学生毕业后,可升入高等技职学院,也可以上岗就业。

三、有关美国等一些国家的情况

由于工作的关系,我曾先后去过澳大利亚、德国、法国、意大利和美国等一些西方国家。我二女儿从澳大利亚悉尼科技大学毕业后现在悉尼工作,我爱人出席过她的毕业典礼,我曾有机会参加在澳大利亚举办的国际性教育会议。澳大利亚地大物博人口少,是个经济相对发达的福利国家,更是个蓝天碧海、花草常青、生态环境特别好的国家。我先后三次去过德国,其中有一次是作为代表团团长与德方一个州的政府谈判资助建设汽车学院的合作项目,对德国人严谨、守时、守信、一丝不苟的工作作风留下了很深的印象。法、意、德等欧洲国家,尤其使人感到这些国家的历史文化积淀与底蕴非常之深厚,从而孕育了那么多世界闻名的科学家、哲学家和艺术家,以及许多令人眼花缭乱的名画、艺术珍品和瑰宝。

鉴于我的大女儿、女婿在美国工作,我和我爱人曾去美国探亲住了一个多月,这里我着重说一下我在美国的一些感受。美国给人的印象是经济和科技高度发达,十分讲究生活的质量与便捷。我在互联网上看到,现在全世界GDP总量约30万亿美元,其中美国为10万亿美元,占世界的1/3(我国GDP总量为1.4万亿美元)。在科学和医学领域的诺贝尔奖获得者中,美国占75%。美国也是世界上大学数量最多的国家,其中哈佛、麻省理工学院(我参观过这两所大学)和斯坦福等都是世界上公认的顶级大学。美国的人口占世界1/22,但研究生数量占世界的1/2。在美国生活会处处感到服务的便捷和以人为本。美国的车辆停车场必设有残疾人专位,公交车如遇到残疾人上车,即会放下坡板,让残疾人上下。凡公厕必备有洗手液和手纸。酒店吃饭分禁烟区与吸烟区。参观各类国家博物馆均免费。购飞机票、退机票、订旅馆房间等,都可以在自己家中电脑上操作与付款,并下载作为上机凭证的"机票",或住异地旅馆的凭据。到商店、超市购物或饭店吃饭及汽车加油等,均可刷卡付账。美国社会很强调诚信,可赊账购物,随时可以退回使用过的不满意的物品(食品除外),而不必讲任何理由。有的超市还设有顾客自己刷卡付款的购物通道。你在美国生活一旦"诚信"出了问题,找工作、银行办信用卡等一切就都成了问题,所以,绝大多数人不敢在"诚信"上使自己名誉扫地。在美国,如你的车子在公路上抛锚,后面必有车子停下来,问你有什么困难是否需要帮忙。如夫妇两人在景点游玩、拍照,会有人走过来主动问要不要代拍合影照。在美国生活要尽快熟悉和适应现代生活必备的知识和操作技能。我和我爱人在女儿家住下,首先就要学会懂得使用家中的密码门锁、烘干机、洗碗机、烤箱、中央空调和自动洒水装置等,最好自己还能开汽车。在美国,不许把衣物晾晒在屋外,甚至晾晒在自己房子的大院内也会遭人责备。他认为你损害了整个小区的景观,损害了公众的利益。美国的家庭很重视对小孩自理能力和社会责任意识的培养。如我女儿所在的公司,一年中有一天允许员工带自己的小孩(4—16岁)到公司看自己的父母是怎样工作的。幼儿园、低年级的小孩跟大人一起外出乘飞机,都要自己拉一个有拖轮的小行李箱,里边是小孩自己的衣物和玩具等。美国家长决不打骂小孩,否则将触犯法律而被起诉。美国父母的责任是带好、教育好自己的子女(18岁之前),但不承担或带教第三代的责任与义务。各种酒类有专卖店,但美国禁止18岁以下小孩买酒。美国经济增长中有27%归功于通信和信息产业,但轻工产品绝大多数是其他国家生产的,他们叫作"有所为和有所不为"。在美国到处可看到美国国旗,上面印的是"中国制造"。

当然,在美国生活所承受的竞争压力、生活压力很大。美国"美领"收入高,但要缴的税也高(纳税额往往占总收入的 1/3 至 1/2 以上)。美国还有社会、治安等很多问题,我想这些就不需我去展开说了。我介绍的以上情况,也不一定都很确切,仅仅提供各位作参考,提供一些信息而已。谢谢!

鸿雁传情*

云飞学友：

来信及第九、第十期《联谊园》收悉。元添对编辑《纪念册》的设想不但全面、周到，且很有创意。我十分赞同"每位学友都是主人公、人人都应占有一席之地"的编辑宗旨，争取个个参与，共同把它编成一本"有咱们特色，值得回味和纪念，有保存价值"的《纪念册》。

新近读到洪昭光教授在上海《解放日报》10月22日、10月29日连载的新作《人生六十才开始》一文，实在是一篇健康养生的佳作，特复印寄上，可否在《联谊园》上转载，供学友们阅读、参考（编者按：这个建议很好，本期第2—3版即予转载）。有句话说得好："最好的医生是自己，自己是健康的主人。"我们都已走进了老年行列，过着退休的生活，现在物质上大体是不愁的，重要的还应像洪教授所说的"还要有健康的心灵"。我想，让咱们大家一起，都能以年轻的胸怀，良好的心态，乐观地看待生活，自信地融入社会，充满期待地面向未来，那么，我们就一定永远年轻。

寄上10月16日我们在沪几位学友（遵智、步镇、淑英、英英和我）在一起聚会的合影照，从照片中您应该可以看出，他们个个都是那么的乐观、自信而"年轻"吧！

---

* 写于2004年11月10日。原载2004年12月10日《联谊园》第11期。

也谈"机遇"*

施玉坤学友说,无论干什么事业,有好机遇,加上个人勤奋,任何人都会成功的。这是他个人事业有成的切身体会,也是至理的实话。

说到机遇,在人生的道路上不是总能遇到好的机遇的,往往也会碰上不好的机遇。这里,使我回想起高中时代我们二中的一些优秀学友,他们品学兼优,尤其是学业成绩乃是班上的佼佼者,但由于家庭出身"不好",高考却落榜了,从而丧失了更有利的个人发展空间。用现在的话说,这似乎也是机遇问题,当然,从更大的范畴讲,是时代使然。如今,我们想起这些同学,除了感到一种莫名的甚至是强烈的遗憾之外,仍对他们十分怀念与崇敬。我感佩他们当时面对那么大的社会压力,以自己的聪颖加勤奋,取得的优异成绩,更钦佩他们在日后的人生征途上,没有因为受过如此的挫折而沉沦,他们仍旧是生活的强者,继续在人生和事业的舞台上,为国家、为民族、为人民作出了自己应有的贡献。我想,这些同学以及如沈文庆等同学,他们的精神与品格,他们为国家和社会所作出的贡献,更为难能可贵,更加值得咱们学友们学习!

* 原载 2004 年 12 月 28 日《联谊园》第 12 期。

让我们都快乐健康地走进九十岁、一百岁
——在本届师生新春聚会上的发言*

尊敬的各位老师,亲爱的各位老同学:

我很高兴回莆田参加今天的新春聚会。记得毛泽东同志有一句"弹指一挥间"的诗句。如果从1959年二中高中毕业或1956年初中毕业时大家各奔东西,到今天得以聚会,这"弹指一挥间"就是46年和49年,刚才见到好几位老师和同学,都是二中毕业后就从未碰面的,真叫人感慨、感动!感慨的是岁月无情,我们都老了;感动的是我们作为母校的学子,对母校和老师的感恩之情,我们校友、学友之间深深的情谊,是时空永远也割不断的。有一句话叫"师恩难忘",我的体会是初中、高中求学时代的"师恩更难忘"。因为中学时代正是我们为各方面知识打基础的关键时期,也是世界观、人生观逐步形成的关键阶段,老师对我们的教育与教诲,甚至一言一行都给我们一生的前行和发展留下了深刻的影响。人们都说"母爱伟大"!我们要说的是"师爱不但伟大,而且崇高"!我的感觉是母爱侧重的是把小辈培养成人,而师爱则不但把学生培养成人而且培养成才。

各方面反映都说我们这一届是二中比较优秀的一届。本届同学高考的成绩名列全省前茅,但我认为更重要的是,我们这一届同学的综合素质好,走上社会后,在不同工作岗位上,对国家和社会所作出奉献与贡献,更能说明我们无愧于母校的培养与培育。当今全面推进素质教育的真谛,我理解就在于学校教学生只有几年,但着眼的是学生今后几十年的发展,学校能为学生的终身发展打下良好的人生基础。回顾母校与老师对我们的培养,我认为至少有以下几方面是很成功的,即母校和老师使我们懂得了做人的基本道理;树立了对国家、社会和家庭的责任意识(当时不是老师要我学,而是我自己要学,而且自

---

* 原载2005年2月20日《联谊园》第14期。

觉刻苦地学习);培养了能吃苦、不怕苦、经得起挫折的品质,打下了各学科较扎实的基础并提高了各种能力;学校对同学的个性与特长也创造各种条件与机会予以张扬、发挥。总之,我们本届同学每一个人能有今天,都离不开母校和老师的教育与培养。我们至今仍非常想念和怀念当年教过我们的所有二中的老师,他们都十分敬业爱岗,无私奉献,具有崇高的师德、丰富的学识、厚实的业务功底、严谨的教学态度,又极具个性与人格魅力。四十多年后的今天,我们再次相聚在母校,相聚在老师面前,让我们从心底里再次说一声:感谢母校,感谢老师!

很高兴的是二中的两位现任校领导朱校长和涂书记也应邀参加了我们今天的聚会。二中在历届校领导的带领和引领下,不断走向新的辉煌。我们欣喜地看到今天的二中是省一级达标的重点校。近年来,二中又取得了高考的优异成绩及各方面的殊荣;同时,学校主要靠自力更生,很快将扩容并搬到有一流办学条件的新校区。我们作为校友,由衷地为母校的发展和所取得的优异成绩,感到骄傲与自豪。我们衷心祝愿母校在朱校长和涂书记的领导下,依靠全体师生的共同努力,向着国家级的示范校,向着"全国一流、国际知名"的办学目标继续奋进,取得更好的成绩!

我们都进入了退休年龄,现在过着退休的生活,当然也有不少同学仍在发挥余热,为国家和社会继续作贡献,但不管什么情况,退休后身体健康才是第一位的,特别要做到心灵健康,我曾在《联谊园》上提到了人家归纳的五点:要有年轻的胸怀,要有良好的心态,乐观地看待生活,自信地融入社会,充满期待地面向未来。我们的身体虽然一天天地老了,但我们的胸怀、心态要年轻,人家说能忘掉自己的年龄也是一种境界。乐观地看待生活就是凡事要拿得起、放得下,一切向前看。自信地融入社会,因为正如洪昭光教授所说的"人生六十才开始嘛","六十岁刚进入人生的第二春嘛"! 自信地融入社会,也包括有机会尽可能参加老同学之间的聚会。我认为,同学关系是被人们誉为最为看重的一种人际关系之一,它纯洁、不掺杂任何功利色彩,没有身份差别,只有人格平等,只要有机会相遇都会勾起对同学之间当年那种亲密无间、互不设防情谊的深切记忆和怀想,所以我们都应该珍视这份曾经情同手足、相濡以沫的学友情谊,充满期待地面向未来。现在我们国家、社会的形势确实是一天比一天好,比如,我们期待着2008年奥运会、2010年世博会在我国的成功举办,我们期待着台湾有一天真正回到祖国的怀抱,我们更期待着国家更加繁荣昌盛、人人都过着更加美好的生活。在座的多数同学大概都在家庭中升了级,我本人正期待着今年7月份当上外公。

我们的《联谊园》小报在会长云飞、建恩、国良及几位热心同学邦俊、元添的主持和精心编辑下,在本届全体同学的支持下,越办越好,让我们继续共同努力,使她办得更好,成为学友之间沟通、交流信息的平台,成为联系与加深学友情谊的桥梁和纽带。在这个基础上,大家再一起出力,把毕业五十年《纪念册》编好,编出一本值得回味、有纪念意义、有特色、有保存价值的《纪念册》。

新年新春新希望,值此机会恭祝各位老师、各位老同学新年新春吉祥如意,阖家安康幸福!让我们都快快乐乐、健健康康地走进九十岁,甚至一百岁!

谈"多元智能理论"

编者按：黄良汉同学退休后仍担任上海市教师奖励基金会秘书长等职务。最近，他为上海市郊区初级中学校长培训班作了题为"今后怎样做名合格的校长"的总结讲话，其中谈到一种教育新论——"多元智能理论"，并特意向我们推荐。我们认为"多元智能理论"，不但对教育工作者有启示，而且对家长如何去发现和培养子女也有启示，特予推介，供学友共享。

"多元智能理论"是美国哈佛大学心理学教授霍华德·加德纳（Howard Garder）在他所著的《智力结构》一书中提出的，是指每个人的智能是多元的，至少有七项智能，即语言智能、音乐智能、数理逻辑智能、空间智能、身体运动智能、人际交往智能、自我认识智能。

1. 语言智能：即有效地利用口头或书面语言的才能。语言智能发达的人对词义特别敏感，擅长表达和交流。如故事家、演说家、诗人、剧作家、小说家、语言家、著名的节目主持人等。

2. 音乐智能：即感知、欣赏和创作音乐的才能。很多人对乐曲、旋律、节奏等特别敏感，有很强的鉴赏音乐的能力。通常作曲家、演奏家、指挥家、歌唱家以及音乐爱好者等具有较强的音乐智能。

3. 数量逻辑智能：即有效利用数字和逻辑推理的才能。一般来说，科学家、数学家、物理学家、天文学家、统计学家、逻辑学家、会计师等具有较高的数理逻辑智能。

4. 空间智能：即准确感知视觉空间世界的才能。空间智能强的人，有建筑师、摄影师、画家、雕塑家等。

5. 身体运动智能：即善于运用身体表达内心感受的才能。如演员、运动

---

* 原载 2005 年 7 月 16 日《联谊园》第 17 期。

员、舞蹈家、服装设计师、手工艺匠等,都属于身体运动智能较强的人。

6. 人际交往智能:即察觉并区分他人的情绪、意图、动机的才能。人际交往智能较为发达的人包括政治家、外交家、宗教领袖和卓有成效的教师、心理咨询专家等。

7. 自我认识智能:也叫自省的智力,指接近自己内在生活情感的才能,是有关人的内心世界的认知,善于分辨自己的心理状态,知道自己的长处和短处。这包括自传体小说家、神职人员以及对自己内心世界有深刻感知的人等。

后来,加德纳又提出了第八种智能,即自然观察者智能。这是指观察自然界中的各种形态,对物体进行辨认和分类,能够洞察自然的才能。达尔文是这方面最杰出的代表。

加德纳认为,"每个学生都有自己的智能长项,每个学生都是优秀生","学校里不存在差生,全体学生都是具有自己智力特点、学习类型和发展方向的可造就人才","人与人之间的智能差别并不完全是出于智商的高低,而是由于各人智能长项及其表现形式的不同"。

过去我们校长和老师往往侧重于对学生语言智能和数理逻辑智能的培养,即使对这两项智能也往往重"智"轻"能"。而实际上,每一位学生都有智能强项,身上都有闪光点,学生人人有才,人无全才,扬长避短,必定成才。有了这种正确的观点,就会以欣赏的眼光去看我们的学生,就会满腔热情地改革教育、教学方法,让课堂更有活力,让教学更富创意,有效地开发学生的潜能。作为校长和教师,所有的智慧、最高的智慧,都与"发现学生"有关。舍此,再大的事,也只是小事了。在华师大一批专家、教授的引领下,我们上海已有一批学校的教师用"多元智能理论"指导教育、教学改革,用多元智能的眼光看待学生,因材施教,努力去发挥学生的智能强项,带动其弱项,使他们中的每一位向最适合自己的方向发展,取得了显著成效。

多方向造就可用之才
——黄良汉接受《湄州日报》记者专访*

记者　陈金明

推进港城建设,人才是关键。我市"十一五"前景日渐明朗,教育也将奏响时代强音。而"他山之石,可以攻玉",本着对现代教育某些问题的关注,记者日前电话采访了莆田籍在沪教育专家黄良汉研究员。

黄良汉对当今世界著名心理学家、教育家,被誉为"多元智能之父"的哈佛大学教授雷华德·加德纳创建的多元智能理论,有着深入的研究。他的话题就从这里开始。

黄良汉说,根据多元智能理论,人类至少有着语言智能、音乐智能、数理逻辑智能、空间智能、身体运动智能、自我认识智能、人际交往智能和自然观察智能等八种智能,且各种智能具备独立性,之间的关联度很低,优势和特点难以相互迁移。由于这些智能在每个人身上的组合方式、发展顺序、表现形式、发展程度不同,就表现了个体智能的差异性。同样具备高智能的人才,有的是数学家、工程师,有的是歌唱家、运动员,有的是能工巧匠。而智能差异较为典型的表现在于,世界上可以有"神童",也可以有"障碍奇才"。

所谓"障碍奇才",是指在某些方面低能甚至无能,但在某一方面却有突出表现,甚而是天才。但是这样的人往往会被学校打入另册,直至被埋没,这说明一些学校乃至我们的社会在评判方面发生了误差。

"根据多元智能理论,您对当前的学校教育实践有什么建议?"记者问。
"首先,不存在所谓的差生。"黄良汉肯定地说,每个学生都是具有智能特点、学习类型和发展方向的可造就的人才。学校要公平地对待每一名学生,对所谓成绩差或行为偏差的学生绝不能放弃,而要多元地观察、分析和评价学生智能的强项和弱项,采用不同的教育教学方向和方法,有效地开发智能。让每个学

---

* 原载2006年3月1日《湄洲日报》,2006年6月10日《联谊园》作了转载。

生都得到属于自己的发展,这是检验教育是否坚持"以人为本"的一块试金石。

在谈到对家乡莆田未来教育的看法时,黄良汉说,港城建设不仅需要各行业的专家,还需要众多实用型应用性人才和高素质的劳动者,因而教育更要求多元化。政府和社会要尽可能为学校创设相对宽松的教育环境和社会环境,鼓励支持他们全面推进素质教育,努力探索创新教育教学模式和方法,引导、促进莆田学子多方向成就可用之才! 黄良汉接受《湄州日报》记者专访,盼望各级各类学校要努力促进学生身心、学业和人格的和谐发展。着力提高学生思想道德、科学文化、劳动技术和身体心理素质,为提高莆田市民和劳动者整体素质作出更大贡献。应当聚集各方力量,办好莆田学院和湄洲湾职业技术学院,为新设新型港口城市,培养更多的实用型应用性技术人才。

健康长寿靠自己*

日前,有机会参加上海华东医院王传馥教授为上海市教委机关退休同志所作的"老年养生保健"讲座,颇多启示,现择其重点记录整理如下,供本届学友参考。值此,谨祝各位老同学的退休生活,如满目青山,绚丽多彩,身体康健,益寿延年!

王教授讲座的题目是"健康长寿靠自己"。他说,一个人的地位是临时的,荣誉是过去的,金钱是身外的,健康是自己的。健康长寿靠自己,医学上已证明:一个人的健康长寿,遗传因素占15%,社会因素占10%,医疗条件占8%,气候条件占7%,后天保健占60%。现代的健康生活方式可概括为四句话,即合理膳食,适量运动,戒烟限酒,心理健康。做好这四句话,就可能少患许多疾病,并能延长寿命。据统计,能使高血压减少55%;冠心病、脑卒中减少75%;糖尿病减少50%;肿瘤减少1/3;平均寿命延长10年以上。

合理膳食。过去是讲吃得饱,现在要讲吃得合理。中国营养学会提出吃的要求是:食物多样,谷类为主;多吃蔬菜,果薯为辅;奶类豆类,天天都有;适量常吃,鱼禽蛋肉;清淡少盐,少吃肥肉。吃的原则是:五低两高。五低是:低热卡(比青壮年减少20%)、低脂、低胆固醇(少吃红肉——猪、牛、羊等,多吃白肉——鱼、鸡、鸭等,多吃蔬菜水果、奶制品、豆制品)、低糖(老年人对糖的耐受力差,容易消化不良)、低盐(最好每天的盐摄入量不超过6克);两高是:高纤维素(利于肠的蠕动,促进排便)、高维生素(主要是维生素A、B、C、E,以提高老年人的抵抗力)。吃的方法:早餐吃饱,午餐吃好,晚餐吃少。老年人每天的饮水量,除进食中的水分外,每天喝水量气温21℃时不少于1 500毫升,26℃时为1 900毫升,32℃时为3 000毫升。喝茶以喝绿茶为好,有利消炎、抗癌,保护牙齿,提高血管韧性。

---

* 原载2006年7月18日《联谊园》第25期。

适量运动。生命在于运动,老年人运动的三个基本条件是效果、安全、兴趣。老年人最好的运动是步行,能走多少就走多少,体力好的,可以快步走,或是慢跑,重要的是坚持,持之以恒。运动的频次每周三至五次;每次15~60分钟。

戒烟限酒。吸烟有百害而无利。全世界每年有500万人死于与烟草有关的疾病(39.8%死于癌症;34.7%死于心血管疾病;其他,死于呼吸道疾病等)。限量饮酒有益健康,但不饮烈性酒,且每天饮葡萄酒限2小杯之内。

心理健康。这个心理是指人们的脑子对外界客观事物的反映,就是人的思想、感情等内心活动。心理健康者能经常保持愉快的心情,热爱事业,热爱生活,热爱大自然,遇事有自控能力,能恰当地评价自己和客观事物;能充分发挥自己的聪明才智,有较高的学习和工作效率,有较好的人际关系。心理不健康的人多半是过敏、脆弱、气量小、内向性格的人,听到不开心的事想不开,又不给周围的人说,闷闷不乐,睡不好觉,容易产生焦虑、忧郁。要使心理健康,应积极参加社会活动、集体活动,多与周围的人交往,要加强脑力和体力活动,要培养一种新的爱好,要努力学习,学科学技术,学政治理论等。

谈人生哲理
——努力做一个哲学家*

第25期《联谊园》已收悉。本期的优点是学友的信息、动态多,相信会受到大家的欢迎。我很赞同炳伟同学提议的,对在极"左"年代受到不公正待遇而失去上大学机会的一些同学应给予充分的肯定。可否在《联谊园》上组织几篇介绍他们的事迹、精神与品格,以及他们为国家、社会作出的贡献的文章?当然,他们遭受的不公正是时代使然,而正如恩格斯所说的:"历史的灾难无不以历史的进步为补偿。"看到我们国家和社会因为有了过去的沉痛教训,今天已取得了巨大的进步,个人的得失多少可以不去计较了。有位哲人说得好,人生一世,无论成功与失败,欢乐与痛苦,盛衰与荣辱,都如自然流水。于是,宁静致远。况且,我们都开始过退休生活,退休后大家都是一介平民,又都回到同一起跑线上,如果经过自己的调适与努力,谁能使退休生活过得快乐、健康、幸福,活得长命百岁,谁就是最大的赢家!

有人说,老年是人生最美好的时候,成熟、沧桑、见识、自由、超脱,可以力所能及地做不少事,也可以少做一点,多一点思考,多一点回味,多一点分析,多一点真理的寻觅;也多一点享受、休息、静观、养生、回溯、读书、个人爱好,等等。还有人说,老年是享受的季节,享受生活也享受思想,享受经验也享受观察,享受温暖爱恋也享受清冷直至适度的孤独,享受回忆也享受希望,享受友谊趣味也享受自在自由,更重要的是享受哲学。人老了,应该成为一个哲学家。让我们都尽情地享受作为老年人的美好时光,都努力地做一个哲学家吧!

---

* 原载2006年9月18日《联谊园》第26期。

养生谚语荟萃*

人要保养好,无病寿必高。七十不为稀,八十不为老,九十不少见,百岁不难找。

养心十二点:嘴巴甜一点,微笑多一点,脑子活一点,行动快一点,心态静一点,手脚勤一点,良心善一点,肚量大一点,脾气小一点,毛病少一点,金钱有一点,心情好一点。

处事六然:凡事顺其自然,遇事处之泰然,得意之时淡然,失意之时坦然,艰辛曲折必然,历尽沧桑欣然。

人生六是:权力是一时的,钱财是儿女的,健康是自己的,知识是有用的,友谊是珍贵的,荣誉是大家的。

人品六为:大公无私为圣人,公而忘私为贤人,先公后私为善人,先人后已为良人,公私兼顾为常人,损公肥私为罪人。

为人六乐:进取有乐,知足常乐,先苦后乐,自得其乐,助人为乐,与众同乐。

康寿藏在三好中:好习惯是健康长寿的"银行",好营养是健康长寿的"保障",好心境是健康长寿的"免疫剂"。

善良是心理养生的"营养素",宽容是心理养生的"安全阀",乐观是心理养生的"不老丹",淡泊是心理养生的"免疫剂"。

养生靠自己:德靠自修,神靠自养,乐靠自得,趣靠自寻,忧靠自排,怒靠自制,喜靠自节,恐靠自息。养生以得神,得神而延寿。

老人膳食十二点:数量少一点,质量精一点,蔬果多一点,饭菜淡一点,品种杂一点,饭菜香一点,蔬菜(煮)烂一点,饮食熟一点,粥汤稀一点,吃得慢一点,早餐好一点,晚餐早一点。

---

* 原载 2007 年 6 月 10 日《联谊园》第 31 期。

"话聊"真奇妙:一聊双方误解消,二聊大家心情好,三聊能治高血压,四聊治病有疗效。话聊纾解郁闷气,话聊提高免疫力。

常乐对联:

上联:大肚能容,容天下难容之事;

下联:开口常笑,笑世间可笑之人。

横批:肚大口笑。

老了也要"拉老手":城市里最美的一景是恩恩爱爱的老夫妻,手拉着手,相依相傍,相扶相持,散步,逛街,遛公园。或轻声说着什么,或一言不发,在浮躁的城市生活中现出一种超然物外的宁静、平和,却又是那样和谐,令人感到舒服、艳羡。

认为心的交流、情的交流乃至爱的交流,只是青年人的权利,到了老年夫妻就变成"伴儿"了,这是一种误解。"伴儿"有各种各样,简单地相守,缺情少趣,麻木疲沓地等待死神的召见,也叫作伴儿;心心相印,越老越相互依恋,欲没有了,情却加重了,越活越有趣,这也叫伴儿。

老了也要拉拉老手,要有肌肤的接触。事实证明,那些越老越恩爱,同出同进、同说同笑的夫妻,不仅健康快乐,寿命也长。

鼓励打好人生基础　促进更多学生成为未来国家栋梁之材
——在莆田二中黄日昌奖/助学金颁奖会上的发言*

这次,我们在上海的三位莆田二中的老校友黄绳熙、郑银水和我本人,受德高望重的爱国华侨黄日昌先生委托,专程由上海回到莆田、回到母校,与黄日昌基金会莆田服务中心秘书长林文扬先生、服务中心理事黄文灶先生一起,参加今天的莆二中首届黄日昌奖/助学金颁奖大会,感到非常高兴,非常荣幸!

首先,请允许我代表我们几位老校友,向获得莆田二中首届黄日昌奖/助学金、今年莆田市高考状元,考入清华大学的苏国强、考入中国科技大学的林剑平、考入复旦大学的陈斌三位同学表示热烈祝贺!并向今年考入大学的所有二中的同学表示祝贺!我们还特别要向黄老日昌先生表示深深的敬意和感谢!向林文扬秘书长、黄文灶理事表示敬意和感谢!向出席今天颁奖会、高度重视和支持在二中设立黄日昌奖助学金的莆田市委常委陈金钵部长、张丽冰副市长、姚志平局长以及二中的朱校长、涂书记和 59 届校友联谊会会长、莆田二中原副校长翁云飞先生表示衷心的感谢!

刚才绳熙同志讲述了今年已 86 岁高龄的黄老日昌先生的人生经历。黄老还在襁褓之中父亲就已过世,家道非常贫寒,一生艰苦奋斗、努力拼搏,打拼出一片天地、一番事业。他从经营自行车开始,最终成为新加坡最大的空调制造商、东南亚最大的成衣设备经营商,同时涉及电子商品制造、国际贸易、房地产等多个领域,被新加坡《联合时报》誉为"自行车轮子下滚出的王国";绳熙还介绍了黄老始终心系祖国和家乡所做的大量爱国、爱乡、爱民的义举和善举。这一切都使我们深受感动、深受教育,为我们大家,特别是今天获奖的同学和在座的所有同学,上了一堂生动、具体、深刻的人生大课。今天获奖的同学以

---

* 原载 2007 年 8 月 28 日《联谊园》第 32 期。

及今年考入大学的所有同学,很快就要到所录取的大学报到,开始新的学习和人生旅途。我们作为老校友,愿借此机会向同学们说几句共同勉励的话。

希望获奖的同学,以及由于受名额限制没有获奖的同学,理性地、淡然地看待考入全国重点、名牌大学所获得的荣誉,把今天学业上所取得的进步与成绩,只看作是今后人生发展道路上的新起点。有人很好地总结了人生发展道路上应做到的六个"然",其中有两个"然"是:得意之时要淡然,失意之时要坦然(还有四个"然"是:凡事顺其自然,遇事处之泰然,人生艰辛曲折必然,历尽沧桑欣然)。其实,失意之时能坦然地去面对,也是人生重要的生活哲理。比如,今年我们二中高复班中就有一位同学高分考入北京邮电大学。去年这个时候,这位同学(因为没考好)开始时一定是很失意的,但很快他就能坦然地面对,不灰心、不丧气,再继续奋发努力,最终实现了自己的理想和梦想。对于考入全国重点大学、名牌大学,特别是获得高考优秀奖/助学金的同学,我们之所以强调要尽可能淡然或叫淡化、低调地对待已取得的成绩和荣誉,是因为人生本来就是一个亮点又一个亮点的组合,而为了创造新的亮点,为了生命(包括学业、事业)的新发展,需要随时忘记正在拥有或曾经拥有过的光荣,具有清醒的头脑,懂得取舍。而我更实际、客观地说,你现在在二中,在莆田高中阶段学习结束时,你是佼佼者或者是高考状元,但等你到了所在的大学报到后,其他同学也都是来自全国各省、市、县的佼佼者或是高考状元,你们在一起时,你就要有自知之明,你就不一定是状元、佼佼者了,这时你要注意摆正自己的心态。今后大学几年的学习与生活,你要成为佼佼者,成为成功者,你还要付出艰辛的努力。我们就遇到一些地方的高考状元,到了大城市,到了大学后,有的由于放松了对自己的要求,有的或许也继续努力了,但在强者的团队中,就可能落伍了,你要有心理承受能力。我们甚至看到有极个别县、市的高考状元,到了大学后由于落到了后面,感觉无脸面对自己,更无法面对家乡的江东父老,发生了不该发生的走极端的事件,令人非常震惊与痛心。其实,在大学学习时,人生、事业的竞赛仅仅刚开始,只要你付出了努力,去适应和把握新的学习环境、新的学习方法(大学教师的教学方法多数是提纲挈领,精讲广阅,强调学生自学,多看参考书,扩大知识面,培养创造能力,与中学的教学方法会有比较大的反差)。首先是自己与自己相比,不断有进步,做最好的自己,你就是胜利者,而且逐步地集聚,最终你一定会超过别人。何况一个人是否有成就,是否能成名成家,是否能为社会作出大的贡献,关键还要看你踏进社会后,你的作为、你的能耐、你的本事。将目光与眼光放得远一些，你才能成为最终的成功者。

我们鼓励和支持学习成绩优秀、有实力、有水平的同学尽可能地报考北大、清华等全国名校、重点大学，并祝他能如愿以偿。但根据各自的情况与兴趣爱好，填报和考入其他大学，同样也可喜可贺，同样可以为国家、社会作出大的贡献。我这里举几位二中59届，即与我同届同学的例子。比如吴文桂同学，他在二中时体育很好，各学科的成绩也很好，1959年他考入华东水利学院（即现在的河海大学），有很长一段时间，我们没有联系到他，后来我们知道他的信息时，文桂已经是北京市水利局的总工程师（教授级高级工程师）。前两年，他曾直接向温家宝总理汇报北京市的水利建设与规划，以及"南水北调工程"。我们59届学友联谊会会刊《联谊园》第11期就刊登过一张他与温总理在一起、由他向温总理汇报工作时的情景照片。再如林良骥同学，1959年从二中考入厦门大学物理系，毕业时被分配到国防工委工作，成了我国水声学领域的权威，被誉为中国海军研制"千里耳"（声呐系统）的著名专家。另一位同学叫施玉坤，1959年从二中考入北京工业学院（现北京理工大学），毕业后分到国防科委工作，他是神舟型号921固体火箭发动机设计与制造的总指挥，为我国神舟五号飞船上天作出了杰出贡献，荣获中国航天奖。我们还有一位同届的同学叫陈授荣，考入了农林院校，现在成了一名很有成就的农业专家。所以，只要自身努力，抓住机遇，行行都能出状元，都能为国家作出重要贡献。有一位著名的计算机科学家、美籍华人李开复，前不久在国内由人民出版社出了一本很畅销的书，书名叫《做最好的自己》。他说："一个优秀、努力、自信、自觉的学生，进了名牌大学，他能取得成功的概率也许是90%；进了其他重点大学，概率也许会降到85%；进入普通高校，这个概率也不会低于80%。但是，一个没有很好价值观，没有正确态度的学生，即使进了名牌大学，他的成功率也一定是零。"他还说："每一个人都有自己的特长和潜质，但不要轻易走入一元化成功的误区，而应走多元成功的途径，主动选择最适合自己的成功道路。"他强调说："成功就是不断地超越自己，就是做最好的自己。"

去年莆田《湄洲日报》记者采访我，问我对莆田的教育有什么看法和建议，登载在2006年3月10日的《湄洲日报》上。在访谈中，我刻意宣传和鼓吹多元智能的理论，就是每个学生都有不同智能的强项与弱项，有效地进行引导和开发，都可以得到属于自己的发展。我在上海作为评审上海市实验性、示范性高中的评委,曾参加上海市宜川中学的评审。宜川中学是刘翔的母校,学校校长赠送给我一张刘翔参加世界110米跨栏比赛时的照片,照片后面有刘翔的亲笔签名,在宜川中学时,我了解到,如果光从文化学科的成绩看,刘翔仅是个学习成绩平平的学生,但他智能的强项是体育,后来在老师的引导下向体育重点发展,进一步又在好教练孙海平带教下,加上自己的刻苦训练,刘翔成为今天中国的骄傲、亚洲的骄傲、全体黄种人的骄傲,为祖国作出了杰出的贡献。

社会上有许多自学成才的例子,关键是人要对自己有信心,要根据自己事业上的需要,不断地学习新的知识、新的技能,真正做到"活到老、学到老"。黄老日昌先生就是一个光辉的例子。他去新加坡时,是一个仅小学毕业的少年,但为了经商和人际交往的需要,他通过自学,掌握了英语,可以用英语和外国人交谈、书信来往,从而抢得商场上的先机。他的书法是一流的,语文修养也很高,会背诵和应用许多古诗、古文。他对现代医学的了解几乎达到了专业水平。古语说"人生七十古来稀",可黄老日昌先生在84岁高龄之时,感到自己在英语语法上还有不足,毅然买了一整套新加坡中学各年级的英语课本,一本一本地学,每节课的练习都不漏掉,这种学习的毅力,真是"前无古人"了。正是因为他对知识的尊重与追求,才使得他连中学的校门都未进过,却获得了丰富的知识,具有很高的知识修养,并在事业上获得巨大的成功,得到了国内外朋友的尊重与赞誉。

这次黄老的奖/助学金,还要对二中高一至高三年级在读的一些家境特别困难、品学兼优的学生给予资助。对于这些同学,我想重要的是不要因为家境困难而有自卑感。我们周围的同学对他们也要多给予关心、帮助和尊重。困境、逆境的确会给人带来压力与困难,但困境、逆境也会给有志气者铸造成功的脊梁。我本人小时候家庭经济条件也很困难,在二中就读时是享受每月3元(相当现在五六十元以上)助学金度过的,它激励我刻苦地学习,奋发努力去进取。考上大学,走上社会后,至今我虽然没有做出什么成绩,是一位普通的教育工作者,但我深深体会到,当时家境的暂时困难,生活上的困顿与艰辛,在某种意义上也是自己难得的"老师",因为一个人往往在顺境时几乎不明白、不懂的道理,在困境时反而能认识明白、通彻。因此,我在这里愿真诚地告诉目前家境相对困难的同学,家境怎么样作为学生是无法选择的,但个人的前途、命运始终掌握在自己的手中。应把困境视作成功路上不可缺少的路标,况且现在党、政府和学校,以及还有那么多的热心人士在关爱、帮助你们,你们一定能逐步走出生活困境,走向学习的成功,取得学业和将来事业的成功!

再提出一点希望,就是同学们中学毕业、特别是离开了父母和家乡,到了异地他乡后,要懂得常怀一颗感恩的心。我很长时间工作生活在上海,上海的中学生因为生活在国际大都市里,大多数学生家庭条件都比较好,而且现在又都是独生子女,从总体上看,不懂得感恩的情况和问题是比较多的,缺乏感恩意识,比较容易以自我为中心。他们从父母、从老师、从社会那里其实得到了很多,但是不少学生总是认为,这些都是自己应该得到的。他们既不懂得这些东西来之不易,也不懂得感激和感谢。所以上海在加强学生的德育教育中,现在把"学会感恩"的条款写进了上海的中学生守则。我相信,我们莆田的学生,我们二中的学生会比较懂得感恩,这方面肯定会做得比较好。我国古代早就有一些名言、警句,讲的就是要懂得感恩。比如"滴水之恩,当涌泉相报""谁言寸草心,报得三春晖"等等。感恩触及社会生活的方方面面,我个人以为"感恩"至少有三个方面:一是养育之恩,这是子女对父母及长辈应有的情感;二是教诲之恩,有句话叫"师恩重如山",因为教师的劳动与付出是非常伟大而崇高的,老师的忘我服务,献身精神感人至深。因此,人们说"一朝聆教诲,终身铭师德";三是救助、帮助之恩,包括国家、社会和他人帮助、救助于你,你怎么能无动于衷呢?有的专家说,感恩是一种道德情感,是高尚而完美的心态,是个人与社会健康和谐的追求与体现。不懂得感恩的人是人格的一种缺失。常怀感恩之心,你就会有一种催人向上的动力,你就会发现这个世界是多么的美好,心中永远春意盎然;常怀感恩之心,你就会多一份社会责任,促使自己也要去关心身边需要得到帮助的人;有了感恩之心,你也就会懂得用加倍的努力取得成绩,回报父母,回报母校,回报老师,回报国家、社会以及他人对你的帮助。

回到今天的颁奖会,黄老今年86岁高龄,我曾有机会几次和他在一起,他和蔼可亲,生活是那么俭朴,穿戴随意、朴素,没有一样是名牌货。据绳熙说,他手上戴的是汽车加油站为鼓励多到该站加油而送的蹩脚手表。黄老想的不是自己生活如何过得更舒适,想得更多的是能为社会和他人多做些什么。所以,我们得到了黄老的资助和帮助,理所当然地要常怀感激之心,并转化为一种激励自己奋发向上的动力和行动。黄老设立奖/助学金的本意就是"为了鼓励和帮助二中的学生更好地完成学业,不断提高品德修养和学习成绩,促其成才,为其成名、成家打下良好的基础,为国家和莆田培养、造就更多的杰出人才",我们相信,从首届开始直至以后历届获得黄老奖/助学金的同学,以及在座的所有同学,都会懂得常怀一颗感恩的心,努力学习,不断拼搏,勇攀学业、学术与事业的高峰,使自己成为国家(包括建设莆田)的有用之才、栋梁之材,这就是对黄老的最好回报。我建议,凡获得黄老奖/助学金的同学,到了大学后,如有可能,每学年都要把自己学习、生活的情况,取得的进步,向母校、向黄日昌基金会作个简要汇报。我们会把同学们不断取得进步的好消息及时转告给黄老。

我这里念几句我认为蛮有哲理的话,供同学们学习与思考:"没有阳光,就没有日子的温暖;没有雨露,就没有五谷的丰登;没有水源,就没有生命;没有父母,就没有我们自己;没有亲情、友情和爱情,世界就会是一片孤独和黑暗。"让我们都从我做起,向黄老学习,学会感恩,与爱同行,为构建和谐社会,让世界处处充满爱的阳光,尽一份力,作出一份贡献!

有的同学会问:人生有没有走向成功的秘籍?我不妨把许多成功人士总结的四句话介绍给大家:信心(自信我能)是成功的基石;毅力(坚持到底,永不放弃)是成功的法宝;创新是成功的源泉(想前人没有想过的事,做前人没有做过的事,并产生实际效果,创新使你脱颖而出);学习是成功的关键(活到老,学到老,经常学习新知识,把握新信息,虚心学习他人的长处,不断地提升自己)。这四句话被誉为是人生走向成功的金科玉律,需要我们很好地去体味与践行。

莆田历来是"物华天宝,人杰地灵,英才辈出"的地方,不说古代,只讲当代,就已经出了14位莆田籍的中科院、工程院院士,还产生了数以千计的莆田籍的教授、博士。我们相信,在莆二中今后一届届获得黄老奖/助学金的同学以及二中的所有同学中,一定会涌现出更多的院士、专家、教授和各学科、各行业的领军人物与成功人士。

以上讲得不对的地方,请各位领导、老师和同学们给予批评指正。谢谢!

让"学友亲三代"的传统更加发扬光大
——在"10.11"联谊大会上的发言*

各位领导、各位嘉宾、各位老师、各位学友：

云飞要我代表这次聚会活动筹委会讲几句，恭敬不如从命，我就先作个发言。

今天我们在这里举行莆二中56届初中/59届高中学友大聚会，庆祝高中同学毕业50周年。首先，请允许我代表筹委会向出席今天聚会的母校领导、老师、嘉宾和学友，特别是从远道返回莆田的外地学友们和他们的家属，表示热烈的欢迎和衷心的感谢！向出席今天聚会的德高望重的亲爱的各位老师致以深深的敬意！还要对黄绳熙学长表示热烈欢迎和感谢！

我们常说人生如梦，的确如此。转眼间，我们从二中高中毕业已50年，毕业后我们各奔前程，天各一方，今天能再次聚首莆田，欢聚在一起，真是特别难得、可贵，也特别有意义！多年来大家企盼着二中高中毕业50年的大聚会、大团圆，今天这个愿望终于得到实现，这无疑是我们本届同学的一次盛会，也是盛事和喜事。所以，我今天刻意穿了一件粉红线条的衣服，表示是带着喜庆节日的心情来参加今天聚会的。

说我们今天的聚会特别难得、可贵而且有意义，至少有以下几方面的理由：

一是以"高中毕业五十年"为名义的大聚会特别难得且有意义，因为从时空上讲，再过50年，谁想以这样的名义再聚一次是不可能的了。

二是本届同学能有今天这样的大聚会、大团圆，表明我们这一届同学有令其他届校友刮目相看的特别强的凝聚力。大家从莆田的四面八方，从祖国的四面八方，甚至有的从国外赶回来，汇聚在一起，真是非常难得！不少同学是

---

* 原载2009年10月23日《联谊园》第48期。

高中毕业五十年之后第一次会面,彼此之间有说不完的话,道不尽的情。我仔细观察,每一位学友的脸上都写满了激动、感慨、欢乐、温馨、和谐与幸福!当然,我们在这里还要特别向本届已故的学友们表示深切的悼念与怀念,想到他们,我们都倍感难过和痛惜!由此,也应该使我们更加珍惜今天大家能聚在一起的机会,是多么的可贵,多么的具有深刻意义。我相信,这次的大聚会、大团圆,使学友一定会更加团结友爱,友谊永恒,让"学友亲三代""学友不是亲人胜亲人"的传统和美德更加发扬光大。

三是本次聚会我们邀请到部分当年教过我们的老师出席(有的老师我们发了邀请,但因年事已高和健康原因未能出席)。俗话说:"一日为师,终身为父。"这次聚会也是我们作为学生再一次向老师感恩、谢恩的最佳时机。

四是各方面的领导对我们的这次聚会十分重视,给予亲切的关怀及大力的支持和帮助,二中的郭校长等多位现任领导出席今天的聚会,这也是非常难得而有深刻意义的,说明我们这一届同学得到了方方面面的认可与肯定。正如涂雨书记在大前年我们聚会时所说的:"59届同学给母校长达127年的历程留下了一段鲜明而深刻的印迹,母校为有你们这样的一张'名片'感到由衷的高兴!"这次聚会将让我们有机会再次向阔别多年甚至数十年的母校,倾诉对母校的感动、感激和感谢的情怀。

五是本次聚会大家都高兴地拿到题名为《映雪春晖夕照明》的纪念册和纪念保温杯。我看大家对这本纪念册爱不释手,都在"先睹为快"。翁云飞会长在纪念册序言中提到纪念册的编辑编排有三个力求:力求让本届学友们再次集体亮相,让每一位学友都占有一席之地;力求反映本届学友的鲜明特色与人生风采,以重新勾起大家美好、亲切的回忆与回味;力求让纪念册具有可读性、史料性、欣赏性,有收藏价值。看了纪念册后,我个人认为,这些指标、目标基本都达到了。这本纪念册可以说是这次聚会奉献给大家的最有意义、最难得和有保存价值(可以传给你们子孙后代参阅)的珍贵大礼物。借此机会,我建议大家向为纪念册编辑、编印付出辛勤劳动、智慧和汗水的主编云飞会长,副主编邦俊、元添同学,以及为纪念册做了大量文字润色和校对的卢金秋、方珍清等同学表示深深的感谢!还要提出的是本届同学的每一次聚会(当然也包括这次大聚会),以及已经办了八年、共出了46期的《联谊园》小报,除了翁云飞和以上几位同学出大力气之外,还有方一恺、黄春波、陈授荣、蔡秀华、俞俊铸、陈景龙等许多同学都付出了辛勤的劳动、智慧和汗水,作出了无私的奉献,让我们以热烈的掌声向他们表示敬意和衷心的感谢!

六是本次聚会活动安排得丰富多彩,除了今天上午的大会,还有下午的小组座谈、参观和晚上的联欢活动,明天还将去湄洲岛参观考察。以云飞会长为领头的一批热心学友为本次聚会的成功费尽了脑力、心力和体力。在大家的支持下,本次聚会一定会办成一次成功、难忘、开心的盛会。

对于本届学友们的每次活动与聚会,绝大多数学友都积极主动踊跃参加,但还有少数同学,由于下面我要说的情况没能前来,我想这是可以理解的,但我想借此机会宣传两个观点,供大家一起讨论。

我们常说,生命在于运动,实际上还要加一个观点是生命还在于交流。生命在于运动,指的是适当运动有利于身体健康。而生命在于交流,指的是它有利于人们,特别是老年人的心理健康。对于老同学而言,所谓生命在于交流,就是退休之后不要总把自己禁锢在家里,只要有机会(只要走得动)就要走出家门与他人多作交流,特别要与自己熟悉的老同学,以前的老同事、老战友等多联系、多接触、多交流,这肯定有利于自己保持一种乐观的心境、修炼一份豁达的心性、寻找一份美好的心情、营造一份多情的心怀,从而使自己远离消沉和孤独的心境;而且在聚会和交流中,还有利于自己增加新的认知元素,促进新观念的产生,进一步感受到生命的意义,使我们的老年生活更加充满阳光、欢乐、温馨、和谐和幸福!所谓"心态决定健康"的道理我想就在这里。

另一个观点是,有的同学认为毕业之后工作平凡,没有什么突出的业绩,不愿意参加老同学之间的交流与聚会活动。我认为持这样的观点也大可不必。还是施玉坤学友说得好:一个人的成功往往是遇上好的机遇,加上个人的能力与勤奋,有时机遇还更为重要。事实上,即使你的能力很强、水平很高,但没有赶上好的机遇,对事业上成功与否关系很大。比如当年我们这一届中就有一些品学兼优的同学由于所谓的家庭出身"不好"而没有升入大学,有的同学还历尽坎坷曲折与艰辛磨难,但这些同学仍然在自己的人生道路上逆境前行,兢兢业业,堂堂正正做人、做事,发挥自己的智慧和才干,无怨无悔地为社会、为人民作出了应有的贡献,他们的精神和品格更难能可贵,更值得赞扬,更值得大家学习。有一篇"夕阳感悟"的文章说得好,高官厚禄、地位显赫的是少数,平民百姓总是多数。少数人未必都幸福,多数人也未必不幸福。多数人望着少数人不必自卑,人本无高低贵贱之分,只要咱们对事业、工作尽心尽力,就作了贡献,就可以心安理得、问心无愧了。何况从工作岗位退下来之后,大家都一样,最后的归宿都要回归自然。所以还是那句大实话:高官不如高寿,高寿不如高兴,高兴就是快乐,快乐就是幸福。

最后,我汇报一点个人情况。1959年二中高中毕业后,考入华东师范大学数学系,1964年毕业时被分配到国家教育部中学司工作,"文革"后,到上海工业大学(现在的上海大学)教了十多年数学,后又被调到上海市政府教育行政部门从事教育行政与管理工作直到退休。退休后被聘在上海市中小学幼儿教师奖励基金会工作,至今仍在为教育、教师服务。总之,我这一辈子没有离开过教育战线,而且可以说教育的微观工作、中观工作和宏观工作我都做过,深切感受和体会到教育的重要性、艰巨性、前瞻性和它的价值所在。前不久一位中央领导在上海考察教育工作时说,教育牵涉千家万户,老百姓评论起教育来千言万语,教育对象千差万别,教育的付出千辛万苦,但由于教育关系到千秋万代,我们一定要千方百计抓好、做好教育工作。当今社会的发展告诉我们,经济管今天,科技管明天,教育管后天,教育兴则国兴,教育强则国强。正因为如此,我对把自己的一生奉献给教育事业无怨无悔并感到无上光荣,非常值得。虽然我没有做出什么成绩,但由于莆二中为我打下的不会偷懒的性格基础,我们对事业、对工作总是尽心尽力,尽心尽力了就算作了贡献。

我父亲的健康长寿之道

——本文应云飞、元添之约而写*

我父亲黄家勋,出生于1914年,今年96岁。2009年12月26日至29日,他在专任导游的陪同下,通过"海、陆、空",即由台湾台南市乘飞机至金门,由金门乘船至厦门,再由厦门乘汽车回到莆田探亲,得有机会与翁云飞会长及本届多位老同学见面、交谈,受到学友们的热情接待与款待,他十分高兴!我父亲虽已96岁高龄,但仍耳聪目明,阅读书报写小字,不带老花镜,记忆力强,脑不呆,手不抖,腰不佝,腿不软,步履自如,仍日上半天班。去年,他95岁时出版了自撰的"回忆录",名曰《九五回忆》,共三十多万字。台湾《中国时报》《中华日报》等多家报纸曾刊载介绍他的人生经历与事迹。

我父亲早年仅读私塾四年,因家境困顿,即告辍学,全凭坚强意志,努力自学,得以同等学力考取公职,先后在仙游、永春、莆田等地任职。1945年,据云台湾薪水高,他离莆去了台湾,先后在高雄、台南等地的公用事业管理部门(工作业务包括路灯、电话、交通安全、自来水、公共汽车及相关土木工程等)任职,至1982年退休。退休后没多久,又被选为台南市公教退休人员协会常务理事,接着在全体会员代表大会上被选为理事长并蝉联多届,前后担任理事长至今达21年,被台湾报界誉为"世界上唯一的人瑞理事长"(今年换届估计他将彻底卸任)。

我父亲退休前,因工作任务重、压力大,平时缺少运动,曾患有慢性肠炎,每晨必拉肚子一次,缠绵数年,中西医罔效,气候稍有变化,感冒随即而来。退休后,他重新调整起居作息,每晨必上田径场慢跑一小时,日以为常,不到两月,其多年痼疾竟勿药而愈,感冒也随之远离,年事越高,健康反而越有进步,从而深切体会到运动与健康关系之密切。台南市公教退休人员协会属公益性

---

* 原载2010年1月15日《联谊园》第50期。

的社团,现有会员3 000多名,绝大多数是政府机关(含附属单位)与学校的退休人员。我父亲担任理事长后,以他的健身养生经验,极力呼吁全体会员欲求健康长寿,必须力行"动、忙、食、淡、恒"五字诀。"动",即每日不忘运动;"忙",应天天有事做;"食",除戒烟酒外,忌食有损健康及可能致癌的食物;"淡",看淡名利;"恒"就是持之以恒,对此五字力行不辍。后来,他依据此五字诀的意涵,演变成他的养生之道八法,作为座右铭,融化于日常生活中。养生八法:一是运动有恒;二是饮食有节;三是生活规律;四是排泄正常;五是淡泊名利;六是四处旅游;七是每天喝水;八是广结善缘。这是他人生一路走来,平安顺遂,心之所感,也是他始终如一、力行不倦的经验总结。在有恒运动上,随着年事渐高,他由起先慢跑改为快步日走八千至一万步,还坚持每天实施自创十六招式运动半小时。我父亲与我交谈时,十分强调喝水之重要。他说,人能三日无粮,不可一日缺水,人体有70%是水,就生理而言,人体各部组织大都是水来支持。他每天要喝2 500 ml的水(每早盥洗毕,即先喝两杯开水)。他认为"大便通畅"也至关要紧,即所谓"欲得长生,肠中常清,欲得不死,肠中无滓",他做到每天必通便一次。他还有每晚泡澡一次的习惯,以帮助血液循环。另外,我父亲品性温和,待人敦厚谦和,与人为善,讲信修睦,从不计较个人得失,从不发脾气,心态好,我想这也是他健康长寿的重要原因。我父亲说,其实健康养生的道理人人都会说,但不能只停留在口头上,关键在于做,在于坚持,在这一点上,他做到了。

我父亲一向十分爱国爱乡,希望祖国早日真正统一。他"放眼看世界",先后到东南亚、欧洲等13国和祖国大陆25个省、市、自治区旅游,他曾在台南市公教退休人员协会的会刊上公开发表《邓小平之丰功伟绩》一文,其中写道:"翻开中国五千年历史,国家从未有如今日之富强,推本溯源,肇因于邓小平之改革开放决策之正确","1986年我第一次回大陆探亲,眼见国家建设落后,民生凋敝,没想到不上十年,竟然脱胎换骨,面目一新,发生翻天覆地之变化,令人感动,无以复加,是中国人在历史上扬眉吐气未曾有的光荣"。他此趟再次回到家乡,目睹莆田进步、变化之大,十分欣喜,也甚感自豪。

他主持台南市公教退休人员协会十数年,开朗面对社会,结交了不少知友。我问我父亲协会平时都有哪些会务,他举其荦荦大者列了九项:一是编印会员通讯录,方便联络;二是收取会员会费,并争取市政府拨出会址免费使用及经费补助(以往每年补助160万元台币);三是一年四季举办健康讲座;四是组织会员海内外旅游;五是为会员举办庆生会,举办金钻婚庆;六是协助会员解决一些困难,如牵线搭桥,协助解决会员适龄和逾龄子女婚姻问题;七是编制协会年度工作计划及经费收支预决算,举办会员大会及每年一度的春节团拜活动;八是征求、组织会员志工来轮值协会会务;九是编辑、出版台南市公教退休人员协会《长青会刊》。

为写此文,"采访"的最后,我父亲对我说,与其他健康老人一样,他践行的《不老歌》也是"起得早,睡得好,七分饱,长跑跑,多笑笑,莫烦恼,天天忙,永不老",仅此而已。

学友联谊会
——咱们温暖的一个"家"*

我们这一届的学友联谊会从1994年成立至今已走过了18个年头。我想,这是联谊会从初建到逐步发展、逐渐成熟的18年,是为学友服务、为母校作贡献、业绩多多、硕果累累的18年,是促进学友沟通互动、团结互助、情谊不断加深的18年。最近方珍清学友在第61期《联谊园》上发表了《学友联谊之树常青》一文。他用六个"之",非常简明扼要地概括了我们的联谊会,即组织之严密、凝聚之给力、存在之时长、规模之广大、聚会之恒常、联谊之情深!的确,我们作为本届学友联谊会的一分子,大家都为我们有这样一个令人羡慕的学友联谊会感到庆幸、自豪与骄傲!

我们的学友联谊会之所以能够做到联谊之树常青,且业绩多多、硕果累累,成功之处我想至少有以下几个因素:

第一,是我们的学友联谊会有一位打着灯笼都找不到的"领头羊"云飞会长。他人品、人缘好,不仅热心、热情、无怨无悔地为大家服务,而且他还有很强的领导能力、组织协调能力和号召力,以及很高的工作水准和领导艺术。咱们大家都非常庆幸有这样一位好会长。让我们一起衷心祝愿他健康长寿永远年轻,永远当我们的好会长。同时,在会长的领导和带领下,我们学友联谊会还有一个热情、热心、尽心尽责为大家服务的志愿者(义工)工作团队,包括李元添、郑邦俊、卢金秋、黄春波、陈授荣、蔡秀华、方珍清、俞俊铸、陈景龙、吴作爱等同学,还包括已故的方一恺同学。他们都为我们学友联谊活动费尽了脑力、心力和体力,作出了无私的奉献与贡献。让我们再次向他们表示深深的敬意和由衷的感谢!

第二,是我们的联谊会建立和形成了很好的联络、联谊的载体和平台。学

---

* 原载2011年2月23日《联谊园》第63期。

友之间只有多往来常相聚，才会走得越来越近，关系越来越亲！在会长的领导下，我们举办了欢庆高中毕业50周年的大聚会，还有一年一度春节期间的中聚会，以及平时经常不断的规模大小不一的小聚会。50年的大聚会搞得很成功，把我们的学友情谊推到了新的高度、宽度和深度，特别是还出了一本很精美、精致，内容很精彩，对我们学友个人和家庭都很有保存价值的《映雪春晖夕照明》纪念册。常言说"每逢佳节倍思亲"。我们老同学之间每年能有机会在新春佳节之际聚在一块，像今天这样的中聚会，大家见见面，一起餐叙，一起交流，互致问候，互道平安，其情切切，其乐融融，这有多么地难得、温馨与开心！平时经常不断的小聚会也进一步加深了学友之间深厚的情谊，特别是我们身居外地的学友，每次回到莆田都受到联谊会盛情接待与款待，我们都感到特别亲切、特别感动，像是见到了亲人，回到了自己的家。

  咱们联谊会的另一个重要的保持学友经常联络、联系的载体和平台，就是我们学友会编发的《联谊园》小报。这一小报已经办了九年，至今出了62期。它现在已成为我们学友、校友、母校之间保持经常交流、沟通的信息平台，成为联系和加深学友情谊的桥梁与纽带。《联谊园》小报大量的文字、照片不断地为我们大家提供的：一是学友的小传与最新的信息与动态；二是学友各次聚会与活动的报道；三是咱们在二中就学时峥嵘岁月的亲切回顾；四是对已故学友的深切怀念；五是对母校和恩师的深深地怀想、感念与感恩；六是有突出建树同学和校友的事迹；七是母校校庆及相关的报告；八是学友个人对人生的感悟及对人生哲学的理解；九是学友之间至诚的节日问候和祝福；十是学友个人（包括老师）的诗作、游记、感想、楹联等；十一是兄弟校友会及有关社会人士活动的信息和动态；十二是有关养生保健知识推荐与介绍文章等等。可以说，《联谊园》小报已成为我们学友人见人爱、每期收到都要反复读看几遍的珍贵的信息源。这里，我们应该特别感谢李元添同学，他是《联谊园》小报的执行主编（最初六期由郑邦俊负责）。感谢他们为此付出的智慧和辛勤的汗水。这里，我还要说的是，我们的《联谊园》小报办得好，不仅获得本届学友的钟爱，还获得母校领导、老师和其他有关方面领导以及非本届学友、校友的肯定与厚爱，往往每期都供不应求。

  第三，是本届学友的联谊之树之所以常青，关键还要靠各位学友的积极参与、关心、支持和帮助，俗话说"众人拾柴火焰高，手指握拳力千斤"。由于大家都给力，才使得我们的学友联谊会越办越好。我们高兴地看到，学友的每次聚会与活动总是人丁兴旺,连远在外地和海外的学友也都尽可能赶来参加,搞得有声有色、红红火火。大家总是高高兴兴而来,开开心心地回,临别时依依不舍,忘不了互道一声珍重,期待着下次欢聚时再见!

每次学友的聚会活动,以及出版《联谊园》小报,都需要一定的经费支持。各位学友、校友都积极主动地缴纳活动会费,经济条件相对好一些的学友还积极给予捐助和赞助。这充分体现了咱们这一届学友的主人翁意识和所具有的很强的向心力与凝聚力! 当然,办什么事情都是相辅相成的,联谊会越办越好,参加的人自然越来越多,联谊会也自然更加兴旺、更有活力,而最终受惠的是我们每一位学友。有的学友说得好,每次参加聚会都很开心,而开心是金钱买不到的,老同学之间深厚的情谊更是无价的。人们说朋友是财富,而学友则是比朋友关系更深一个层次。有的学友说,参加学友聚会,且经常有机会阅读到《联谊园》小报,增加了老同学之间相互学习、交流与沟通的机会,找回一份更好的心情,有利于自己保持更加乐观的心情,保持更加年轻的心态。有的学友说,从聚会和从小报中获得许多新的信息,既增长了知识、开阔了眼界,又更新了一些旧的、老的观念,使自己更懂得如何将老年生活过得更科学、阳光、快乐和幸福,因此,参加学友联谊会就是值!

第四,本届学友联谊之树之所以常青,还因为我们的学友联谊会已成为一个互助互爱的集体。比如,令我非常感动的是,在会长的带领下,我们联谊会还对一些身患疾病在家或住医院的学友、老师,带上薄礼登门进行亲切的慰问,捎去我们大家对患病学友和老师的关心与问候,增强了他们战胜疾病与困难的信心和力量,工作能做得如此到家,这样人性化的学友联谊会,我看国内不多,世界上也是少见的!

云飞让我对联谊会今后的工作再提一些建议。我想进一步搞好联谊会工作,首先是从云飞会长,到工作团队的每一位成员,再至每一位学友,大家都务必把保重身体放在首位,只有大家身体健康长寿,联谊会才真正能可持续发展。在这个大前提下,我再提一些小建议供参考:一是对《联谊园》小报上的文章建议发动学友能写一些本人如何科学养生健身、快乐安度晚年的实践与体会,本人如何营造温馨和谐家庭包括培养教育好下一代、第三代的心得体会,本人参加聚会活动和读了《联谊园》有关文章后感想与体会,亦可不定期地简介母校的一些重要信息和动态;二是在有条件、有可能的情况下,联谊会应为母校更多地做一些力所能及的好事,为母校的校友文化建设多作贡献;三是尽可能将至今尚未联系到的一些学友联系上。

我就说这些。我们常说有家的感觉真好,这个"家"除了我们个人家庭的"家"以外,现在还多了一个家,那就是我们学友联谊会这个"家"!

祝大家兔年好运连连,万事如意,家庭安康幸福。谢谢!

福建考察纪实*

云飞会长：

你好！寄上5月3日晚我们九位学友在莆田最佳西方恒丰酒店与莆田市政协副主席、湄洲湾职业技术学院院长宋一然教授的合影照9张，请转交元添、金秋等诸学友。十分感谢当晚你们冒雨赶来酒店看我，大家又有机会开怀相聚，真是"同窗心连心，学友一家亲"！

此次上海市中小学幼儿教师奖励基金会牵头组织上海部分区教师奖励（教育）基金会的理事长、秘书长（多为上海各区教育局原局长、副局长）一行23人，由我会理事长、上海市人大常委会原副主任胡正昌带队，我作为副领队，于5月3日上午乘MU5505航班离沪，赴福州、莆田、厦门、永定等地学习参观考察，前后共五天行程，既学习福建开展教育基金会工作的宝贵经验，又目睹在海西开发大潮中八闽大地快速的发展与变化，同时进一步感受了当地的传统文化与风俗民情，收获甚丰。

5月3日中午，在福州，福建省中小学幼儿教师奖励基金会会长林逸（省政协原副主席）、副会长兼秘书长陈孔德（省教育厅原副厅长）副会长、省人大教科文卫主任王豫生等，在省教育厅近邻的金春华大酒店热情接待款待我团一行，并介绍了福建省中小学幼儿教师奖励基金会多年来开展尊师重教的工作经验，使我们受益匪浅。特别是四个"坚持"的经验（即坚持每三年评选一次省优秀教师，坚持开展暑期优秀教师"园丁之家"活动，坚持慰问、帮助山区贫困教师，坚持举办闽台两地基础教育学术交流与相互参访活动），给我团同仁留下了深刻的印象。结束福州之行，5月3日傍晚，我们参访团一行，入住莆田恒丰酒店。莆田市人大常委会主任、市委副书记林光大、市人大原副主任林育材、市政协副主席宋一然等在酒店贵宾厅盛情迎接和款待我团全体成员。在

---

* 原载2011年5月30日《联谊园》第67期。

欢迎晚宴上,林光大主任热情致辞并介绍了莆田的概况与近几年来莆田的发展与变化,引发了阵阵会意的掌声与笑声。一个素有"文献名邦""海滨邹鲁"之称、当下正向"经济翻番港城崛起"目标奋进的莆田,深深驻留在上海客人们的心间。我会胡理事长致感谢辞,衷心感谢莆田市领导的盛情款待。他就林会长致辞中提到的莆田所具有的种种发展优势说,莆田还有一个独特的优势,就是莆田人深厚的家乡情结所体现出来的抱团精神,而这方面阿拉上海人就逊色多了。胡理事长还认真而风趣地说,福建的简称为"闽",我看到的是福建人在家门内,似乎是一条"虫",但一旦出了门,踏上社会,尤其是到了全国和世界各地,就都成了叱咤风云的"龙"了。他说,凭着莆田所具备的独特优势,进一步发展这些优势,莆田的明天一定将更加灿烂辉煌。

5月4日上午,我团全体成员在莆田市委接待办精心周到的安排下,赴湄洲岛参观考察。每一位成员都为"东方麦加"旖旎的自然风光与神韵,以及妈祖一生"扶危助困,济世救人"的传奇所惊叹与折服。全体成员在妈祖庙前拍了集体照,每个人都在妈祖塑像前留下了一张张美好的倩影。

离开妈祖圣地,4日下午五时,我们驱车抵达厦门,学习厦门教育基金会弘扬陈嘉庚精神,做大做强教育基金的经验。厦门教育基金会的工作走在全国的前列,该会现拥有一座18层的教育基金会大楼,其基金总额超亿元。他们不断地调整、充实奖教助学项目,强化教育基金规范,科学管理,发挥基金使用的最大效益,给我们上海同仁们以深刻的启示。在厦门两天的学习考察中,厦门市教育基金会常务副理事长兼秘书长张亚梅、副理事长邓渊源、黄向忠(他们曾先后担任厦门市教委书记和主任)以及厦门市委教育工委常务副书记林守章,先后在厦门的"好清香酒楼"和华侨大厦盛情款待我团一行。张亚梅副理事长在致辞中特别旧事重提说,在她担任教育工委副书记时,经上海市教委人事处(黄良汉秘书长当时任人事处处长)牵线搭桥与安排,前后曾有几十位厦门市中小学校长分批到上海中小学名校挂职一至两个月,进行跟班锻炼,学习上海名校长先进的教育理念和管理工作经验,对厦门市中小学校长综合素质和管理能力的提升起了很大的促进作用。我说:"两市的协作交流双方都得益,上海的教师来厦门取经,也学习到很多好做法、好经验嘛!"由于林守章书记是莆田乡亲(从小在厦门长大),我俩在一起交谈得格外投缘与亲切。沪厦两地教育行政部门与教育基金会的领导共同表示,愿今后两地的教育与教育基金会工作的交流与合作更上一层楼,共同为办使人民满意的教育作出应有的贡献。宴席间,厦门市教委老主任邓渊源和我应邀各演唱了《月亮代表我的心》和《鼓浪屿之波》,活跃了会场气氛,获得了热烈掌声。

在厦门期间,我团还参观考察了被誉为"海上花园""音乐之岛"的鼓浪屿。

5月5日晚,在厦门华侨大厦,我还有幸与学友宋理娜、林开元、林仙迪见了面,并合影留念。虽然见面、叙谈的时间短暂,但学友的情谊情深而意长!

5月6日,我们考察团全体成员去闻名遐迩的土楼之乡永定参观。用生土夯筑而成的永定客家土楼,结构奇巧,错落有致,雄浑壮观,与大自然完美结合,令人陶醉!客家人坚忍不拔、拼搏进取、团结互助、崇文重教、敬祖睦宗的客家精神,更是给人以震撼!

5月7日上午,我们乘FM9524航班离厦返沪,圆满地完成了此次福建学习考察之旅。

纸短情长,不尽依依,就汇报这些。代向在莆的各位学友问好、问安!

祝愿莆田学院进一步凝练办学特色和优势为建设现代化莆田新港城作出更大贡献
——黄良汉应邀在莆田学院作上海高教发展、改革动态与信息报告*

8月12日上午9时,莆田学院科学楼东报告厅坐满了学院的领导、中层干部、附属医院分管教学领导,以及各系、专业的负责人和教学秘书,听取上海市教委人事处原处长黄良汉研究员作"深入推进高校内涵建设——当前上海高校发展、改革的动态与信息"的报告。报告会由莆田学院校长余建辉教授主持,前后历时一小时四十五分钟,校党委书记郑才木研究员、副校长黄瑞国教授,校老领导林文扬、卢国富等莅临报告会,共200余人出席。

黄良汉说,今天的莆田学院已成为一所涵盖理、工、文、管、医、教等多系科的综合性本科大学。全校现有12个教学院、系、部,31个本科专业,10个研究所,教职工总数千余人,全日制在校生达1.3万人。莆田学院为国家、特别是福建和莆田地方经济建设和社会事业发展,培养了大批"基础实、口径宽、能力强"的优秀人才,受到了各方的热情赞誉,作为莆田乡亲的黄良汉深受鼓舞!

黄良汉介绍上海的高等教育进入普及化阶段的相关数据后,阐述了上海教育界近年来的两件大事:

一是2010年3月,教育部与上海市人民政府由袁贵仁部长和韩正市长共同签署《教育部、上海市人民政府共建国家教育部综合改革试验区战略合作协议》;二是按照"世界眼光、国家战略、上海特点、全局高度、人民满意"的要求,2010年9月,上海市制定并正式颁布了2010年至2020年《上海市中长期教育改革和发展规划纲要》,确定了上海教育"为了每一个学生的终身发展"的核心理念,描绘了上海教育未来改革发展的蓝图,提出了到2020年上海率先实现教育现代化的战略目标。

---

* 原载2011年9月25日《联谊园》第72期。由卢金秋、郑邦俊执笔。

关于深入推进上海高校内涵建设,黄良汉说,上海提出的方针和目标是"提高教育质量,走创新型、开放型、特色型、服务型"发展之路。他从如何抓提高本科生教育质量与抓师资队伍建设两方面作了介绍。

"质量是大学的生命,创新是大学的灵魂",上海各高校将"提高本科生教育质量"列为学校的"一把手工程",集全校之力,抓教育质量,进一步巩固了本科教学的中心地位,推进了从外延扩张到内涵建设的转变。而重视高校教师队伍建设,特别是青年教师队伍建设,一直是上海高校的优良传统。早在20世纪90年代初,当时的上海市高等教育局局长徐匡迪(后任上海市长、中国工程院院长、全国政协副主席)就亲自抓上海高校优秀青年教师队伍建设,取得了显著成效。如现任国家卫生部部长陈竺(中科院院士),中央书记处书记、中央政策研究室主任王沪宁,最高检察院院长曹建明等,都是当年上海高校遴选出来的35岁以下优青的重点培养对象,逐步成长为国家的栋梁之材。近几年,上海进一步加大对高校优青的选拔与培养,先后出台了有利于选培35岁以下优青的各项政策与措施,如出台了"上海高校选拔培养优秀青年教师工程"的相关实施意见和"上海高校选拔培养优秀青年教师科研专项基金"的相关实施办法;2011年还下发了《上海高校青年教师培养资助计划》,主要资助新进高校的青年教师,入围者每人给予3万至5万元的教科研项目资助。同时,各高校也都有校级层面的优青建设工程及相配套的政策与措施。

黄良汉说,为建设一支素质优良、结构合理、充满活力的高水平的高校师资队伍,上海还不断地推进深化教育人事制度改革,强调创新理念,以人为本,营造有利于教师教书育人和潜心做学问的宽松环境,激发教师自我发展的内需,促进其不断提高学术和专业化水平。多年来,上海市高校教师获得国家科学技术奖及上海市科技进步奖的获奖项目分别在30项与300项以上,均占全市获奖项目的56%以上。在对教师的评价制度上,上海许多高校把对教师的绩效式评价与发展性评价结合起来,既关注教师"今天的工作成果",也关注教师"明天(未来)的发展",使教师评价不仅有诊断功能,而且具有良好的导向与激励功能。

黄良汉说,除了培养人才、科学研究之外,当今上海高校高度重视尽力为社会服务。如2010年上海世博会共设计了11个领域的"总负责人",同济大学教授就担纲了其中8个领域的"总负责人",等等,更充分体现上海高校的大局意识、奉献意识和社会服务意识。

黄良汉说,前不久他先后参加了莆田市市委杨书记、市政府梁市长到上海考察召开的会议,两位领导都谈到,要全面开发湄洲湾,重点发展新型能源、石化、钢铁、船舶修造、林产加工等临港产业,为把莆田建设成一座有文化品位、有经济实力、有优美环境的现代化港口城市而努力。他相信莆田学院作为莆田的最高学府与人才高地,一定会更加紧贴福建,尤其是莆田发展的需要,在系、科专业设置与改造上,按照"人无我有、人有我优、人优我特、人特我新"和"课程适当交叉,能力复合培养,就业特长取胜"的策略,在差别化竞争中,进一步凝练莆田学院的办学特色,形成莆田学院更大的办学优势,在人才培养、科学研究、技术开发和社会服务上,为建设现代化莆田新港城作出更大贡献!

黄良汉说,莆田学院应成为妈祖文化研究的中心,就像厦门大学有个全国闻名的台湾问题研究所一样。近几年,莆田籍民营企业家在全国各地的发展势头非常旺,北京、上海等许多省市均成立了莆田商会。在莆田学院建校十周年之际,学校在邀请国内外专家学者时还应邀请更多海内外爱国爱乡、有实力的莆田籍企业家回莆田学院看看,让他们为家乡唯一的本科大学莆田学院的建设与发展出谋划策、贡献心智与力量。建议可用他们的力量设立莆田学院青年教师建设工程基金,重点用于选拔、培养与资助优秀青年教师,以进一步提升莆田学院的发展后劲。

黄良汉用以下一段话作为报告的结束语:

教育是利国利民的事业,从事教育事业的人,是需要有奉献精神的;
教育是培养人的事业,人才培养是有规律的,要按规律办事,不能急于求成;
建设好一所学校需要长期的甚至几代人的努力和积累,只有每一代人努力把事业做好、做精、做强,努力打造学校的特色与风格,学校有朝一日才有可能成为名校。

最后,黄良汉祝愿莆田学院首先成为同类高校中改革与发展的领跑者,进而成为与莆田历史上作为"文献名邦"相称、与现代化新港城相匹配的一所著名大学。

余校长十分感谢黄良汉研究员长期以来对莆田学院的关心、支持与帮助,当天的报告给予莆田学院很好的启发与启示,莆田学院要努力借鉴上海高校办学之长,结合本校实际,进一步强化自身的办学特色与优势,追求一流与卓越发展,让莆田学院的各项工作更上一层楼!

祝愿"联谊会"越办越红火
——在学友龙春聚会上的发言*

最近,看到上海一位医学专家写的文章,说的是在全民追逐财富的年代,我们要静一静、想一想每个人除了那本众所关注的"财产账户"之外,更要关注两本至关重要的账户,一本是"健康账户",另一本是"情感账户"。受此启发,我想对咱们退休的学友来讲,"财产账户"当然要关注,但房子够住、钱够用就可以了,况且钱再多与幸福并不画等号。而对于"健康账户",则要有完整的健康概念,它应包括体格健康、心理与行为健康以及个人与社会的和谐融合,即社会适应健康,三者缺一不可。而要达到生理、心理与行为健康、与社会适应健康,十分重要的一点是我们还要经营好、管理好"情感账户"。因为人是生活在家庭与社会之中,人与人之间需要靠爱情、亲情与友情加以联络维系,这本"情感账户"是我们赖以生存的重要精神支柱。经营好与家庭和亲人之间的爱情、亲情的重要性毋庸多说,但我们可千万不要忽视"友情"!龙年新春,今天我们七十多位学友能欢聚在一起,所维系的就是学友情。

人们说,学友是金,沉甸甸;学友是梦,总挂念;学友是情,多交流益身心;学友是缘,一世相牵;学友是福,吉祥无边,永驻心间!所以,这里我们要深深感谢翁会长领头,为我们大家搭建的这个学友"联谊会"与《联谊园》平台。借龙年新春学友、校友聚会之际,我衷心祝愿我们的"联谊会"与《联谊园》越办越红火,越办越有凝聚力!并祝各位学友、校友,龙年吉祥如意,万事顺达,阖家幸福安康!

---

* 原载2012年2月28日《联谊园》第78期。

一位走进学生心灵的好老师
——敬贺林文泉老师从教60周年*

1953年起至1956年,林文泉老师担任莆田二中初一丙班的班主任,一直带到初三,我是该班的学生之一。我庆幸自己遇上了一位好老师、好班主任、一位恩师。2007年正月初三,在庆贺林老师八十华诞时,我从上海寄去一幅贺联:"教执五旬,如蜡烛尽心,如慈母精心,倾全副身心,培桃育李,人生典范;寿登八秩,像春蚕诚意,像园丁着意,注满腔情意,塑栋雕梁,学界先锋。"表达了我对林文泉老师一生奉献教育事业而且成就非凡的敬意。

当年林老师教我们班历史,同学们都非常喜欢林老师上的课。他教学严谨,条理清晰,还不时地旁征博引,既生动有趣、引人入胜,又深入浅出、讲深讲透,课堂教学质量非常高,效果非常好,而且他从来不拖堂。班会课上,他作为班主任,还经常对我们进行形势、任务、纪律、理想、人生观的教育,他娓娓道来,如春风细雨,丝丝缕缕滋润着我们每个年轻人的心田,给同学们以启迪、激励与鼓舞。听林老师讲课时,同学们都特别安静,时而感触地领首,时而会心地微笑,教与学互动,感悟"历史给人以智慧"的真谛,大家都说听林老师的课和讲话是一种享受。在同学们的心目中,林老师不仅有崇高的师德,而且具有丰富的学识、厚实的业务功底。后来同学们知道,林老师是凭着对教育和对学生炽热的爱心与责任心,刻苦钻研,博览群书,业余自学进修,参加函授,从一名小学教师成长为优秀中学教师时,更是佩服得五体投地。著名教育家苏霍姆林斯基说得好:"不了解孩子,不了解他的智力发展,他的思想、兴趣、爱好、才能、禀赋、倾向,就谈不上教育。"林老师在整个教育教学工作中,始终注意了解每一位同学的爱好和才能,了解他们的个性特点,积极引导他们成为有个性、有志向、有智慧的完整的人。就以我为例来说,在初中三年中,我对语文学

---

* 原载2012年6月1日《联谊园》第81期并被《九华丹枫》收录。

科比较有兴趣,平时喜欢去校图书馆借读一些文学方面的课外书籍,林老师知道我的兴趣后,就经常向我推荐书,甚至借给我一些他自己买的好书,并指导我如何阅读、如何写作,使我收获与提高甚多。初三上学期学校的一次作文比赛中,我居然获得了全校初中组第一名。这除了语文课任老师对我的教育培养,很大程度上得益于班主任林老师对我的提携与悉心栽培。之后,林老师还推荐我代表全班参加全校朗诵比赛,比赛前,他让我到他住的学校大礼堂旁的宿舍里,多次对我进行一对一的辅导与演练,从朗诵内容的确定、朗诵中如何配合适当的动作与手势,到查字典校正一些字的读音,考虑得无微不至,最终我获得了全校初中组朗诵比赛第一名。两次参赛获奖对我的激励非常大,这正如美国一位心理学家所说的,人性最深切的需求就是被人们赏识的渴望,成功感是一种积极向上的情感,它能满足学生自我实现的高层次需要。从此之后,我更加自觉努力刻苦地学习,由于学习成绩优秀,初中毕业时我被保送直升莆二中高中部,毕业前我还光荣地加入了共青团。初中打下的较好的语文基础,使我终身受益。我从华东师范大学数学系五年制本科毕业时,被分配到国家教育部中学教育司工作,据政治辅导员说,除了由于我的数学成绩较好(当时我是年段的学习委员)外,另一重要原因是看到我是班级墙报的主编,而且普通话也说得不错。后来为了解决夫妻两地分居,我从北京调到上海工业大学(现上海大学)任教数学十多年,1990年调到上海市政府教育行政部门任职直至退休,初中打下的语文基础始终伴我顺利前行。

说到林文泉老师是我的恩师,还有一层让我感激不尽的恩情。我虽然家在莆田城厢,但当时的家境却特别困难,家中主要靠我母亲给人家当保姆和打零工维持生计,母亲一个人要供养我们三兄弟读书,还要照顾我年迈多病的祖父,家里时常出现揭不开锅的窘境,往往要靠亲戚接济暂时渡过难关。林老师特别关心班里每一位家境贫寒的学生,根据我家庭的困难情况,他为我申请了学费减免,还使我享受到国家助学金。在这种境况下成长的我,对林老师慈母般的关怀和爱护,总有一股暖流涌上心头,同时真真切切感受到新社会好和共产党领导的英明伟大。

我升入莆二中高中后,仍常常得到林老师的教导、关心和帮助。高中毕业时,就如何填报大学志愿,我特地去听取林老师的意见,我说我家里穷交不起大学的学费与伙食费,第一志愿打算填报华东师范大学,将来也做一名光荣的人民教师,林老师当即表示支持。1959年我到华师大就读后,一直和林老师保持着通信联系。1960年,当我得知林老师作为优秀教师代表,出席在北京召开的全国文教群英会时,我欣喜万分,格外自豪,立即把这个喜讯告诉在华师大就读的莆田二中校友。

为编辑出版《林文泉老师从教60周年纪念文集》,热心的刘庆华校友特地给我发来了多位不同届别校友所写的深切感念林老师师恩的回忆文章。读着一篇篇情注笔端、感人肺腑的故事,我的内心再次受到了震撼。我觉得这本文集不仅是对林文泉老师个人人格魅力的肯定,也是对我党培育的新中国一代优秀知识分子对教育事业高度事业心、使命感和敬业精神的赞颂。这一篇篇内容翔实、情节生动、内涵深刻的文章,犹如一曲经典的《园丁之歌》,忠实地记录着林文泉老师这样一位教书育人楷模的执着追求和人生轨迹。它是无价的宝贵财富,对于今天在教育园地辛勤耕耘的年轻一代来说,更是一份传承崇高师德、铸就神圣师魂、弘扬优秀师风的好教材。

人们常问,什么样的老师是最好的老师?我十分赞同上海一位教育家的回答:能走进学生心灵、懂得教育艺术的老师就是最好的老师。林文泉老师无疑就是一位既懂得教育艺术又能走进学生心灵的好老师!因为他深爱自己的学生,也懂得如何爱学生,他处处关心、尊重、信任、理解、宽容、赏识、激励学生,将教育的阳光照射进每一位学生的心灵,让每一位学生蕴藏的聪明才智得以充分发挥,让每一位学生埋藏在心底的渴求上进的激情熊熊燃烧。

庆华校友嘱我为这本文集写一篇序言,我没敢应允下来,就写了以上文字作为文集中的一篇文章吧。

咱们永远的老师
——祝贺林文泉从教60周年暨纪念文集出版*

一位教师以自己对学生炽热的爱,点燃了一个个稚嫩的生命,使他们绽放出应有的美丽来,同时也点燃了自己的生命,焕发出绚丽的光彩。这位当年是出席全国文教群英会的优秀教师,就是被学生誉为"一位走进学生心灵的好老师"的林文泉老师。

他是一位既会教历史又会教语文的老师。历史课和语文课一般被认为是需要死记硬背难教难学的课,但他上的历史课和语文课却使学生们感到鲜活、生动——以其丰富的内涵展现它的魅力,领悟师者所言"历史给人以智慧"和"语文作为母语是最重要的交际工具与文化载体"的真谛,从而产生"亲其师,信其道,乐其学"的情感效应,并在教化学生健全人格与良好品质中起了其他学科所不能替代的重要作用。

他是一位班主任。他做了一年又一年的班主任,他珍视个性,爱生如子,处处想学生之所想,帮学生之所难,给学生以无微不至的关怀,为学生播种理想,增长智慧,培植信心与力量,展现"班主任是学生人生健康成长导师"的价值。因为他的大爱,一些灰暗的生命闪现了光彩;因为他的大爱,一些歪斜的生命挺直了脊梁;因为他的大爱,一些困顿的生命重现了生机,改写了人生的道路和命运。

他又是一位学校行政管理者。他担任过多年学校教导主任等行政职务,在他的主持下,学校的教学行政管理始终高效运行,而且充满生机与活力。他善于与校长合作,和同事合作,和学生合作;他具有善于沟通的热情与品质,有理智判断和成熟的驾驭能力,有设身处地为他人着想的品格和推己及人的宽广胸怀。

---

* 原载2012年11月28日《联谊园》第86期。

他一生淡泊名利，甘作人梯，无私奉献，无怨无悔，以陶行知先生"捧着一颗心来，不带半根草去"的精神自律自勉，一辈子教书育人，走进学生的心灵里，堪称是以心育人的楷模。

人们常说，假如一个人在他的学生时代遇到过一个好老师，那是他一辈子的幸运和幸福。林文泉老师无疑就是我们遇到的这样一位终生难忘的好老师——学生生命中的贵人。

《林文泉从教 60 周年纪念文集》是一本育人的诗篇，它的出版是一笔宝贵的财富，它带给我们怎样从爱及学生身心特点和认知规律出发，做个好教师的深入思考与有益启迪。对广大青年教师，它更是一份传承崇高师德、铸就神圣师魂、弘扬优秀师风的好教材。

《林文泉从教 60 周年纪念文集》的顺利出版，使我们内心深处激动、感动不已，我们首先应当感谢主编刘庆华校友的发起与组织，以及他亲力亲为对每一篇文稿严格地把关并做细致缜密的文字加工与润色；同时要感谢副主编涂雨老书记和全体编委通力合作，为之付出的心血与汗水；还要感谢文集中各位作者满怀感恩之心，情注笔端，从不同视角所倾诉的一件件感人肺腑的关于林老师的故事；也要感谢其他各方面热心人士的大力支持与鼎力相助，尤其要向百忙中赶来出席今天纪念文集首发式的莆田市教育局郑祖杰局长以及林老师先后服务过的莆田二中、莆田四中、侨中等校的老领导与现职领导表示由衷的谢意！如此空前的盛况，都是缘于林文泉老师是咱们永远的老师！

林文泉老师从教 60 周年的生涯，体现了一位平凡而又伟大的人民教师的人格魅力。没有林老师教书育人的成功实践，也就没有这本纪念文集。所以，我们最要感谢的是纪念文集的主人公林文泉老师。"文陶桃李苑，泉润栋梁材。"让我们热烈庆贺《林文泉老师从教 60 周年纪念文集》的出版与发行！让我们衷心祝愿林文泉老师教育青春永驻，身体健康长寿！

教育是家事，更是国事；是为今天，更是为明天。愿莆田教育界涌现出更多像林文泉老师这样的好老师，愿莆田教育的明天更加灿烂美好！

理想　责任　坚持　感恩
——在 2013 年莆田二中黄日昌奖/助学金颁奖会上的发言*

今天我们在这里举行第七届黄日昌奖/助学金颁奖大会，我作为莆田二中上海校友会的代表，并受黄日昌基金会的委托，很高兴来参加今天的颁奖会。首先，请允许我代表莆田二中上海校友会和黄日昌基金会，向 2013 年莆田二中高考优秀生、黄日昌奖学金获得者徐榕琼、黄立毅、游都等同学表示热烈的祝贺！并向获得黄日昌助学金的高一、高二品学兼优的关振民等同学致意！也要向辛勤培育学生健康成长的母校领导和老师们表示深深的谢意和崇高的敬意！同时，我们还要向特地从上海返回母校参加今天的颁奖会、等会儿还将给同学们作报告的杰出的年轻校友许荔梅、周春香表示欢迎和感谢！

以往几届颁奖会都是由校友中年长的资深专家、教授返校为同学们作励志报告。这次我们作了改变和调整，请相对年轻而事业有成的杰出校友回到母校为学弟、学妹们作讲座，我们想这或许能拉近时空的距离，使学弟学妹们能有更多的共同话题与报告者进行交流与互动。

黄日昌先生是新加坡聚昌有限公司的董事长，祖籍莆田江口石庭，他年幼丧父，家道贫寒，年仅 15 岁时，他就闯荡南洋，怀揣理想和责任，自强不息，勇于挑战，勤奋学习，艰苦奋斗，努力拼搏，打拼出一片天地、一番事业。他从经营自行车开始，最终成为新加坡最大的空调制造商、东南亚最大的成衣设备经营商，同时涉及电子商品制造、国际贸易、房地产等多个领域，都取得了巨大的成功。在事业奋斗的过程中，黄老坚持勤奋学习，自学成才。他刻苦自学汉语古文，学习英文、日文及工商管理、医学等各方面的知识，知识面很宽、很渊博，且应用自如、得心应手。尤其在国际商贸活动中他能用流利、娴熟的英语与对方进行直接交流与谈判。

---

* 原载 2013 年 9 月 5 日《联谊园》第 94 期。

黄老事业有成后,始终心系祖国和家乡,做了大量爱国、爱乡、爱民的义举和善举。黄老坚信"教育兴国"是一件功在千秋的大事,他秉承"爱国爱教,培育英才"的理念,设立黄日昌奖/助学金,帮助清华、北大、复旦、交大、中国科大和莆田学院等全国许多大学的优秀贫困学生完成学业,研读硕士、博士学位,造就了一批又一批祖国的英才。从2007年起,黄老欣然同意在莆田二中设立黄日昌奖/助学金,以鼓励和激励二中的青年学生树立远大理想,坚持勤奋学习,注重锻炼品格,勇于进取创新,健康成长,使二中为国家和莆田培养、输送更多的杰出人才。黄老今年已93岁高龄,而且身体健康,至今还在上班工作。解读他人生的伟大历程,我们深深地敬仰、感佩他,他是我们如何做事、做人的学习楷模。

借此机会我想对今天获得黄日昌奖/助学金的同学,以及在座的所有同学提几点希望,也是和大家共勉。

第一,我们要向黄老学习,做一个有理想、有抱负的人。黄老早在青少年时期就怀有崇高的理想和抱负。他十几岁到南洋时,就挑起了家庭重担,立志要创出一番事业来,他利用打工的机会努力学习本领,时机成熟之后就自己创业,逐步走上了发展之路。他认为,人总要有理想和目标,活着就要去奋斗。黄老一生所取得的成就告诉我们理想与目标是人生前进的灯塔,立志是人生走向成功的关键第一步。人只有立志,才能把全部的思想、心智、能量和行为集中在要干的事情上,才会把"不可能"变成"可能"。历史和现实都告诉我们,每一个对社会作出重大贡献的人,都是有志气、有抱负而且确立了明确奋斗目标的人。

第二,我们要向黄老学习,做一个脚踏实地、坚持勤奋学习、不怕艰难困苦和曲折、有责任敢担当、自强不息、敢于面对挑战、有坚强意志的人。黄老在打拼事业的过程中,不管遇到多大的困难与挫折,他从不退缩,从不轻言放弃。他这种"坚持到底,永不言败""有责任敢担当"的优秀品格,最终使他的既定目标变成了现实,达到了卓越的境界。黄老的一生告诉我们。成功在于坚持,做人要有责任敢担当,这也是古今中外成功者的必经之路。等会儿许荔梅、周春香校友还要向大家介绍他们的学习与工作经历,从她们所取得的成绩、成就中,同学们同样可以深刻领悟到"理想、目标、责任与坚持"是人生走向成功之路。这两位女校友的报告,一定会使同学们更加坚定信心,我们每一位同学都有人生出彩的机会,都有梦想成真的机会!

第三，我们要向黄老学习，做一个懂得知恩图报的人。希望同学们要有"滴水之恩当涌泉相报"的情怀，学习黄老功成名就不忘回报祖国和家乡的情感与责任。今天黄老给予同学们恩泽与恩惠，还有你们的父母、老师、母校以及国家社会都给予我们以恩泽与恩惠。凡是曾经给予我们恩泽与恩惠的人，我们都应当懂得感恩并转化为一种激励自己奋斗向上的动力和行动。刚才获奖代表游都同学的发言很好，说出了同学们共同的心声。将来我们每位同学有能力之时，都应当将感恩的爱与情、光与热一直传递下去，让我们的世界处处充满爱的阳光，让我们的社会更加温馨和谐，让我们的明天更加美好！愿我们大家一起向黄老学习，共同践行"理想、责任、坚持、感恩"，大家一起努力，使我们的母校莆田二中走出更多社会栋梁、优秀人才和成功人士！谢谢！

黄家勋先生期颐华诞宴会祝辞*

尊敬的各位嘉宾,亲戚朋友们:

晚上好!

儿孙团聚,喜气盈门歌大寿!亲友光临,盛情满座祝期颐!值此家父黄家勋先生期颐华诞的日子里,我谨代表黄家全体成员向前来参加我父亲百岁寿宴的各位嘉宾和亲朋好友致以最衷心的感谢和热烈欢迎!

家父黄家勋,1914年10月2日出生于莆田,今年99岁。父亲早年仅读私塾四年,先在我祖父莆田开的鞋店做帮工,后凭他坚强的意志,努力自学,得以同等学力考取公职,前后在福建晋江、永春、仙游、莆田等地行政部门任税务、民政、统计等工作。1945年,他离开莆田去台湾,先后在台北、高雄、花莲等地任职。1949年调入台南市公用事业管理部门,主管全市公用事业管理业务,兢业从公,尽忠职守,清明廉洁,成绩斐然,上下拥戴,直至1982年退休。退休后不久,他被选为台南市公教退休人员协会理事长,并蝉联多届,前后任理事长达21年,2010年,他96岁时卸下职务,被台湾报界誉为"世界上唯一的人瑞理事长"。任协会理事长期间,父亲热心公益,任劳任怨,牺牲奉献,为三千多名会员热情服务,广受好评,并以他健身养生之经验,呼吁全体会员力行"动、忙、食、淡、恒"养生五字诀,成效显著。由于勋业辉煌,2005年,他荣膺马英九先生颁发的荣誉奖。

父亲极力提倡"动、忙、食、淡、恒"养生五字诀。所谓"动"就是每天要运动;"忙"就是天天要有事做;"食"是防止病从口入,除戒烟限酒外,应忌食有损健康及可能致癌的食物;"淡"要淡泊名利;"恒"就是持之以恒,力行不懈,这就是他老人家延年益寿的秘诀。父亲对我们说,他践行的《不老歌》是"起得早,睡得好,七分饱,长跑跑,多笑笑,莫烦恼,天天忙,永不老"。

---

* 原载2013年9月25日《联谊园》第96期。

勤奋、豁达、正直、诚信、爱恨分明、自强不息、矢志不移、精益求精、博学多闻、文思泉涌、与人为善、温厚宽容、心怀感恩、广结善缘，这是他老人家为人处世的准则和人格魅力。令我们非常感动并引以为豪、学习的是，父亲一向是高调做事，低调做人。就以祝寿这件事来说，父亲一向不做寿，他的理由是，生辰是母难之日，如遇难产，生死关头，为人子女者，当日应追怀母亲十月怀胎，三年乳哺之恩，不该视为快乐事。为此，今天我们在这里为他举办期颐华诞，是在我等小辈们一致的力劝下，父亲才勉强同意的。我们对父亲说，过去你不同意为你祝寿，我们都认了，但一百年才遇一次的期颐华诞，你就让后辈、小辈们表达一下大家的心意吧，并借此机会学习和发扬光大你如何做人、如何做事的风范、品格和精神吧！而且，此时此刻，我们在心中也都不忘母难，深深地感念母恩！

父亲平生"放眼看世界"，先后到欧洲、东南亚等13国和祖国大陆25个省、市、自治区旅游。他十分关心祖国的和平统一大业，每天坚持阅报，观看电视新闻，在台湾公开发表《邓小平之丰功伟绩》文章，组织协会会员游览祖国大好河山，目睹大陆改革开放后经济和社会建设迅速发展的新面貌。他在《邓小平之丰功伟绩》文章中说，祖国大陆外汇存底跃居全球第一，国防先进武器皆可自制，与世界一百七十多个国家建交，且为联合国常任理事国之一，国际影响力举足轻重；国内铁路、机场、港口迅猛扩建，三峡大坝、高原铁路、奥运场馆相继建成，奥运奖牌百枚以上。这些成就为中国有史以来百年未见，是中国人在历史上未曾有过的光荣。

父亲热爱家乡，1986年他首次由台湾回莆田探亲，之后又多次返乡，目睹莆田发展与进步日新月异，十分欣喜，甚感自豪！他敬重父母，又始终关爱、呵护子女有加，令子女和小辈们倍感家的温馨与幸福！人们常说母爱无疆，其实从我们儿女亲身的体验，父爱同样如此。父亲，您的爱就像一股清泉滋润我们的心！父亲，您的爱又像一团浓烈的火焰温暖我们的身！您是我们心中的太阳，永远照耀、抚慰和升华着我们的精神。正如高尔基所说："父爱是一部震撼心灵的著作，读懂了他，你也就读懂了整个人生。"

敬爱的父亲，您是我们黄家的一座丰碑，你95岁时自撰、出版的人生传记《九五回忆》，已成为泽润儿孙的无价财富。

感谢上苍，感恩父亲，我们今生有幸做您的儿女！敬爱的父亲，请您放心，我等儿女和小辈们一定会以您为榜样，堂堂正正做人，认认真真做事，更加努力地学习,更加努力地工作,更加努力地健体,使每个人都学有所长、业有所成、身体健康,为黄家争光!

祝愿敬爱的父亲福如东海、寿比南山!

最后,再次感谢各位嘉宾和亲朋好友光临今晚家父的百岁寿宴,特别要感谢当年在我们黄家困难时期亲朋好友们所给予的珍贵的帮助、关心和照顾。

母校情深天长地久　　学友谊重齐奔期颐[*]

母校领导、各位嘉宾、学友们：

大家好！这次我们的聚会是在母校建校 135 周年、本届初中同学入学 60 周年和学友联谊会成立 20 周年"三喜临门"之际进行的。大家从祖国的四面八方，甚至远在挪威的学友都赶来了。令人非常高兴的是母校领导，还有嘉宾、兄弟学校和本校不同届的一些校友也来了。大家能聚在一起靠的是什么？我想是个"情"字，深深的母校情结！浓浓的学友、校友情谊！这是再多的物质和金钱都买不来的！

今天我们在这里欢庆母校 135 周年华诞，我想，我们作为二中（哲理）校友、学友都深感荣耀与自豪！因为像咱们母校这样历史悠久、积淀厚重、办学业绩辉煌的中学，大概在全中国甚至全世界的中学中都是屈指可数的。135 年来，从母校走出了 12 位革命烈士、10 位将军、3 位中科院院士，培养了近 10 万名毕业生，其中有 3 000 多名高级人才，真是才俊辈出，桃李满天下！今天我们同时庆贺本届学友考入二中初中部 60 周年，也是非常有意义且不容易的。我本人是初中丙班的，后又保送直升莆田二中高中部。大家至今还引以为豪的是我们二中 59 届高中当年高考成绩是全莆田第一，在全省名列前茅。我认为主要原因之一，是我们这一届生源质量和学风非常好（多数同学由二中初中部考入或直升本校高中），所以，我们 56 届初中、59 届高中学友一起组成联谊会是顺理成章的，是有着天然的内在联系和深刻内涵的。

我们作为二中（哲理）校友，尤其是同届同班的学友，毕业之后几十年还能聚在一起，确实难能可贵！学友这个关系是永恒的。今天我们聚在一起仍然以同学相互称呼，不论现在你有多少财富，不论你曾经当过什么长、什么官，也不论你现在胖瘦高矮，力气大还是小，我们大家在一起的关系仍然很纯洁、很

---

[*] 原载 2013 年 12 月 20 日《联谊园》第 97 期。

纯真，彼此在身份上、人格上都是平等的。这里我讲个复旦大学数学系77级数学专业同学毕业三十年后聚会的故事。这个班当年毕业时共有46人，2011年12月25日在复旦大学聚会时差不多都到齐了，其中职位职务最高的是中共中央政治局委员、中央书记处书记、中组部部长、现任的国家副主席李源潮，其他的学友大多数是国内外一流大学的知名教授、系主任，有的是国外大银行的执行董事，有一位是科技部副部长，有一位是中科院院士，有一位是珠海市市长，最小的官是少年儿童出版社社长。拍聚会集体照时，他们是按照当年拍毕业照时的站位拍照的，不少同学拉李源潮坐在第一排最中间，他无论如何不允，他坚持站在拍毕业照时的第三排右边的第二位。我想这就体现了学友、同学之间聚在一起不该有身份差别，都是平等的，最珍贵、最纯真、最纯洁的还是同学间的关系。所以咱们都应该十分珍惜这份曾经手足情深、相濡以沫的学友情谊！虽然中学毕业后我们各人的机遇及后来工作岗位会不同，对社会的奉献也会有大小，但只要尽心尽力了，又何必耿耿于怀！诚如著名作家杨绛的百岁感言："我们曾如此渴望命运的波澜，其实到最后才发现，人生最曼妙的风景，竟是内心的淡定与从容，……世界是自己的，与他人毫无关系。"

"人与人之间，可以近，也可以远，情谊可浓也可淡。"有那么众多学校的学友同样有学友情，但都较少像咱们二中这一届学友这样亲近、亲密且延绵不断又与日俱增，我一直认为这要归功于翁云飞会长和在莆田的几位理事！20年来，我们渐渐老了，但联谊会之树常青，经常不断的联络、联谊与活动，令我们越过越有滋味、越长越有智慧、越聚越有色彩与亮光！联谊会已成为我们温馨依恋的共同家园！我们身在外地或旅居海外的学友更有深切的体会，每次回莆田都受到联谊会学友热情接待与款待，我们感到特别亲切、格外感动，犹如回到家见到亲人！而令我一辈子都忘不了的是今年9月17日，我全家在莆田台湾大酒店为家父举行百岁寿庆，翁会长、姚宗元等11位学友代表联谊会到会祝贺，敬赠裱好的贺轴，会后还精心编辑出版《联谊会》第96期，专刊用整整四个彩色版面，作专题报道，庆贺家父期颐华诞，亮出的主旨是"学友亲三代，共贺百岁翁"，李元添学兄（亦为该期主编）亲撰的报道情真意切，他还和翁云飞、方珍清两学兄分别恭诗赋贺，令家父和我全家感动不已！涂雨校长还特意打电话赞扬这期专刊。我父亲收到这期《联谊园》后，分寄给我叔叔、婶婶，他还从台南特地打电话对我说："你的同学会真是太有心了，真令人感到敬佩啊！"要我代表他老人家向联谊会学友表示衷心感谢！这也可算是海峡两岸同胞共谱一曲亲情的新乐章！我们在座诸位如为父母举办百岁寿庆，相信联谊会一定会照此规格和待遇办理的。当然，届时希望也能通知我参加。

我还想强调的是我们联谊会可贵之处在于它不仅仅只是个维系联络学友、校友感情和情谊的平台，更有价值的是我们一直为母校的建设与发展不断地添砖加瓦，一直为建设与发展莆田二中的校友文化不断地付出心智与心力，而且作出了诸多方面的贡献！当然，联谊会一直得到母校领导的厚爱和支持！因时间关系，这方面我就不多说了。

今年8月25日，在母校召开的第七届黄日昌奖/助学金颁发大会上，我代表上海校友会和黄日昌基金会发言时提出希望，要求学弟学妹们要饮水思源，懂得感恩和谢恩！感谢母校、老师与黄老的恩情！其实，这一点对我们这些老校友来讲也是一样的，懂得感恩、谢恩，反映了一个人做人的责任、道德、品位与境界。值此母校135周年华诞之际，我们特别要饮水思源、感恩母校、感恩老师，同时还要有谢恩的行动。凑巧的是这次二中北京校友分会会长吴文桂、二中厦门校友分会副会长林开源，我作为二中上海校友分会的召集人，大家能聚在母校共庆"三喜"，这从一个侧面反映了咱们这一届学友都热心校友会工作、热心公益，同时也说明咱们回馈母校作点积极的贡献，应该有更便利的舞台和空间。北京和厦门校友分会的工作一直做得很好，各方面都走在前列！我们的工作还有差距，我真诚地向他们学习，回去后要与绳熙副会长一起进一步汇聚上海校友的力量，争取把回馈、回报母校的工作做得更好。我想师资始终是强校之本、强校之基、强校之源！今后上海校友分会将在努力促进母校师资队伍建设，包括在设置奖教金等方面多做些积极的促进工作，为母校进一步提升师资水平、促进形成激励机制做些好事实事。

如今，我们的学友都过了70岁，古时70岁称为古稀之年，八九十岁称耄耋之年，一百岁称为期颐之年。让我们一起努力，像我父亲一样，健康快乐地走向期颐之年！谢谢！

喜联欢歌《联谊园》
——贺《联谊园》创刊百期*

拓耕廿载老牛劲,问世百期汗马功。
期期精彩如人意,股股清泉润我心。
图文并茂千姿出,编读共鸣百感生。
发表诗联谈感悟,刊登传记话人生。
兴校建言酬哲理,养生秘诀惠同窗。
拜访恩师情切切,挚爱母校意浓浓。
三生有幸同窗谊,两小无猜哲理情。
心系同窗当纽带,情牵母校作桥梁。
杨梅山美扬传统,哲理声响励后昆。
百期辛苦谊遍地,廿载辉煌霞满天。
回眸已创辉煌绩,协力继铺锦绣园。
廿载耕耘结硕果,百期庆贺迈新程。

---

* 原载2014年5月20日《联谊园》第100期。

大家一起奔向期颐之年[*]

> 五年母校情，
> 春风化雨，
> 恩师诲谆励吾奋进，
> 学成壮志奔四海，
> 桃李争芬光华夏；
> 半纪人生路，
> 教泽流芳，
> 同窗契合伴我前行，
> 功垂身退重联谊，
> 夕阳送暖照乐园。

华东师范大学5907毕业50周年抒怀由我的心底里流淌而出。光阴荏苒，岁月如歌。1959年7月我从福建莆田考入华东师范大学数学系，至1964年8月毕业被分配到国家教育部中学教育司任职。到教育部报到时，原说让我到部队锻炼一年，后改去河北省怀安县和北京市房山县农村参加社会主义教育运动（简称"四清"运动），揪农村的所谓"走资派"，同时与农民同吃、同住、同劳动。1966年"文革"开始了，我一直作为相对保守的一派加入了革命的"洪流"。在"洪流"中教育部被冠为"执行修正主义教育路线的堡垒"，1969年10月，我同教育部的所有干部一起被下放到安徽省凤阳县教育部"五七"干校劳动"改造"。历经三年，1972年7月我被重新分配到云南省教育厅普教处任职。1975年8月，为解决夫妻分居两地问题，我得到与相关人员"对调"的机会回到

---

[*] 原载2014年11月8日华东师范大学数学系59级—64届毕业五十周年纪念册《走过半个世纪》。作者任该纪念册主编之一。

上海,到上海工业大学(现上海大学)数学教研室任教,教授了十余年"高数"课和"工程数学"课,任教期间加入了中国共产党,被评为副教授。1987年,我调到学校的高教研究室任副主任,主编《高教研究》。1990年8月,我被上调到上海市人民政府教育卫生办公室教育处任处长兼研究室主任。1995年,上海市教育行政部门调整合并成立上海市教育委员会,我担任人事处处长兼上海市高校退管会副主任至2002年11月退休。其中,1996年7月被评为教育管理研究员。退休后发挥余热,我到继续为教师服务、负责具体操作评选上海市园丁奖的上海市中小学幼儿教师奖励基金会担任副理事长兼秘书长至今。虽然工作历程几经变化,但始终没有离开过教育战线,一直在为教育、为教师服务。可以说教育的微观、中观和宏观工作我都做过,更深切感受和体会到教育关乎千秋万代,而教师则是立教之本、强教之源。教育兴中国兴,教育强中国强。因此,我对把自己的一生奉献给教育无怨无悔,虽然没有做出什么成绩,但由于中学的母校和华师大为我打下了不会偷懒的性格基础,对事业、对工作总算是尽心尽力,尽心尽力了就是作了贡献。我十分赞赏著名作家杨绛的百岁感言:"我们曾如此渴望命运的波澜,其实到最后才发现人生最曼妙的风景,竟是内心的淡定与从容,……世界是自己的,与他人毫无关系。"

退休后我和福生等同学乐于学友联谊工作,加上原在市教育行政部门任职的有利条件,在这方面我就努力多做了一点牵线搭桥的工作,觉得非常值得!因为同学之间总是越聚越有滋味、越聚越有感情、越聚越有智慧,它使你重温年少、重度青春,同学是一笔丰富的精神财富!我们作为志愿者和联络员,衷心感谢学友们积极热情地参加与支持每次的校友聚会与活动!

如今咱们都过了70岁,古时70岁称为古稀之年,八九十岁称耄耋之年,一百岁称为期颐之年,让我们大家一起努力,健康、快乐地走向期颐之年!我父亲一生践行"起得早,睡得好,七分饱,长跑跑,多笑笑,莫烦恼,天天忙,永不老"的《不老歌》,今年101岁,生活自理,仍健康地活在当下,这说明期颐之年是可望又可及的。

在上海市莆田商会莆田二中(哲理中学)奖教奖学基金 2014 年度颁奖会上的发言^{*}

在莆田二中(哲理中学)建校 136 周年华诞的喜庆日子里,我作为莆田二中上海校友会的代表,又作为上海市莆田商会的顾问,很高兴与上海莆田商会秘书长朱金标先生一起从上海专程赶回来,参加今天的莆田二中(哲理中学)校庆暨奖教奖学基金的颁奖大会。首先,请允许我代表莆田二中上海校友会和在沪的全体校友,衷心祝福母校走过 136 周年光辉历程所取得的办学业绩,祝愿母校继往开来、宏图大展、再谱华章,为祖国培养输送更多德智体美全面发展的优秀人才。

今年教师节前夕,上海市莆田商会决定捐资 50 万元人民币,在莆田二中、哲理中学设立奖教、奖学基金,今天在这里举行 2014 年校庆的颁奖会,我们应该对上海市莆田商会的善举和义举表示衷心的感谢!人们常常问,什么样的企业家才是真正的成功的企业家,大家往往会脱口而出地说,像美国的比尔·盖茨这样的企业家是真正成功的企业家,因为比尔·盖茨不仅是大名鼎鼎的企业家,同时更是一位慈善大家。这就是说人们公认的真正成功的企业家,不仅在事业上取得了巨大的成功,同时他们还有一颗炽热的公德心。他们深深懂得,自己事业的成功离不开社会,离不开学校的教育与培养,懂得去回报社会,懂得去关心与支持教育,有比一般企业家更高的道德情操、更高的思想境界、更高的目标追求。他们做事业、做企业往往会站得更高、看得更远,有更宽广的视野,于是他们的企业、事业必然能进入更加良性的循环,不断取得更大的成功,所以称得上真正成功的企业家。我作为上海市莆田商会的顾问,近几年能有机会经常接触上海市莆田商会的赵宣会长、朱金标秘书长等众多的企业家,我钦佩他们就是一批真正成功的企业家,他们不但事业成功,而且有一

---

* 原载 2014 年 11 月 20 日《联谊园》第 103 期。

颗仁爱之心,在事业成功的同时,想方设法回报社会,努力为社会的发展,特别是教育的良性发展作出自己的贡献!让我们以热烈的掌声向上海市莆田商会真正成功的企业家们致以崇高的敬意!

今天上海市莆田商会奖教、奖学基金颁发的主要对象是莆田二中、哲理中学中一批在教学科研、学科竞赛指导、德育工作、后勤服务、教学管理、平安校园创建和高三年段教学等方面取得突出和优异成绩的老师。那么,上海市莆田商会为什么将奖励工作首先用在老师这个群体?这是因为,习近平总书记在今年教师节的重要讲话中特别强调指出:"教师重要,就在于教师的工作是塑造灵魂、塑造生命、塑造人的工作。一个人遇到好老师是人生的幸运,一个学校拥有好老师是学校的光荣,一个民族源源不断涌现出一批又一批好老师则是民族的希望。"这就是告诉我们,教师是强校之源、强教之本,只有强的老师,才有强的学生,进而才能强民族、强国家。所以,我钦佩上海市莆田商会的企业家们的眼光、境界、追求与胆略,他们首先将奖教奖学的基金用于激励、奖励教师,促进和加强学校的教师队伍建设。借此机会,我们也衷心祝愿莆田二中、哲理中学的老师们再接再厉,个个都成为习近平总书记所要求的有理想、有信念、有道德情操、有扎实学识和仁爱之心的党与人民满意的好老师,进一步发扬无私奉献的忘我精神、勇于创新的探索精神、诲人不倦的大爱精神、追求卓越的进取精神,在帮助学生实现理想、帮助家长实现愿望、帮助社会育好新人的教书育人事业中作出更大的贡献,同时也在实现自身人生价值中取得更大的成就!

上海市莆田商会奖教奖学基金明年将对莆田二中、哲理中学品学兼优的学生给予奖励。希望今天在校在读的学子们在老师的引领下,通过你们自身的刻苦努力,个个都健康地成长,将来成为祖国和民族的栋梁之材!我作为莆田二中的老校友,与莆田二中上海校友会众多的校友们一样,我们的心永远与母校在一起,永远与母校的同学和老师们在一起。让我们大家一起共同努力,为母校增光添彩,为建设共和国的宏伟大厦添砖加瓦,为实现中华民族伟大复兴的中国梦贡献我们的力量!

出席今天大会的上海市莆田商会朱秘书长在今年教师节时特地参观考察了莆田二中的校园校貌,看了学校的文化长廊,他对莆田二中美丽的校园赞叹不已,对莆田二中(哲理中学)一百三十多年灿烂辉煌的历史和优异的办学成就感到惊叹与钦佩,认为这是我们莆田人的骄傲与自豪!他说,莆田二中有伟大、光荣、灿烂的过去，一定会有更加伟大、光荣、美好的未来，所以，上海市莆田商会愿为莆田二中、哲理中学的发展作出自己微薄的应有的贡献！这里让我们再一次向上海市莆田商会优秀的企业家们致敬、致谢！也祝愿他们的事业更加蒸蒸日上，兴旺发达，为建设咱们可爱的家乡莆田，为实现中华民族伟大复兴的中国梦作出更大的贡献！

服务　创新　合力　共赢
——简评上海市莆田商会 2014 年的工作*

赵宣会长、朱金标秘书长要我来点评上海市莆田商会 2014 年的工作,我作为商会的顾问,有点诚恐诚惶、如履薄冰。俗话说"旁观者清",让我来评论商会的工作,大概会更客观些吧!

我想这样的点评以后可以常态化,以便充分发挥诸位顾问的作用,共同为莆田商会出谋划策。

刚才听了黄银贤常务副会长对上海市莆田商会过去一年所做工作的回顾与总结,联系我平时对商会工作的所见所闻,我感到新一届上海市莆田商会在赵宣会长的带领下,在上一届工作的基础上,紧紧依靠各副会长,特别是常务副会长、秘书长的鼎力相助以及全体会员单位与个人的积极支持和参与,各方面的工作都上了一个新台阶,呈现了新气象、新面貌、新格局。

一、较好地发挥了商会独特的七大服务功能

1. 信息沟通与交流功能。除了会员企业单位和个人在商会这个平台上经常的聚会与活动外,商会所办的《上海莆商》会刊,开设的网站、微信公众平台(已有近 2 000 人加入这个微信公共平台),使得在沪的莆籍企业家们可以快速便捷地获得各种信息。这在当今信息化的时代非常重要,因为一条信息对你可能很平常,但对别的企业家可能就是商机,或者会在获取的信息中产生某种"火花",形成新的企业发展的思路与办法。同时,这个信息平台也使我们大家随时能了解到家乡的建设与发展变化,使我们更有信心,得到鼓舞。

2. 维护会员企业权益的功能。我们了解到,不少的莆商会员单位依靠商

---

* 原载《上海莆商》2015 年 4 月(第 11 期)。作者时任上海市莆田商会顾问。

会的法律顾问或商会领导及相关人员的人脉关系,使在企业运营中发生的权益问题,包括发生的困难、阻碍与矛盾,得到了妥善解决。

3. 联络深化乡情的功能。俗话说"老乡见老乡,两眼泪汪汪"。我们莆田老乡有个特点,大家对乡土亲情都看得很重。通过商会这个组织,我们大家的乡情观念得到了进一步的发展、加深和升华,这就更有利于凝心聚力、共谋发展、实现共赢。

4. 融资咨询与互助功能。刚才《上海市莆田商会2014工作报告》中已提到,商会与兴业银行签订合作协议,为88家在沪莆田籍企业解决了融资问题,帮助企业解决了发展中资金不足的困难。

5. 合作投资功能。在争取投资项目时,以一两家在沪莆田籍企业的实力往往很难拿到好的项目,但通过上海市莆田商会这个组织和平台,大家联合在一起,实力大大增强,使得一些项目甚至大项目顺利地拿下。

6. 促进沪莆经济合作及在沪莆田企业家返回家乡投资兴业的功能。刚才工作报告中提到,近年来,经商会牵线搭桥与促进,在沪莆田籍企业家在上海和莆田的投资金额累计已高达2 000多亿元。

7. 教育引导、促进提升在沪莆田商企综合素质的功能。在过去一年中,上海市莆田商会组织在沪莆籍企业家们认真学习党的十八届三中全会精神,学习党的十八届四中全会精神,组织会员企业听经济形势报告,举办银企座谈会,举行金融理财、财务管理、税务、法律知识的学习与培训,这对提高在沪莆田籍企业家做到爱国敬业、诚信经营、规范行业行为等各方面都起了积极作用。特别是倡导我们企业一定要诚信经营。有一句话说得非常好:"一个人最大的破产是信用破产,哪怕你一无所有,但只要信用还在,你就还有翻身的本金!"对企业来说,守法是最后底线,诚信是最重要的基石。

二、2014年商会工作的三个亮点

回顾上海市莆田商会2014年的工作,我认为有三个亮点特别值得加以肯定:

1. 进一步完善了各项管理制度。现在,商会已建立并逐步完善了包括会员管理、财务管理、重大事项管理、会长轮值、内部岗位激励机制等一系列制度。"不以规矩,不成方圆",作为一个社团,要使其能够正常、稳定、健康地运转运行,一定要依法办事,要有规范的并加以严格执行的制度,否则就会变成一团乱麻,就会陷入混乱无序之中,那么终有一天你这个组织会解体、垮台。令人可喜的是上海市莆田商会不仅建立了一系列制度,而且将制度打造成铁的制度,做到有了制度后严格地去执行、落实。我想对我们在座的每一位企业家来说,特别是有一定规模的企业,同样一定要有一套科学合理的制度,同时要用制度去强化工作流程,用流程去赢得市场。要努力形成一种"决策科学化、流程标准化、考核系统化"的制度管理模式,到这个时候,你的管理制度就成了竞争力。

2. 工作有新的创意、新的开拓、新的格局。上海市莆田商会努力使自己的工作有新的创意、新的开拓,走创新之路,工作呈现了新的格局。去年的年会以奉献爱心为主题,体现了上海莆商强烈的社会责任意识与担当,树起了上海莆商良好的社会形象。上海莆商爱心基金会2014年共汇聚了善款1 000多万元。其中已用100万元在莆田市教育局设立"上海市莆田商会教坛之星"基金,又捐出100万元与莆田二中上海校友会、莆田一中上海校友会共建奖教助学基金,在莆田家乡的父老乡亲中获得了普遍的、广泛的赞誉与肯定!因为,我们在沪的莆田籍企业家们深深懂得,我们事业的成功和个人的成长,离不开社会的支持,离不开学校的教育和老师的培养。作为真正成功的企业家,应当有比一般企业家更高的道德情操,更高的思想境界,更高的目标追求。我很赞同一位成功的大企业家所说的,一旦企业做大了就不是自己的了,而是员工的,再大一些则是社会的,要努力为社会谋福利,更多地承担起对社会的责任。我想,我们在沪莆田籍商企也应当有这样高大上的使命感与责任担当。"让我们大家都用一颗感恩的心拥抱世界,世界一定会变得更加美好!"今年我们商会的年会也很有新意,以"智慧、创新、合力、共赢"八个字为主题词。在经济新常态发展的形势下,我想在座的企业家们都遇到了许多新的困难、困惑与问题,这就需要用智慧去引领我们继续创业、开拓,取得新的发展、新的业绩。就像"联想集团"创始人柳传志说过的一句话:"第一你要站得高,站在高处看风景;你还要看得远,远一些才能看到发展的态势,才能捕捉到趋势的变化。"今天上午的年会,后面将由中国浦东干部学院钱春海教授为我们作"克强经济学与中国宏观经济形势与政策分析"报告,下午的分论坛也由专家引领。我们的会长、秘书长作出这样的安排,目的就是引导大家能站在高处看风景,并从中捕捉到当下经济发展的新趋势,从而以创新的意识、思路和举措,凝心聚力,形成合力去取得事业发展的共赢。

3. 努力打造莆商的品牌形象与文化。今年以"上海莆商杯"命名的公益微电影大赛活动取得了很好的效果,扩大了上海莆商在社会上的影响力与知名度,集合部分在沪莆商拍摄《天下莆商》纪录片,筹备创作《上海莆商之歌》《上海市莆田商会爱心基金会之歌》,等等,都是为了大力宣传、弘扬和汇聚上海莆商的正能量和上海莆商文化。对我们在座的企业家们来说,在企业中逐步打造自身企业的文化也是非常重要的! 这里也有一句很经典的话,叫作"一年的企业靠运气,十年的企业靠经营,百年的企业靠文化"。专家们说,现代的企业管理有三个阶段:经验管理、科学管理,到最高境界的是文化管理。什么是企业文化? 企业文化也称组织文化,是一个企业组织由其价值观、信念、仪式、符号、处事方式等组成的特有的文化现象。许多成功的企业都注重塑造适合自身发展的企业文化,并从其文化中不断受益。比如,今天与会的老乡陈金海作为厂长为江南造船厂贡献、奉献了一辈子,江南造船厂形成了"爱国奉献、求实创新、自强不息、打造一流"的精神与文化,使江南造船厂创造了无数个"中国第一",甚至"世界第一"。借此机会,我建议有机会应该请陈总给我们上一课。

三、向全体会员企业及商会领导和工作班子致敬

上海市莆田商会较好地发挥了它的七大服务功能以及2014年工作中的三大亮点。这些成绩的取得,首先应该感谢在座的会员企业单位对商会工作的热情支持与参与。同时,上海市莆田商会的工作能不断地进步,还要感谢有一位大家拥护的好会长和一个工作得力的包括常务副会长、秘书长、商会秘书处人员组成的商会的领导与工作班子。赵宣会长大家对他的评价是高调做事、低调做人。他人品、人缘好、情商高,与他一起合作放心、开心! 一个人高调做事,就会一次比一次优秀;低调做人,就会一次比一次稳健。一个人的人品好很重要,人品是一个人真正的最高学历,是一个人能力施展的重要基础。大家对商会的领导与工作班子比较肯定,说他们有责任心、使命感、敬业、奉献、团结、协作,有智慧,有能力,肯为大家做事、办事,我们应该用掌声向他们致敬!

福建省驻沪办事处的领导、上海市福建商会的领导以及福建省许多地、市级在沪商会的领导都出席今天的年会,他们也一直支持、关心和帮助上海市莆田商会的工作,使上海市莆田商会的工作健康发展、不断进步,让我们也向他

们表示衷心的感谢与敬意!

四、年终岁末送给大家的吉言

在年终岁末,会长和秘书长对我说,你们老同志有什么"金玉良言"送给我们在沪的莆田企业家们,我想到了三句话送给大家。

第一句话是:"做实践,情商很重要。"我认为,情商本质其实是一个"融"字,就是融合、融洽、融入、圆融。我们做人处世的奥秘之处就在于你要善于与人相处,携手同行。因此有这样的说法:

智商高,情商低,怀才不遇;

智商低,情商高,贵人相助;

智商高,情商高,春风得意。

第二句话是比尔·盖茨说的:"一个人永远不要靠自己一个人花100％的力量,而要靠100个人花每个人1％的力量。"因为21世纪是英雄退位、团队进位的时代。抱团打天下已是趋势,谁拥有人群,谁就拥有市场,1+1=2叫数学,1+1=11叫经济学。我本人原来读的是数学系,做数学题可以动动脑筋试试看,做经济学肯定不及格,因为我做不出来1+1=11,但我们在座的莆田企业家,只要大家团结在一起,形成合力,用你们的智慧,一定能出色地做出1+1=11。

第三句话:"人生有三件事不能硬等:孝老、行善、健身。"所谓不能硬等就是你不能认为今天不做还有明天,明天不做还有后天。"孝老"和"行善",带来的一定是"善厚天赐福,德高地养人"。孝子、孝女,好人终有好报!特别是对父母,不仅仅是做到经济上的关心、照顾,还应当常回家看看,老人更需要的是亲情、精神上的慰藉。就是说"人生路虽长,感恩要及时"。为什么一定要善待老人,因为我们每个人都有变老的一天!

还有,大家一定不要一门心思全用在赚钱上,还要时刻不忘健身。健身应当包括身体和身心(即生理与心理)两个方面。要知道唯一属于你的是你的身体,包括锻炼、营养、休息、防病治病、讲究卫生、心情乐观舒畅等,一切保护你的身体的措施都要跟上,一刻也不能放松。因为没有健康一切都是浮云,没有健康一切为零,健康是金钱买不到的最有价值的财富。我想大家一定听说过这样一个真实的颇令人伤感的故事:有一位很成功的年轻企业家操劳过度死了,他的妻子嫁给了司机,司机讲,原来觉得是给老板打工,现在才明白,其实是老板在给自己打工。

当下最"傻冒"的人是成天老急、老气、老郁闷、老加班熬夜、老过量超量喝酒,这肯定是很不利于你的身心健康的!有的专家、医生说这等于慢性自杀。而最聪明、快乐的人是老乐、老微笑、老豁达、老幽默、老乐观、老注重养身锻炼,现在还有一条是老给朋友圈发微信,发微信也其乐无穷,得益多多。我们都应该向谢敬通董事长学习,他已85周岁了,但看上去才58岁。我问他的秘诀,他说生活有规律。企业做得那么大了,怎么能做到自己的生活有规律,他说主要是选好人、选对人,然后我就一切大小事情放心交给他们去办了,我只要把握大方向就可以了。

五、新年对商会的期望

上海市莆田商会坚持服务立会、办会,我希望上海市莆田商会在新的一年里做到四个"进一步":进一步增强服务意识,进一步强化服务职能,进一步拓展服务领域,进一步提高服务本领,更好地为会员企业服务,为推动沪莆两地经济、贸易、文化交流与合作,为沪莆两地经济建设和社会事业发展作出更大的贡献,使商会真正成为莆商可依托、可信赖、温馨的家!衷心祝愿上海市莆田商会在"服务、创新、合力、共赢"的路上越走越远,越走越精彩!

以上说得不对的地方,请大家给予批评指正。谢谢!

在莆田市"美德青少年敬通奖"签字仪式上的发言*

能出席今天在上海举行的莆田市"美德青少年敬通奖"签字仪式感到十分高兴和激动。谢老一生艰苦奋斗、克勤克俭,用个人的积蓄,设置这一奖项,旨在家乡青少年中大力提倡立德树人、塑根立魂,从小打好人生基础,积极引导激励青少年从小要有崇高的理想志向,有社会责任感,懂得感恩,尊老爱亲,树立明礼诚信、自强自立、艰苦朴素、勤劳节俭、助人为乐、热心公益、乐于奉献等优良品德。这在当下具有非常重要、深刻和深远的意义!我以为,在家乡设立"美德青少年敬通奖",不是随便什么人都可以设立的,只有像谢老这样品德崇高、德高望重的人才有资格设立这样的奖,因为谢老本身就是立德做人的楷模,是我们和广大青少年学习的榜样。

在谢老的约请下,我在参与讨论和拟订"美德青少年敬通奖"的协议文本时,建议被评上的学生要在校内公示无疑义后上报市教育局审定,以避免弄虚作假而败坏奖项的声誉;同时要在《湄洲日报》上登载受表彰学生的名单,以增强获奖学生及其家长的荣誉感,扩大社会的知晓度与影响,放大正能量,树立社会的正气。

衷心祝愿莆田市"美德青少年敬通奖"成为推进家乡未成年人思想道德建设的一个重要抓手,促进涌现更多学习和践行社会主义核心价值观的小模范、小标兵。

---

* 原载 2015 年 9 月 15 日《联谊园》第 112 期。

在福州学友聚会时的发言[*]

今天,我很高兴与我的太太及从澳大利亚悉尼回国探亲的二女儿一家三口一起来到福州,受到大家这样盛情的接待和款待,我十分激动和感动!使我更加深切体会到"学友是金,沉甸珍贵;学友是梦,总挂心上;学友是缘,一世相牵;学友是福,永驻心间"。炳瑞、作爱和美爱等老同学,为了接待我们一家,为了这次聚会,早早就进行了策划、联络和安排。今天我们一家子下榻在福建省老干部局所属的国惠大酒店,大家又在此聚会、聚餐,这里环境和设施等各方面条件都很好,而且给了很大的优惠与方便,这都是托省老干部局林子利老局长直接的关照,他今天还亲自与会,我尤为感动!这里,要特别向林子利局长和美爱表示深深的感谢!

我们一家子来福建,特别是回莆田省亲,我主要是让孩子们(小外孙女还不到4岁)来老家认根认祖,从小就有家乡的意识。我本人也很想借此机会参加每年春节期间举行的二中59届学友联谊活动。我们本届学友联谊会经常地联谊与活动,不断加深了老同学之间的情谊;同时,因为我们有着共同的值得骄傲的母校——莆田二中,它是我们成长的根基所在。上海的校友推荐我担任莆田二中上海校友会的召集人,我愿意做"义工",乐意承担这份工作,也是基于能为校友、为母校做些力所能及的事,这是我的幸运,也是一份责任!今天,莆田二中福州校友会的陈志贤秘书长在百忙中也来参加这个聚会,彼此认识、熟悉了,我想今后莆田二中上海校友会与福州校友会之间可进一步加强联络与交流,互相学习,共同促进,将校友会工作做得更好!这几年莆田二中上海校友会总体上说搞得比较活跃,主要是靠校友们积极主动的参与和支持,同时,我们还广泛联系福建省驻沪办、上海市福建商会和上海市莆田商会,使校友会的工作得到他们的支持和帮助,上海校友会每年的年会,有关领导都会

---

[*] 原载2016年3月11日《联谊园》第117期。

来参会,给予指导和祝贺。

从前年起,在母校实施的上海市莆田商会奖教、奖学基金(首期50万元),就是通过上海校友会牵线搭桥在母校设立的。平时,我们二中上海校友会也积极地为商会做些力所能及的事,双方相互支持,实现共赢。

今天,见到在福州的各位老同学都心宽体健,我格外高兴!我一直记着一位老领导退休后讲的一句大实话:老同志要善待自己,身体健康,就可以做到:"自己不遭罪,家人不受累,节约医药费,有利全社会!"值此猴年新春佳节,恭祝大家平安、健康、快乐永驻!

张丽冰副市长率团考察上海教育纪实*

"上海中学生阅读、数学、科学能力全球排名第一,依赖的是上海高效的教育体系。"世界银行组织新近报告中对上海教育的这一评价,引起了莆田教育界的关注与重视。

8月4日至5日,莆田市张丽冰副市长、市教育局卓金贤局长率莆田市教育考察团一行共14人,莅临上海考察教育工作,考察团成员包括市教育局曾国顺副局长、各区县教育局局长、市教师进修学院黄荔军院长及莆田一中蔡辉森校长和莆田二中许家豪副书记等。莆田二中上海校友会会同上海市莆田商会按考察团的要求,对考察点事先作了认真的联系落实和安排,二中上海校友会会长黄良汉教授全程陪同考察。

4日上午,考察团一行首先来到上海市静安区重点中学——同济大学附属七一中学,受到上海市中小学幼儿教师奖励基金会副会长王懋功和七一中学周筠校长热情的欢迎和接待。周校长在致辞中特别提及,前不久他随市教师奖励基金会组织的上海中小学校长团刚访问过莆田,莆田高度重视教育的传统、治学治校的真知灼见和莆田同仁的热情好客,都给他们留下了难忘的印象。在周校长致辞并简介七一中学校况后,会议由王懋功副理事长主持,国家督学、上海市教委副巡视员杨国顺和上海市教育考试院高招办主任黄琦先后向来宾作了"上海教育的均衡化与现代化""上海实施新高考方案的实践与思考"专题报告,引起了考察团一行的浓厚兴趣与高度关注,当场提出许多相关问题,与主讲者进行面对面的交流与研讨。会议结束时,王懋功副理事长感谢杨、黄两位领导所作的专题报告,对沪莆双方的互动交流给予高度肯定,并祝莆田市教育考察团的上海之行圆满成功。下午,考察团一行冒着倾盆大雨,来到地处浦东张江高科园区、被誉为上海高中校"四大金刚"之一的华东师范大

---

* 原载2016年8月20日《联谊园》第120期。

学附属第二中学进行实地考察。该校是上海唯一一所国家教育部直属以理科教学见长的重点中学,高考一本录取率一直保持在97%以上,在国际中学生学科奥赛中先后获得过25枚金牌,名列全国前茅,有两位学生由于参加国际中学生科学与工程大赛成绩突出,获得了以他们的名字命名小行星的殊荣。在华师大二附中,考察团一行认真听取了该校党委书记、副校长李志聪关于校情校况的介绍和两位分管副校长对该校"应对新高考方案的做法与经验"的介绍,并进行了富有成效的深入交流。大家对该校学生在校三年中确保做到"六个百分之百"的素质教育育人模式留下了深刻的印象,即:100%的学生完成一项课题研究,100%的学生做100个实验,100%的学生选修校本课程,100%的学生参加社团活动,100%的学生学会游泳,100%的学生做满一百个小时的社会志愿服务。座谈交流后,考察团参观了校内的"学生创新实验室"和校史馆。

5日上午,考察团前往上海青少年校外活动基地——东方绿舟参观考察,营地派专人和专车接待,一路作讲解介绍。大家对位于上海青浦淀山湖畔占地5600亩(其中水域面积3000亩),拥有智慧大道、航空母舰、地球村等16个景点以及功能齐全的学生户外活动设施和完善的学生军训基地与人员配置赞不绝口,感叹上海为实施落实学生的素质教育舍得投巨资的决心与魄力!下午,考察团又赶赴复旦大学附属中学访问。该校办学注重文理兼通,也是上海高中校的"四大金刚"之一,高考一本录取率一直保持在96%以上,每年有众多的毕业生考入国外名牌大学,仅2015届学生就有92位考入复旦大学。听了该校吴坚校长的介绍后,大家对复旦附中背靠和依托复旦大学这个得天独厚的优势和条件,在师资培养、招生考试和教学教育改革中做出的优异成绩表示由衷的感佩!

莆田市教育考察团回莆后,曾国顺副局长给黄良汉会长发回微信说:"感谢周到的安排、热情的款待,这次赴沪学习交流收获颇丰,留给我们很多的启发和思考。"据悉,莆田市教育局已计划选派部分校长到上海的有关学校挂职学习,以深化沪莆两地教育界的交流与互动。

感动与怀想*

世界好大,我们只是沧海一粟;世界好小,我们能够屡屡这样年年相聚!此次年初六参加莆田二中56届初中、59届高中老同学新春聚会,令我有很多的感动与怀想……

看到几十位老同学,从南京、上海、杭州、福州、厦门以及从莆田的各地,汇聚到莆城"君子兰"再次喜相逢,大家倾情交流,共诉衷肠,坦诚相待,传递真诚,共浴同学深情厚谊的阳光,真是:"青山在,人未老,同学情正浓;岁月增,水长流,情怀依旧深!"

看到"失联"五十多年的老同学"归队"了,是我们的联谊会把散落天涯的珍珠重新串成美丽的项链,真是多么的令人感动与神往!

看到老同学个个精神饱满、身体健康,且今年又有十位老同学年届八十,联谊会专门为其戴红花、发纪念证、赠寿礼,真是一幅流光溢彩、喜庆喜乐、美丽温馨的画卷!

看到老同学纷纷举杯同祝新春快乐、健康长寿,放歌抒怀,同庆干杯,其情其景,真是如同一首深情的歌,悠远绵长而回味无穷!

记得云飞会长有过精准的统计,今次老同学在莆城的新春聚会已是第24个年头了;联谊会主办的《联谊园》小报从2002年5月第一期出刊,至今也已办了15年,共出版127期了(这里应特别感谢邦俊、元添两位执行主编);还有近年来众多老同学的微信加入了"莆二中59届群"……真是:"无论相隔多遥远,仿佛你从未走远;无论分别多少年,好像你一直在身边!"

记得我在上次新春聚会发言中说过,为何本会老同学的联谊、情谊会历久弥新、永不褪色?因为我们有一位众望所归的"旗手",他就是云飞会长,而他的身边又凝聚着一批热心、乐于为大家奉献、服务的"志愿者"骨干;再就是本

---

* 原载2017年2月25日《联谊园》第129期。

会广大老同学的积极参与和热情支持！是啊，此生此缘，联谊会已成为本届老同学心灵倚靠、停靠的港湾，成为相互激励、互相扶持向上的阶梯！有道是，常想念、怀念老同学，这本身就是一种享受；能常相逢老同学，更是一种幸福！如今，我们已深深体验、体悟到，同学之间相互牵挂并相聚的日子，确实更加温馨、美妙而绚丽！让我们衷心祝愿咱们莆田二中56届初中、59届高中同学，永远"再拾同窗意浓稠，学友情谊万古流！"

俗话说："聚是一团火，散是满天星。"新春聚会后我们又各奔东西了，值此，衷心祝福各位老同学身体健康、家庭和睦、晚年幸福，快乐享受人生的每一天！

福建省莆田第二中学(哲理中学)
上海校友会 2016 年工作报告*

秋日的上海,桂香漫城。有一句蛮时兴的诗是这样说的:"生活不止眼前的苟且,还有诗和远方。"我很欣赏后一句"还有诗和远方",它的意蕴我理解是对未来美好日子和事情、事件热切的渴望与期盼。对每年国庆长假后召开的莆田二中上海校友会年会,在未召开之前,我心中始终处于一种"还有诗和远方"的热切期盼中,期盼莆田二中上海校友会年会的召开,期盼年会时能与众多校友、兄弟姐妹们以及八方嘉宾贵客欢聚在一起,期盼见到母校的校长与老师,聆听他们讲述母校最新的发展变化与取得的新成就,更期盼校友们报告工作中取得的一个个新的业绩、听到校友们传来的一桩桩新的喜讯……而今天,我们 2017 年莆田二中上海校友会年会在上海天佑医院会议厅隆重召开,我们内心的种种渴望和期盼都如愿以偿了,所以我们大家都特别高兴、开心,都特别感动、激动!感慨"世界好大,我们只是沧海一粟;世界好小,我们二中在沪校友能屡屡年年相聚在一起!"真是如同一句佳话所言"校友相聚是一首歌!"前面卓总立强校友代表天佑医院董事会作了热情洋溢的致辞,使我们倍感亲切,也深受鼓舞和鼓励!刘诗强院长介绍了天佑医院日新月异的发展与进步的情况,并强调了校友和乡亲们有需要时,天佑医院一定提供最便捷、贴心的医疗服务!让我们向卓总校友和刘院长一直以来对二中上海校友会工作的大力支持和帮助,表示衷心的感谢!

下面,我代表二中上海校友会简要回顾校友会过去一年所做的主要工作:

一、成功举办 2016 上海校友会年会

去年 10 月 16 日,我们也是在这里成功召开了 2016 年二中上海校友会年

---

* 报告时间为 2017 年 10 月 14 日。作者时任莆田二中(哲理中学)上海校友会会长。

会,与会的老、中、青校友和领导、嘉宾共130余人,母校莆田二中校长曾加华,哲理中学书记方祖禧、副校长李迎清,二中教务处副主任林少许和母校校友总会秘书长宋存义老师等一行共5人前来参会指导。会上,曾加华校长和方祖禧书记关于母校发展和办学业绩的介绍,许金廉校友所作的"现代医学科学——视野、观点与思考"的专题讲座,都给大家留下深刻印象,给我们很大的鼓舞!

二、通过二中上海校友会这个平台,在沪二中校友的联系更密切,合作互动更频繁、活跃、有效

二中上海校友之间除了平时经常的联系交流外,有近260位在沪校友加入了二中上海校友会微信群,还开通了莆田二中上海校友会微信公众号,校友之间做到了线下与线上经常的联系、交流与沟通,包括及时互通信息、传递母校和家乡的喜讯,相互帮助解决工作和企事业发展中遇到的一些困难和问题,甚至包括子女入学、就业、就医和找对象等问题,部分校友周末还在一起联谊聚会,开展文体活动等。在微信群中,大家传递的都是正能量的内容,如每天转发三分钟新闻早餐,传递一些美文、美图、美景、美乐和有深度的时评及养生保健知识,以及互致节日的问候等。正如福建省驻沪办赵闽阳副主任在去年年会致辞中所肯定和表扬的,他说如今的"莆田二中上海校友会是老、中、青团结和谐,校友会越办越红火,越办越有内涵,越办越有活力!"这一年来,二中上海校友会进一步成为在沪校友资源共享、优势互补、不断增进友谊与合作、促进共赢发展的平台,而且在沪校友的队伍也不断地扩大壮大!十分令人欣喜的是今年莆田二中、哲理中学又有施兴建等16位高三毕业同学考入上海交大、同济大学等8所上海高校,今天他们也来了,让我们用掌声向他们表示热烈欢迎!后面大会将有一个议程,谢老敬通先生向他们每人赠送由谢老签名的他的自传《奋斗的足迹——莆田人谢敬通》一书,然后还将由在沪的资深老校友詹丽姗、曾炳芳、涂石、黄绳熙、郑银水等向新校友赠送刻有母校校训的纪念饮水杯,寓意"饮水思源",以体现二中上海校友会新老传承、薪火相传的优良传统。非常可喜可贺的是在沪二中不少年轻校友的学位越来越高,而且都到了重要的关键岗位上任职,如后面要作主题讲座发言的华为公司的、北大毕业的林猛博士,华东建筑设计研究院的、同济大学毕业的陈建兴博士,汉得信息公司的副总、上海财经大学毕业的黄建华校友等。

三、支持、促进和协助谢敬通先生出版他的传记《奋斗的足迹——莆田人谢敬通》一书,并继续支持、协助莆田市"美德少年敬通奖"的表彰颁奖和宣传的有关工作

谢老德高望重,今年已89岁高龄,他的一生是平凡的一生,又是传奇的一生,谢老的这本传记,从找谁执笔写,选哪家出版社出版,咱们二中的老校友、上海文艺出版社原编审涂石(今天他也来了)和我本人都积极协助策划和联络,莆田知名作家郑国贤写出书稿后,涂石认真地进行审读、修改和把关,最后定的书名也有幸采纳了我提议的"奋斗的足迹"。这本书近30万字,请中科院院士、同济大学著名教授孙钧写序,由上海文艺出版社出版后反响很强烈,大家读后都认为是一本生动讲述谢老自强不息、坚毅奋斗一生的,激励后生后辈后学的好教材。

谢老通过莆田市教育局设立的"美德少年敬通奖",每年由谢老出资20万元,已在莆田市中小学连续颁发三届了,准备连办十届,谢老个人出资200万元已拨付莆田市教育局"教育发展促进基金会"账户。谢老年事已高,路上安全是第一位的,所以我和谢老公司的办公室主任全程陪同谢老到莆田参加颁奖大会。会后,莆田《湄洲日报》套红刊登了共200位获奖中小学生的名字,同时转载了孙钧院士《我们认识的谢敬通先生》一文(即孙院士为《奋斗的足迹——莆田人谢敬通》所写的序)。颁奖大会除发给获奖学生奖状、奖金(每位学生1 000元)外,今年还由谢老将他的这本传记赠予获奖同学。今年这个奖项和颁奖是放在莆田市庆祝教师节大会上一起进行的,9月10日那天莆田市四套班子的主要领导都参加了,是规格很高的颁奖大会。

四、牵线搭桥,促成上海、莆田两地中小学校长主题交流座谈会在莆田成功举办

我作为莆田二中上海校友会的召集人,在我的积极联系和努力促进下,今年5月17日至18日,来自上海16个区的31位中青年优秀校长,参加了上海市中小学幼儿教师奖励基金会组织到莆田的荣誉休假暨教育考察活动。5月18日,31位上海校长参观莆田五中之后,在莆田阳光假日大酒店会议厅举行了以"校长对学校课程的领导力"为主题的莆田、上海两地校长专题交流座谈会。莆田市教育局局长卓金贤等领导和莆田市31位中小学校长,其中包括我

们母校莆二中校长曾加华、哲理中学书记方祖禧都出席了专题交流座谈会。座谈会由莆田市教育局副局长曾国顺主持,卓金贤局长致欢迎辞,上海校长们都饶有兴趣地观看了"莆田教育情况介绍"宣传片,然后两地各有三位校长在座谈会上作了专题交流发言,上海市教育功臣、上海市特级校长、七宝中学原校长仇忠海和上海市教委原副主任李骏修作了精彩深刻的点评,并对莆田市教育局和教育界同仁表示感谢,同时对莆田教育的发展与改革予以充分肯定,寄予厚望。令人高兴的是,在这次两地交流座谈会上,莆田市的31位中小学校长还与上海市相应学校的31位校长结成对子,从而搭建起莆田上海两地校长互动交流的平台。据了解,已有多所莆田学校的校长与上海相应学校的校长签订了相互交流合作的协议,这必将对双方学校乃至两市教育的发展起到积极的促进作用。莆田市副市长陈惠黔高度重视这次专题交流座谈会,晚间还亲切会见了全体来自上海的中小学校长。

五、为了莆田教育更美好的明天,积极出谋划策

去年10月至11月,在上海市莆田商会的支持和协助下,经我本人和莆田老乡、上海职业考试院林建中院长的联系与落实,莆田市12所一级达标校莆田一中、二中、四中、五中、六中、八中、十中和仙游一中、擢英中学、哲理中学、莆田华侨中学及仙游华侨中学,共派出12位校长(有的是副校长或教务主任、政教处主任)到上海的七所市重点高中复旦附中、上海交大附中、七宝中学、建平中学、市西中学、晋元中学和川沙中学跟踪学习一个月,取得了丰硕的学习成果,回到莆田后,莆田市教育局召开全市中学校长大会,由所有赴上海学习的校长在大会上作报告,汇报他们在上海学习取经的收获与体会,并每人写出在上海跟踪学习一个月的调研报告和相关的文章,莆田市教育局正准备将他们的报告和文章结集出一本书,我也应约为此书写了一篇叫《为了莆田教育更美好的明天——关于莆田市借鉴学习上海中小学综合改革经验的思考与建议》的文章发给莆田市教育局,全文共3 000多字,分三个部分,第一部分概括介绍上海教育综合改革中基础教育改革的主要做法与五大变化,第二部分对莆田市教育改革与发展中借鉴学习上海教育综合改革经验提出了六方面的建议,最后部分我写了一段结语是:"为了通往教育的理想之路,为了学生的终身发展,为了祖国与民族的振兴,为了莆田教育更美好的明天,我作为在沪的莆田乡亲,一位老教育工作者,衷心祝愿莆沪两地教育界进一步加强密切合作与

交流，达到和实现资源共享、合作共赢、发展共进的目标和愿景！"

六、重续莆田二中与上海建平中学姐妹校的情谊，进一步密切与加强母校莆田二中与建平中学的交流与合作

早在几个月前，曾校长就对我说，二中和上海建平中学很多年前就结为姐妹校，当年建平中学的冯恩洪校长曾几次到莆田二中传经送宝，建平中学还在莆田二中设立了"金苹果奖"，曾经有十几位莆田二中的高一、高二学生到建平中学"留学"。加华校长希望上海校友会能与建平中学现任的校领导联系，将莆田二中和建平中学两校的关系和合作重新紧密联系起来。于是，经过我与建平中学赵国弟校长联系，昨天下午由曾校长和陈培基校长带队，我们莆田二中和哲理中学共11位领导和老师到建平进行学习和参观考察，受到建平中学赵国弟校长、沈正东副校长的热情接待，听取了建平中学关于如何应对高考改革新政的经验介绍，双方都表示今后要进一步加强交流与合作。

最后，告诉大家一个好消息，上海市莆田商会爱心基金会在前三年共捐赠莆田二中、哲理中学奖教金45万元的基础上，今年将再追加15万元，作为二中、哲理中学的奖教金，今天爱心基金会会长梁智勇的代表吴志敏先生也特地来参会了，让我们用掌声表示热烈的欢迎和衷心的感谢！

关于过去一年莆田二中上海校友会的工作回顾，我就汇报这些，请校友们提出宝贵的意见。谢谢！

莆田二中（哲理中学）上海校友会
2018年工作报告[*]

有句话说得好："校友是金，校友是福，校友是缘，校友相聚是首歌！"母校莆田二中（哲理中学）是我们人生关键阶段求知、学习、生活，不断取得成长进步的地方，也是我们从这里出发，奔向新的远方和高地的地方。常言说："不忘初始，不忘初心，方得始终。"虽然我们从二中（哲理中学）毕业后同在大上海工作和生活，但由于毕业届别的不同，很多校友之间并不都认识，可喜的是自从有了二中（哲理中学）上海校友会这个大平台、大家庭后，我们二中在沪的老中青校友，每年一度在校友联谊会上欢聚，共同追忆那段激情燃烧的岁月，共同追忆二中、哲理中学给我们留下成长的足迹，我们彼此之间是那么的开心、那么的亲切，那么的温暖！因为我们二中（哲理中学）每一位校友心灵深处共同悸动的都是"感恩"两个字！鲜花感恩雨露，因为雨露滋润着它的成长；小草感恩大地，因为大地给它生存的空间；苍鹰感恩长空，因为长空任它飞翔！我们感恩母校，因为母校莆田二中（哲理中学）和老师们给了我们栽培和教育，使我们掌握了中学阶段应该掌握的最重要的知识和本领，教我们怎样做人、怎样做事，塑造了我们的灵魂，从而才有了我们今天的一切！

今天大家到达会议场地门口时都在签名墙上签了自己的大名，这个签名墙上去年八个大字是"逐梦壶兰，勇博沪江"，今年"勇博"两个字改为"扬帆"，寓意是我们二中（哲理中学）在沪校友在勇博中已经乘风破浪扬帆前进，都取得了一个又一个新的业绩、新的成就！签名墙副题中原来十个字是"欢抒校友情，常怀母校恩"，今年又加了十个字是"母校庆百卌，申城斟千杯"，点出了今年是母校成立140周年华诞！下面，我分两部分内容向大家作汇报，一是去年校友会工作的回顾，二是二中上海校友会准备向母校140周年校庆献礼的六个"一"。

---

[*] 报告时间为2018年10月13日。

一、莆田二中(哲理中学)上海校友联谊会 2017 年度主要工作

1. 成功举办莆田二中(哲理中学)上海校友联谊会2017年会。去年10月14日,我们在同济大学附属天佑医院成功召开了2017二中上海校友会年会,有130余位老中青校友、母校领导及嘉宾到会。去年母校莆田二中校长曾加华、副书记许家豪和哲理中学校长陈培基及莆田二中(哲理中学)校友总会秘书长宋存义一行共11人莅临年会祝贺和指导。我作了过去一年校友会工作的回顾与总结,进一步明确指出了校友会"凝聚、服务、发展、逐梦"的工作理念与宗旨。华为工程师林猛博士、华东建筑设计院陈建兴博士、景格科技及习乐学院创始人郑金忠、上海电力医院康复科主任医师吴朝阳博士等四位校友从各自的专业经验出发作了专题报告,获得了大家的一致好评。

2. 莆田二中(哲理中学)上海校友会的队伍不断扩大,形成热心校友会工作的中青年骨干队伍,校友之间的互动、交流与合作更加密切有效。今年又有考入同济大学等上海高校共21位新校友加入本会(今天他们中大多数已到会),目前有300多位校友加入了二中(哲理中学)上海校友会微信群。校友之间线上线下的交流、互动与合作更为频繁、更为紧密,大家资源共享、优势互补,共浴校友深情厚谊的和煦阳光,助推校友个人与事业的顺利成功发展。特别令人欣喜的是肖思敏、陈剑聪、郑金忠、陈国雄、张建辉、林俊燊、周春香、祁林志等一批热心校友会工作的中青年骨干队伍等已形成,还建立了有20多人加入的骨干微信群,校友会工作更加有朝气、有活力、有凝聚力和战斗力。

3. 积极联系协调与沟通,促成上海市莆田商会爱心基金增加莆田二中(哲理中学)的奖学金。2014年至2016年上海市莆田商会爱心基金会每年资助莆田二中(哲理中学)15万元,2017年又增加资助15万元,这样,从2014年至2017年,莆田商会爱心基金会在莆田二中(哲理中学)共颁发奖教金60万元,在母校教师中产生了良好的激励作用。

4. 继续支持和参与黄日昌奖/助学金的颁奖与表彰。这个奖项已连续颁发11届了,形成了"颁奖搭台,讲座励志"的良好运转模式,在母校师生中产生了广泛的积极的影响。我们上海校友会的黄绳熙副会长从这个奖项的设立到每年的实施落地,做了大量卓有成效的工作。

5. 继续协助莆田市"新时代好少年敬通奖"的颁奖与宣传工作。这个奖项原名"美德青少年敬通奖",今年改名为"新时代好少年敬通奖"。谢老设立

的这个奖项,每年由他出资20万元,奖励莆田中小学生中品学兼优的学子200名,名单登在《湄洲日报》上,鼓励莆田学子争当学习和践行社会主义核心价值观的小模范、小标兵,至今年9月,已连续颁奖4年,在莆田市产生了很好的导向作用和广泛的社会影响。我每年都陪同谢老去莆田参与颁奖和协助做好相关的文宣工作。谢老原定这个奖项连办十年,今年他承诺将作为长期办下去的奖项,真是"胸怀桑梓千古颂,情系教育万世传!"让我们用热烈的掌声向谢老致意、点赞!谢老曾多次到莆田二中(哲理中学)参观考察,关心学校发展,提出指导意见,谢老动情地说,莆田二中(哲理中学)横跨三个世纪,一代又一代人薪火不断,共同奋斗,为莆田和国家培养、输送了数以万计的各级各类优秀人才,贡献很大!为此,他特地对我和曾校长说,今年他要为莆田二中庆祝140周年校庆作出表示,他决定出资支持莆田二中140周年庆纪念册的印制和出版。谢老这种深深钟爱莆田二中的情怀令人可敬可佩,令我们十分感动,让我们再次用掌声向谢老表示感谢!

6. 牵线搭桥,助推沪莆两地深化教育信息与经验交流。在我们校友会和我本人的积极联系和助推下,去年5月上海有31位中青年优秀校长到莆田有关中小学进行教育考察,还在莆田阳光酒店举行了以"校长对学校课程的领导力"为主题的莆田、上海两地校长专题交流座谈会。曾校长和方祖禧书记都参加了这个座谈会。今年4月,莆田一中、二中、四中等10所学校的创客教育负责人,到市西中学(市西中学方书记今天也来了,当时她亲自热情接待)、华师大附属第二中学、七宝中学等上海四所学校及咱们二中校友郑金忠创办的上海景格科技公司参观考察,学习上海如何建设学生科创实验室的做法与经验。在景格科技公司郑金忠校友的支持和帮助下,莆田市职业技术学校的新能源汽车实训基地已在规划和建设中。

7. 为莆田教育界更好地学习借鉴上海中小学教育综合改革经验建言献策。前年10月至11月,莆田一中、二中等12所一级达标高中校有关校长和老师到上海复旦附中、交大附中、七宝中学、建平中学、市西中学等七所重点高中校跟踪学习一个月,回莆田后来沪的校长和老师都写了学习心得和学习日记,由莆田市教育局汇编了一本《取法于上——上海市中学跟岗日记》。莆田市教育局领导让我也在这本书上发表了一篇文章,我拟的题目为《为了莆田教育更美好的明天——关于莆田市借鉴学习上海中小学综合改革的思考与建议》,我在这篇文章中提出了积极的建议,希望和祝愿沪莆两地教育界进一步加强合作交流,达到"资源共享,合作共赢,发展共进"的目标与愿景。

二、莆田二中(哲理中学)上海校友会准备向母校 140 年庆献上的六个"一"

咱们莆田二中(哲理中学)已走过了 140 年辉煌的历程。140 年就是横跨三个世纪的风流,我想全中国有如此悠久办学历史的中学应该是凤毛麟角,能作为具有如此悠久办学历史中学的校友,我们应该感到无比光荣、骄傲与自豪!经过我们上海校友会会长和多位校友核心骨干一起讨论,确定二中(哲理中学)上海校友会在今年校庆时向母校 140 庆献上六个"一"。

1. 设一个"向母校退休老师送温暖暨帮困基金"。这个基金由二中上海校友会副会长陈国雄校友捐赠,每年捐款 10 万元,连续 10 年共 100 万元。每年的这 10 万元,建议部分款用于二中(哲理中学)退休老师教师节返校团聚庆祝教师节所需费用的支出,大部分款项用于资助家庭困难或生病住院的二中(哲理中学)退休老教师。让我们用掌声向陈国雄校友致敬和感谢!

2. 支持出版一本书——《哲理钟声》。这是向二中(哲理中学)140 周年华诞献礼的书,全书登载了 40 多位二中(哲理中学)杰出校友,从二中(哲理中学)求学成长到成才成功一路奋进的事迹,这本书由咱们莆田二中(哲理中学)上海校友会与莆田二中(哲理中学)校友总会合编,我参与策划,由老校友郑邦俊担任主编,曾加华校长作序,出版经费由二中上海校友会卓立强、肖思敏两位校友全力支持与赞助。这本书所登的杰出校友,有中共闽中革命播火者、老前辈陈国柱、吴梦泽,有中科院、工程院三位院士黄维垣、杨锦宗、俞永新校友,有黄文麟、林文肯两位优秀的省部级领导,还有的是对国家有突出贡献的各行各业著名的专家、学者和企业精英,其中詹丽姗等好几位是二中(哲理中学)在沪的优秀校友的事迹,是弘扬母校精神、激励我们母校广大师生砥砺前行的光辉榜样和巨大动力。

3. 敬赠母校 140 年庆贺联一幅。贺联上写:"敬贺莆田二中 140 周年华诞:桃李万千格物致知求哲理,春秋百册励精图治育英才。"落款为:莆田二中(哲理中学)上海校友会。由陈国雄校友请年届 92 岁的西泠印社全国著名书法家吕国璋题写,同时,还将请书法家再写一幅赠予哲理中学。

4. 制作一张碟片。莆田二中在沪校友祝福母校 140 年庆视频,将由陈创聪、张海和潘细明校友拍摄和制作。

5. 陈建兴校友在校庆期间为母校师生作一场报告。陈建兴校友是华东设计研究总院国家一级注册结构高级工程师、英国注册结构工程师,是同济大学毕业的博士,他先后参加过诸多如上海中心等超高层建筑的结构设计。

6. 编写并演唱一首歌——《莆田二中(哲理中学)校友之歌》。这首歌是由我改编填词的,去年在校友年会上唱过。前几天母校许家豪副书记邀约我在这次母校140年校庆晚会上演唱这首歌,我唱得不好,但通过演唱这首歌,希望能鼓励母校的广大同学如歌词中所写的:"永远记住老师的教诲、校长的启迪,一代又一代传承母校精神的真谛!"

我就汇报以上这些,不妥之处,请大家给予指正。

莆田二中(哲理中学)上海校友会近年工作成果

一、校友队伍日益壮大,校友之间的互动与交流合作更加密切而有效

每年金秋十月,二中上海校友会举办联谊年会,老、中、青校友欢聚一堂,母校领导与嘉宾致辞,会长回顾总结一年工作,展望未来发展,校友代表作专题讲座或交流工作心得,全体校友与母校领导、嘉宾合影,晚间聚餐和联欢联谊,年会成为在沪校友的盛大节日。

除了每年一度的校友联谊年会外,有近300位校友加入了二中上海校友会微信群,交流与互助更为频繁而紧密,资源共享,优势互补,共浴校友深情厚谊的和煦阳光,助推校友个人与事业的成功发展。

二、积极支持和参与黄日昌奖助学金的设立、颁奖与表彰

该奖助学金连续颁发了十一届,形成了"颁奖搭台,讲座励志"的运作模式,先后有8位优秀的上海校友应邀回母校作励志报告,受到母校广大师生的欢迎和肯定。

三、积极主动协调与沟通工作,促成上海市莆田商会在莆田二中和哲理中学设立奖教金

2014年至2017年共颁发奖教金60万元(每年15万元),在母校教师中产生了良好的激励作用。

四、牵线搭桥,助推沪莆两地深化教育经验与信息的交流

先后有12所莆田市一级达标校的老师到上海6所名校跟班学习一个月;

---

* 原载2018年11月莆田二中140周年校庆纪念册《世纪华章》。

有莆一中、二中等10校的创客教育负责人,到华师大二附中等4校及莆田二中校友创办的上海景格科技公司参观考察,学习建设学生科创实验室的经验;有34位上海优秀中小学校长到莆田二中作交流与考察访问,有40位上海优秀校长、教师到莆田参加"沪莆两地中小学校长专题交流座谈会";在上海景格科技公司二中校友的支持和帮助下,莆田市职业技术学校的新能源汽车实训基地正在规划与建设中。

五、促进达成莆田二中与上海建平中学重续姐妹校情谊

2017年10月,曾加华校长亲自率领二中有关领导干部和教师一行10人到建平中学学习考察与交流,进一步密切了两校的合作关系。

六、为莆田教育界更好地学习借鉴上海教育综合改革经验建言献策

黄良汉会长在莆田市教育局主编的《取法于上——上海市中学跟岗日记》一书上发表《为了莆田教育更美好的明天——关于莆田市借鉴学习上海中小学综合改革的思考与建议》专文,提出积极建议,祝愿沪莆两地教育界进一步加强合作交流,达到"资源共享,合作共赢,发展共进"的目标与愿景。

在莆田二中(哲理中学)140周年华诞庆祝大会上的发言*

尊敬的各位领导,各位嘉宾,各位老师,亲爱的校友、同学们:

今天是一个令人兴奋而激动的日子,我们满怀喜悦欢聚在一起,庆祝咱们的母校莆田二中140周年华诞!作为二中的校友和老师、同学,此时此刻,我们每个人的心中都充满着感动、欢欣、荣耀与自豪!因为像咱们莆田二中这样有140年建校历史,有如此厚重的文化沉淀,有如此辉煌办学业绩的学校,在全中国甚至在全世界中学中都是屈指可数的。

"桃李万千格物致知求哲理,春秋百册励精图治育英才。"140年来,莆田二中跨越三个世纪的风流,演绎着古老与年轻的交汇,展示着历史与现实的巨变,盛开着拼搏与智慧的花朵。根据统计,咱们二中校友已达12万多人,其中包括13位英烈,13位抗日将领,6位莆田早期党的创建者和领导者,3位两院院士,6位省部级领导,400多位教授博士,27位大学校长、党委书记以及众多优秀杰出的企业家等,我们的母校真是才俊辈出,桃李满天下!

莆田二中(哲理中学)是我们校友梦想的起点、青春的驿站,母校培养培育了我们怎样做人、怎样做事、怎样做学问,打下了我们坚实的人生基础,不论我们校友身在何方,对母校的感念从未释怀,无论我们前行多远,母校永远是我们心灵的港湾!母校恩重如山,老师恩深四海!饮水思源,不忘初心,让我们向伟大的母校莆田二中(哲理中学)致敬!让我们向教诲、培育过我们的所有老师感恩,道一声谢谢!正如昨天校庆晚会上同学们在一首歌中所唱的:春天的花开了,夏天的蝉叫了,秋天的果熟了,冬天的雪飘了,老师,老师,您永远是我们最美好的记忆!让我们大家用热烈的掌声,向我们敬爱的全体莆田二中(哲理中学)老师,包括已退休的所有老师,表示最崇高的敬意和深深的

---

* 发言时间为2018年11月18日。原载2019年3月15日《联谊园》第149期。

谢意!

很高兴今天是让我作为莆田二中(哲理中学)全国各地校友会的代表在这里发言,我个人将校友的情谊与情愫归纳成为四句话:校友是金,沉淀珍贵;校友是梦,总挂心上;校友是缘,一世相牵;校友是福,永驻心间。我想对一所学校而言,校友延续了学校的精神和血脉,校友是学校声誉的重要来源,校友更是学校发展的重要资源、财富和最可依靠的力量!而莆田二中(哲理中学)在莆田和全国各地的校友会则是母校与校友、校友与校友之间架起了一座金桥,是加强我们密切联系、联络与沟通的纽带!这么多年来,在母校领导的重视关心、支持和帮助下,莆田二中(哲理中学)在全国各地的校友会,包括北京、福州、厦门、深圳和上海等地的莆田二中(哲理中学)校友会,已成为校友们资源共享、优势互补,不断增进友谊与合作,促进共赢发展的良好平台,并且在"凝聚、服务、发展、逐梦"中发挥了校友会应有的积极作用。凝聚,就是凝聚校友人气的力量;服务,就是服务校友、母校、家乡和社会;发展,就是助推校友与母校的共同发展;逐梦,就是努力实现校友个人的梦想与中国梦!

莆田二中(哲理中学)上海校友会,这几年在母校的直接关心和指导下,认真学习吸取北京、福州、厦门、深圳等全国各地校友会办会的经验,近年来主要做了以下十件事情:一是每年都隆重认真地举办上海校友会年会,总结过去工作,展望美好未来,并由在沪的成功校友作各自行业专业发展经验的专题交流与分享。二是上海校友会的成员不断扩大,与会的老、中、青校友团结和谐,传承服务与奉献精神,形成了热心校友会工作的中青年核心骨干,校友之间的互动、交流与合作更加密切而有效,包括相互帮助解决一些工作和企事业发展中遇到的困惑、困难和问题,还包括相互帮助解决子女入学、就业以及找对象等问题。现在上海校友会微信群中常联系的校友就有338位。三是积极联系协调和沟通,促成上海市莆田商会在近四年中捐资60万元,在莆田二中、哲理中学设立了奖教基金,助推母校教师按习近平总书记所要求的,成为"有理想信念、有道德情操、有扎实学识、有仁爱之心"的"四有"好老师。四是积极支持和参与连续颁发11届的"黄日昌奖助学金"的颁奖与表彰,激励广大同学奋发学习,立志成才。五是积极协助莆田市"新时代好少年敬通奖"的颁奖及有关的宣传工作,促进莆田涌现出更多新时代的美德好少年。今天,90岁高龄、德高望重的谢老,特地从上海赶过来参加我们的庆祝大会,让我们用掌声向他表示深深的敬意!六是牵线搭桥助推母校与上海有关学校、助推莆田与上海两地深化教育信息与经验交流,包括有34位上海优秀中小学校长到莆田二中做交流与考察访问;有莆田一中、二中和哲理中学等12所一级达标校的校长、老师到上海复旦附中等七所上海市重点高中跟班学习一个月;有40位上海优秀校长、教师参加的在莆田阳光大酒店举办的沪莆两地中小学校长专题交流研讨会。七是为莆田教育界更好地学习借鉴上海中小学教育综合改革经验建言献策,前不久,在校友们的提议和委托下,我个人写了一篇题为《为了莆田教育更美好的明天——关于莆田市借鉴学习上海中小学综合改革经验的思考与建议》,在莆田市教育局主编的《取法于上——上海市中学跟岗日记》这本书上发表,供莆田教育界参考。八是重续莆田二中与上海市建平中学姐妹校的情谊。建平中学这次特地发贺信祝福我们母校140岁生日,昨天建平中学副校长沈正东专程来二中做了"新高考背景下学校教学管理的实践与探索"的专题讲座,二中、哲理中学和莆田许多兄弟学校的好几位参加听讲座的领导和老师对我说,沈校长的报告既有理论又有实践,接地气,针对性和可操作性强,对我们莆田学校很有帮助与启发。九是为了表达对母校140岁生日祝福与心意,这次有两位在上海的校友作了两个"100万元"的捐赠:一位是吴明武校友捐赠100万元,在母校设立"泰盛实业公司奖教奖学金";另一位是陈国雄校友,考虑到母校退休教师是相对弱势的群体,决定每年捐资10万元,连续10年共100万元,在母校设立"退休教师慰问和帮困基金"。十是在上海校友会卓立强、肖思敏伉俪校友的全力支持和赞助下,由二中校友总会与上海校友会共同策划编辑,黄老文麟校友题写书名,郑邦俊、方珍清两位59届校友担任主编、副主编,曾加华校长作序,汇集了40多位莆田二中(哲理中学)优秀杰出校友事迹的《哲理钟声》,共1 500册,作为向校庆献礼的书顺利编辑出版。书中还详细介绍了母校的光荣革命传统与厚重的学校文化。正如曾校长在序言中所说的,这本书将是激励后学和校友的一本很好的教材。此外,上海校友会这次还举荐事业有成的两位年轻优秀校友陈建兴和徐荔梅,从上海返回母校向同学们做励志报告。总之,上海校友会在全体在沪校友的热情支持和参与下,在服务校友、反馈母校、回报家乡方面做了一些积极而有意义的工作,但与全国各地二中校友会的工作比较起来,在很多方面还有不少差距。有人将校友会比作一座人才的"富矿",可开采、利用和挖掘的空间余地还很大,我们上海校友会将借这次与全国各地校友会会长、秘书长相聚在母校的机会,虚心向全国各地校友会学习取经,争取将校友会的工作做得更好,努力把上海校友会办得更有生机活力、更有丰富内涵,成为在沪广大校友的"加油站",成为校友们在大上海的一个温暖、温馨的家园!

最后祝母校以庆祝140年校庆为新的契机、新的起点,以习近平新时代中国特色社会主义思想为指导,全面贯彻党的十九大精神,落实立德树人根本任务,遵循"诚信、勤奋、严谨、进取"的校训,弘扬母校精神,勇攀新的高峰,继续推进教育教学改革与创新,向着"国内一流示范校"的目标不断迈进,演绎莆田二中、哲理中学新的精彩与辉煌!

祝今天的庆祝大会圆满成功!祝各位领导、各位嘉宾、各位老师和校友、同学们身体健康,事业腾达,学业有成,前程锦绣,家庭幸福,万事如意!谢谢!

《岁月如歌　青春永驻——华东师大数学系59级—64届入学六十周年纪念相册》序言*

欢乐的时光无法永留,相聚的情景终将远去。为了珍藏5907联谊会相逢相聚的欢乐时光和一个个学友个人生活的美好情景,留下一份份难忘的记忆,筹备组提议编制《岁月如歌　青春永驻》纪念相册。在老同学们的鼎力支持和热情参与下,这本纪念相册得以顺利付梓,作为我们进入华东师大60周年、毕业55周年的礼物,献给各位同学。

这本相册既不华丽也不娇美,就像我们5907联谊会同学的情谊,淳朴而本色。但恰如相册的名字:饱含着老同学六十年相识、相离、相聚、相念的如歌岁月;打开了六十年前相知、相伴于华东师大数学系五年同窗共读、欢歌笑语的记忆窗口;满载着我们浓浓的同窗友情和深深的师生情缘;留下了从母校毕业分离五十五年中无尽思念、几度相聚的激动时刻;见证了我们昔日在各自岗位尽心尽责、辛勤育人换来桃李芬芳、人才辈出的丰硕成果;更是折射了各自多姿多彩、美满愉快退休生活的方方面面以及子孙满堂、乐享天伦的幸福晚年……真可谓:

岁月如歌情如潮,青春永驻心不老!

感谢原任上海市教育委员会主任,曾任上海交通大学应用数学系主任、副校长的张伟江教授,为我们这本纪念相册题写了笔酣墨饱、遒劲有力的书名;感谢筹备组同学共商策划及亲密无间的愉快合作;特别感谢所有老同学在短短两个月间翻箱倒柜寻觅照片、在记忆的角落里搜索照片拍摄时间地点并撰写文字说明……才使得这本纪念相册"水到渠成"。

这本相册把一份份没有染尘的纯洁情感和幸福时光永远延续,将为大家留住初心、留住青春、留住友情、留住美好!"同学是前世的缘、今世的情,常来

---

* 与同班同学张福生写于2019年9月10日教师节。

常往,格外芬芳。"也许今后大家见面的机会不多,但我们可以通过各种途径把手携得更紧,把心贴得更近,永远像六十年前入学和同窗共读五年时那样:心不老,态自佳,身如松,貌似花!

在莆田二中高中毕业60周年聚会上的发言[*]

我们从母校莆田二中高中毕业已经60个年头了,60年就是一甲子。"甲子轮回,岁月如歌。"今天我们老同学又欢聚在母校,真是非常难得,我是既高兴又激动!常言说:"人生幸福寿为先。"我们都已经七老八十了,今天还能走出家门聚首在一起,说明我们身体都还行,特别是部分身处莆田之外的老同学也远道而来赶回母校更不容易!我们都称得上健康老人,所以我们要格外珍惜,感到幸运,感到知足,感到有福气,感到幸福!

我们这一届同学不但当年高考成绩在莆田第一,在全省名列前茅,更可喜可贺的是我们走上社会、踏上工作岗位后,不管在哪里,在哪个岗位,个个都做出了非凡成绩,都能在各个领域、各个岗位创造奇迹!有一句话叫作"是黄金埋在沙里也会发光",我们就是这样一批真金!

咱们莆田二中56届初中、59届高中学友联谊会成立于1994年,25年来,能做到联谊活动延绵不断,学友的联谊、友谊之树常青,绝对是个奇迹!我深深感到,这是因为我们这一届同学有一种特殊的格局和情结,那就是离而不散,而且是愈到晚年情愈浓!这种凝聚力,简直是一种神秘而强大的牛顿力!联谊会成了与我们大家不能分割的温馨的共同家园!我们真是"三载或六载同窗,一世情缘!"

我多次讲过,我们的联谊会之树常青,首先应该感谢翁云飞会长以及一批始终热心为大家服务的联谊会骨干,包括郑邦俊、李元添、陈授荣、方珍清、卢金秋、蔡秀华、黄春波、俞俊铸、黄国杰等同学,还包括此前已过世的方一恺同学。他们在没有人授权或下达指令的情况下,在翁会长的带领下,年复一年又一年地亲密合作,完美得如有神助!特别需要提出的是联谊会前后还编辑出版了共152期《联谊园》小报,如今还编印出《联谊园》合订本上、下两册,成了

---

[*] 发言时间为2019年10月15日。原载2019年12月5日《联谊园》第153期。

兼具可读性、史料性、欣赏性，很有收藏价值的宝贵书籍，成为莆田二中校友文化不可或缺的组成部分。云飞及其他骨干们一直热心为大家服务，默默地奉献着，我想他们称得上是天使，而我们大家成了美好亲密的莆田二中56届初中、59届高中学友联谊会中的幸运儿！更需强调的是我们的联谊会不仅仅只是一个维系联络学友、学友和母校情谊的纽带与平台，更重要、可贵的是它为母校的建设与发展做了大量添砖加瓦的工作，一直为建设和发展莆田二中的校友文化付出心智和力量，作出了自己应有的贡献！

母校建校至今已141周年了，莆田解放后，莆田哲理中学更是获得新生，改名为莆田第二中学，完完全全地回到人民的怀抱。而我们这一批莘莘学子当年可以说几乎每位同学的家境都非常困难，是在中国共产党和人民政府的亲切关心关怀下，才能有机会跨进名校莆田二中的校门，直至顺利地读到初中、高中毕业。值此我们伟大祖国70华诞之际，回顾我们当年在莆田二中就学就读三年或六年的幸福时光，我们首先应该感谢我们伟大的党，感谢我们亲爱的祖国！的确是"没有共产党就没有我们今天的一切"，这儿不用说像沈文庆、李瑞燊等同学当时是流浪街头的乞丐进了二中校门，有了受教育的机会，就以我本人来说，要是当时没有党和政府发的人民助学金，也是不可能读到高中毕业的。所以，今天我们欢聚在一起，特别要感谢党给予我们的恩惠和恩泽，才让我们从二中毕业升入大学，走上社会，之后立业又成家，过上了幸福安康的日子！当然，今日我们再要深深感激、感谢、感恩的是母校二中和二中的老师们！我们在二中学习期间，记得当时学校贯彻毛主席关于"身体好、工作好、学习好"的"三好"指示，实施"劳卫制"，大家争相阅读苏联小说《钢铁是怎样炼成的》和吴运铎的《把一切献给党》等革命书籍，我们先后在黄益三、孟津、林祖谋等校长和广大老师的引领下，形成了很好的校风、教风、学风，人人刻苦读书，勤奋学习，追求进步，积极开展丰富多样的文体活动，争当"三好"学生，努力使自己成为德、智、体全面发展的社会主义的接班人。当时二中集聚了一大批名师和优秀教师，他们为人师表，不仅有崇高的师德，而且具有丰富的学识、厚实的业务功底和娴熟的教学技能技巧，至今我印象深刻，还记住名字的有物理老师赖汝言，化学老师谢宗仁，数学老师叶盖三、陈兆湄、谢兆燕，生物老师罗振夏、黄德慧，外语老师朱伦焕、林秀梅，历史老师林文泉、陈文彬，语文老师黄寿柱、林玉清、林兴良等。"教师是立教之本、强校之源。"当年我们正是由于有这样一大批名师和优秀教师带教，才有我们学习质量的不断提升，直至取得全省"高考红旗"的佳绩。我们感恩母校和老师培育了我们怎样做人、怎样做事、怎样做学问所打下的坚实的人生基础。母校恩重如山,老师恩泽似海,饮水思源,不忘初始,今天我们一起欢庆在莆田二中高中毕业60周年的时候,我们更加怀念和感恩母校和教过我们的所有老师,我们要深深地再道一声:谢谢!

待会好多同学还要继续作交流发言,我想今天的聚会和交流以及我们手里拿到的《联谊园》合订本,真是非常难得而有深刻意义:这饱含着我们老同学六十年相识、相离、相聚、相念的如歌岁月;打开了六十年前相知、相伴于莆田二中同窗共读、欢声笑语的记忆窗口;满载着我们浓浓的同窗友情和深深的师生情缘;留下了从母校二中毕业分离六十年中的无尽思念;见证了我们昔日在各自岗位尽心尽责、教书育人或科研攻关,换来桃李芬芳、人才辈出、科研屡屡获奖的丰硕成果;也折射了各自多姿多彩、美满愉快退休生活的方方面面,以及子孙满堂、乐享天伦的幸福晚年。真可谓:"岁月如歌情如潮,青春永驻心不老!"

"同学是前世的缘,今世的情,常来常往,格外芬芳!"盼祖国昌盛、民族复兴、人民安康是我们这代人不变的念想,让我们相互勉励,善待自己,珍爱身体,珍惜夕阳,珍藏生活中的每一滴喜悦!愿我们大家今天聚会后仍继续通过联谊会或通过各种机会和途径,把手携得更紧,把心贴得更近,永远像当年在二中就学就读时那样,心不老,态自佳,身如松,貌如花,共同去亲身迎接和见证伟大祖国更加美好的明天!

莆田二中(哲理中学)上海校友会
2019年工作回顾及换届事宜的报告*

很高兴咱们莆田二中(哲理中学)上海校友会的校友刚刚一起欢庆欢度了祖国70华诞,今天又在这里聚会,举行一年一度的校友联谊年会,每年这样的盛会,我们都特别高兴地看到,校友们的情谊更加绵延悠长,校友们情谊的花朵一路芬芳!我们大家都怀着一颗感恩母校莆田二中(哲理中学)炽热的心,越发珍惜我们每个人的名字永远与母校紧紧相连,一刻也不能分割!我们每年的校友联谊年会,用一句话概括,都达到了"聚而情深,聚而共赢"的目标与目的,大家都有满满的收获!我想今天的2019年年会一定会取得圆满成功,获得更多更大的收获!

受校友联谊会理事会的委托,下面我先简要回顾、总结一下近年来,特别是去年一年莆田二中(哲理中学)上海校友会的工作。今年是校友会理事会换届,我作为老会长,更有责任向大家作个回顾性的工作报告。回顾这几年莆田二中(哲理中学)上海校友会的工作,我觉得首先要感谢在沪广大校友的大力支持和热情参与!几年来,我们每年一度的上海校友联谊年会已制度化,人气越来越旺,每年差不多都有近150位校友出席,年会的内容也越来越有内涵,越来越有亮点,除了校友会的工作总结报告外,还有一些校友的讲座或专题分享报告都很精彩;平时校友会线上和线下联谊的面也越来越广,加入微信群的在沪校友现已有367人,平时还开展了一些分区域的校友联谊活动和文体活动等,大家热心参与,资源共享,优势互补,共浴校友深情厚谊的和煦阳光,助推校友个人与事业的顺利成功发展,不少校友通过校友会这个平台,从不认识、不熟悉到相互认识、相互熟悉,进行工作和事业上的互帮互助和相互提携;有的校友还有缘来相会,组成了幸福的家庭,如林猛与陈熔华校友的结合就是

---

* 报告时间为2019年10月19日。

可喜可贺的例证。

这几年通过我们二中上海校友会这个纽带,进行牵线搭桥,先后有多批的母校领导、老师以及家乡莆田各有关学校校长、老师来上海相关学校进行参观考察,相互作教育经验与信息的互通与交流,还有一批莆田的校领导和老师,包括母校的有关领导和老师在上海名校进行了为期一个月的跟岗学习,促进了沪莆两地教育工作经验与信息的交流,达到了两地资源共享、合作共赢和发展共进的目的。

莆田二中(哲理中学)上海校友会之所以能来越有凝聚力、越来越有生机活力,主要靠在座的大家的支持,同时关键是我们是一支老、中、青相结合的校友队伍,尤其是形成了一批有热心、有能力、愿意奉献的以中青年校友为主的骨干核心队伍,他们特别给力,这次换届后这支队伍将更加充实和壮大。

这几年我们二中上海校友会能不断进步,还得益于母校领导的重视、关心和指导,曾加华校长、方祖禧书记等校领导和相关老师多次来上海指导我们校友会的工作,而且每次年会都派出强大的阵容,比如今天由加华校长、祖禧书记带队,共有8位老师参会。我记得去年有5位校领导和老师,前年有11位校领导和老师来年会指导工作。2017年来沪的所有的母校领导和老师还都去建平中学作对口的学习与交流。

多年来,二中上海校友会的工作还得到方方面面如莆田上海商会及黄日昌基金会的关心与支持。莆田上海商会爱心基金会,近四年来,每年捐赠15万元,四年共60万元,在我们母校设立奖教奖学金;由我们上海校友会副会长黄绳熙牵线搭桥在母校创设的黄日昌奖/助学金颁发了十一届,并形成颁奖搭台、著名校友作励志报告锦上添花的场面,深受师生欢迎!

去年10月,我们在副会长卓立强创办的上海蓝十字脑科医院会议厅开2018年会,会上筹划了为母校140周年校庆所做的系列活动,下面我将实施和落实情况向大家作一汇报。

1. 由陈国雄校友创设"向母校退休教师送温暖暨帮困基金",自母校140周年创设,由陈国雄每年捐10万元,连续十年共100万元,由母校退教协专立账号专款汇入,用于慰问和帮助母校离退休教师,深受欢迎!

2. 由我筹划,请与我初中、高中均是同学的年过80岁的郑邦俊、方珍清任正副主编,出版向母校140周年校庆彩印精装献礼书《哲理钟声》,登载老革命家陈国柱校友在母校哲理钟楼创设闽中中共首个支部和四十多位杰出校友的事迹，由母校党委书记、校长曾加华作序，印1500册所需经费近12万元，由卓立强、肖思敏伉俪校友赞助！这本书印发后，引起很大反响，成为弘扬母校精神、激励后学、激励母校广大师生砥砺前行的很好的教材，这本书也作为礼品赠送给今年考入上海各大学今天莅会的新校友。

3. 赠母校140华诞贺联，贺词为"桃李万千格物致知求哲理，春秋百册励精图治育英才"，落款为"莆田二中（哲理中学）上海校友会"，由陈国雄请年届92岁的西泠印社全国著名书法家吕国璋献笔！同时，国雄校友还请著名书法家吴身元重写一幅赠哲理中学。

4. 制作一张碟片，记录莆田二中在沪校友的代表祝福母校140周年校庆的视频，由陈剑聪、张海和潘细明等校友负责摄制，校庆播出后获得广泛好评。

5. 由陈建兴校友在母校140周年庆时作"关于如何进行超高层建筑设计"的学术报告，后又增加由许荔梅校友所作她奋斗足迹的报告，均获热烈反响！

6. 我创作并在母校140周年校庆晚会演唱《莆田二中校友之歌》，反响也相当热烈，激励同学们如歌中所写的"永远记住老师的教诲、校长的启迪！一代又一代传承母校精神的真谛！"在我演唱中，台下所有的同学都挥起手中的荧光棒，还有一位同学上台向我献了一束鲜花，令我十分感动！

讲了以上六点外，我还要特别向大家汇报的是，去年校友联谊年会后，本会副会长肖思敏老师陪我拜访吴明武校友，他领导的泰盛集团，25年来，从一张纸演绎产业多元化，更发展成跨国集团公司，他的夫人徐丽凡今天莅会，将参加今晚旗袍秀表演。吴明武校友在母校140华诞时，再捐100万元设立泰盛实业公司奖教奖学金。在母校庆祝140华诞上，母校让我代表全国各地校友分会发言，卓立强、肖思敏校友伉俪和我接受莆田市电视台现场采访即时播放。我想这也应是咱们上海校友会的荣光！

下面汇报咱们校友会分会换届的事，先说沿革，上海二中校友会首届理事会成立于1988年7月，理事长是黄维垣院士，秘书长是华师大的林启泗教授（可惜两位前几年已先后病故）。第二届理事会于1993年5月换届，理事长仍是黄维垣院士，由我担任副理事长兼秘书长。2008年9月举行第三届理事会，推举我任理事长，选许金廉、林良明、曾炳芳、陈汝东、黄绳熙、徐建卯、陈文荣等任副理事长，黄绳熙兼任秘书长。在之后几次年会中，先后又增补副理事长蒋文彪、肖思敏、郑金忠、陈国雄、张建辉、林俊燊。秘书长陈春锋后调深圳工作，秘书长由陈剑聪校友接任。我从2008年任本会理事长至今已11个年头了，一拖再拖未及时换届，近年来我多方征求意见，并征得母校曾加华校长和母校校友总会的同意，本会理事长拟由许金廉校友接任，下面简要介绍一下新任理事长：许金廉，男，1963年12月生（即今年56岁），中共党员，1981年于莆田二中高中毕业，考上第一军医大学军医系，毕业后到第二军医大学攻读硕士研究生，毕业后又到第三、第四军医大学进修英语和内科专业，还到解放军后勤指挥学院学习军事管理，随国家自然基金委赴美国马里兰大学进行基金管理学习培训。之后他任原济南军区第145医院主治军医，第二军医大学附属长征医院内科主任医师，第二军医大学基础部办公室主任、基础部副主任，第二军医大学训练部副部长，2016年任职期满，现享受专业技术副军级待遇。如今他在上海大学负责上海大学医学院筹建工作，他先后代表我国军方出访近20多个国家和地区，进行军事医疗交流访问，2014年曾作团长，代表我军首个军医团访问巴基斯坦。他以第一作者发表过学术专业和管理论文40多篇，获得军队科技二等奖、三等奖3项，编写论著、教材5部，他具有教授职称，曾荣立三等功一次，被评为全军优秀师旅团主官。以上是许金廉校友主要简历。他一直尊称我为老师，这缘于他在莆田二中的班主任、数学老师陈乐章，陈老师是我在二中高中时同届同学，毕业后他考入中山大学，我考入华师大，同是数学系，陈乐章可称得上是许金廉的恩师，许金廉写的《我的老师陈乐章》，登在我们二中同届学友办的《联谊园》第151期上，可供诸位借阅。大家对推荐许金廉校友为第四届莆田二中（哲理中学）上海校友联谊会理事长有没有意见？如果没意见，我提议大家以热烈的掌声表示通过。等会我们的新任理事长将宣布新一届校友联谊会理事会成立，公布新一届副理事长、秘书长、副秘书长以及顾问团的名单。

　　我作为卸任的理事长，热烈祝贺许金廉校友荣任莆田二中（哲理中学）上海校友联谊会新一届理事长！我们相信，在许金廉理事长率领下，在各副理事长、秘书长、副秘书长以及全体在沪校友鼎力支持和热情参与下，莆田二中（哲理中学）上海校友联谊会的工作一定会做得更好，演绎新的精彩与辉煌！

感谢、感动与怀想*

各位老同学好!

在福生会长的牵头组织下,在大家的热情支持和参与下,我们5907联谊会过去历次的聚会和活动都搞得很成功!今天10月6日华师大校庆日,确定在"师大5907"微信群举行聚会,明天上午还将借助腾讯会议的软件进行5907视频聚会和交流,我想我们首先应该感谢福生同学所付出的辛劳和汗水!正是由于他的热心组织与策划、精心设计与安排和悉心指导与帮助,才使我们今天的聚会和明天的5907视频会议得以顺利举行和举办!在我们毕业50周年时,5907编印出版了《走过半个世纪》的纪念册,之后在入学华师大60周年时,我们又编印出版了《岁月如歌,青春永驻》纪念册。两本纪念册现已成为大家珍存珍藏的记忆和永久的纪念!我们都是七老八十的人了,今天竟然又克服了疫情给我们带来的不便,在微信群和线上进行聚会、见面和交流,我认为这与两本纪念册的编印出版一样,可誉为是5907联谊会里程碑式的伟大"创举"!福生和我作为5907联谊会的召集人与联络员,在这里衷心感谢老同学们一直积极热情参加和支持5907联谊会的每次聚会和活动。这么多年来,大家都深切感受到,老同学相聚增情谊,相逢是幸福,交流益身心,特别是近年来众多老同学的微信加入了"华师大5907"微信群,真是"无论相隔多遥远,仿佛你从未走远;无论分别多少年,好像你一直在身边!"更令人欣喜的是像王敦心等一些"失联"50多年的老同学"归队"了,是5907联谊会把散落天涯的珍珠重新串成美丽的项链,这是多么的令人开心、感动和神往!

我把校友的情谊和情愫归纳成四句话:"校友是金,沉淀珍贵;校友是梦,总挂心上;校友是缘,一世相牵;校友是福,永驻心间!""再拾同窗意浓稠,校友情谊万古流!"让我们大家一起共同继续努力,把5907校友联谊会办得更有生

---

* 2020年10月6日参加华东师大数学系59级—64届同学校庆日线上聚会的致辞。

机活力,更有丰富内涵,成为各位老同学温暖、温馨、快乐、幸福的家园!

"青山不老,快乐自找,心态良好,远离烦恼,身体健康,无价之宝!"祝大家健康快乐每一天!祝老同学们人人都长命百岁!

祝 5907 联谊会本次群里和线上聚会取得圆满成功!

2019—2020年澳大利亚悉尼与塔斯马尼亚探亲旅游随记

2019年5月5日

今天外孙女曦曦邀请9位同学一起到悉尼的森林公园过7岁生日,除了聚会生日共享生日蛋糕,还一起走"勇敢者之路",锻炼培养勇敢精神。

2019年5月12日

悉尼皇家植物园被誉为悉尼的"宝石",到此游览悉尼的海港美景、大桥雄姿、歌剧院倩影尽收眼底,园内开阔的草坪、古老的大树、各种奇花异草,令人目不暇接,流连忘返。

2019年5月19日

四季之美秋为醉。悉尼蓝山红似火的枫叶,满眼金黄色的画面,热烈地述说着这里秋的美丽、灿烂、金贵和风采,令人陶醉!

2019年5月20日

澳大利亚著名景点蓝山离悉尼100多公里,海拔1 000多米。由于蓝山到处是桉树,而桉树发出的桉树油,形成一层薄雾,雾气中的小水珠折射阳光,呈现淡淡的蓝色,故名蓝山,已被列为世界自然遗产。蓝山三姐妹峰格外引人注目。

2019年12月8日

前一段时期悉尼周边林区频发山火,致使悉尼近期雾霾也很厉害,见不到蓝天白云,据说要下周才能有所缓解。悉尼现已进入夏季,今天最高气温26

摄氏度,最低 17 摄氏度,我来此后也穿上短袖 T 恤了。今天上午去家附近的购物中心逛了逛,离圣诞节还有半个多月,但商场里已到处是节日的氛围。

2019 年 12 月 12 日

今天上午到悉尼的 Eastwood(伊士沃)购物,这里是悉尼有名的华人传统居住区,据说 2 万名居民中百分之三十一是华人,澳大利亚本地人仅占百分之十三,还有百分之七是韩国人,所以到了这里和在国内几乎没有差别,说中国话,看中国字(不懂英文也无关紧要),买中国食品,只是不用人民币而用澳元。

2019 年 12 月 14 日

今天周六,上午来到悉尼德威(DeeWhy)海滩徜徉,望着金灿灿的沙滩环绕着大海,一望无垠,一扫悉尼多日雾霾带来的"闷气",令人神清气爽,同时也让小外孙女在海边游泳池过把她的游泳瘾。

2019 年 12 月 18 日

从悉尼乘飞机一个半小时到达澳大利亚南边的塔斯马尼亚岛,先驱车来到薰衣草庄园,再赶到海边的 Sthlens 小镇,夕阳下的 s 镇景色也很撩人。

2019 年 12 月 19 日

今天驱车 400 多公里,真切体验到塔斯马尼亚岛这片广袤空旷而原生态的神奇土地。尤其是俗称火焰湾和酒杯湾的两个景区,令人惊艳不已!

2019 年 12 月 21 日

与前两天对塔斯马尼亚岛空旷蛮荒的印象完全不同,今天在塔斯马尼亚州的首府霍巴特转了一圈,随处可见拥有欧式风格的雅致建筑,方知霍巴特是澳大利亚仅次于悉尼的第二个古老而美丽的著名港口城市。

2019 年 12 月 22 日

位于塔斯马尼亚州首府霍巴特的塔斯马尼亚皇家植物园建园已 200 年,各种植物花卉缤纷多彩,看点满满。

2019 年 12 月 26 日

塔斯马尼亚州第二大城市朗塞斯顿秀丽的湖光山色，极富魅力，令人心情格外愉悦！

2019 年 12 月 28 日

前后 10 天驱车环岛 1 800 公里，昨晚 8 点乘 UQ750 航班由朗塞斯顿返回悉尼，顺利愉快地完成塔斯马尼亚州的旅行。自驾游的好处和乐趣是一路上多姿多彩的风景和人文尽收眼底。感谢小女儿、女婿的精心安排与一路辛劳和照顾，得以体验澳大利亚塔斯马尼亚州的魅力。

2021 年 1 月 13 日

离悉尼 80 公里，佛光山南天寺是南半球最大的佛教寺庙，依山就势，清净幽雅，红漆黄瓦，气势恢宏的中国宫殿式造型，挂满红丝带的祈福树，荷花睡莲争妍的莲池，沿途一路上矗立的栩栩如生的罗汉与天真童稚的小沙弥石雕，后山的报恩钟，还有鼠年春节将至上香拜佛祈求平安吉祥的众香客——都给人脑海中留下了难忘、美好、温暖的印记！

在华东师大 5907 联谊会视频聚会上的发言[*]

福生和筹备组的同学让我先作个发言。时间过得飞快,去年也就是 10 月 6 日华师大校庆日,我们在"师大 5907"微信群举行了 5907 联谊会聚会,第二天 10 月 7 日还进行了视频聚会。今天,我们老同学又在视频会议上见面了!我们 5907 联谊会这个八十岁和八十多岁的群体,除了平时在"师大 5907"微信群里"畅所欲言,分享生活,拥抱快乐,时时进行无忧无虑的交流"外,今天在母校华师大校庆日之际,我们又能这样不分地域、不受交通工具和年龄体力的限制,在腾讯会议中愉快而温馨地见面,进行亲切而温暖的交流,这说明"我们八十岁的群体,有着十八岁的活力";这说明我们的退休生活"最美不过夕阳红,温馨又从容";这说明"变老是自然规律,但变老也是一种风景,也有我们专属的快乐与幸福";这说明我们 5907 联谊会永远是"青山在,人未老,同学情正浓;岁月增,水长流,情怀依旧深!"

今天 5907 联谊会视频会议,确定以"感恩伟大的党,感恩亲爱的母校——从我的成长经历和过去不平凡一年,谈自己的感受与体会"为交流的主题,我觉得非常好!今年是中国共产党成立 100 周年,又恰逢我们的母校华东师范大学建校 70 周年,我们从华师大毕业也已 57 年,此时此刻,我们永远要怀着一颗感恩的心,感恩伟大的党,感恩亲爱的母校,才能永远年轻、永远向前,每天都是新的征程!有句话说得很好,"懂得感恩则心安,心若安,则时时都是春天!"

我们不会忘记,在党的亲切关怀下,在"三年自然灾害"期间,我们当时还可以在华师大的大食堂每天早上吃着香喷喷的大包子和浓浓可口的豆浆,而且中餐、晚餐都有丰富多样的菜肴;我们还深深记得校党委书记常溪萍同志经常深入我们同学之中,关心我们的学习,与我们同生活同劳动,给了我们鼓舞

---

[*] 发言时间为 2021 年 10 月 6 日。

和力量。我们在华师大学习的五年中,正如吴珠卿老师在《走过半个世纪》纪念册一文中所说,当时正值高校贯彻落实"高校六十条",正确执行党的知识分子政策,我们数学系集聚了如费锡华、程其襄、魏宗舒、李锐夫、钱端壮、朱福良、陈昌平等一批名教授、名师,他们都亲临教学第一线为我们上课,使我们完整地接受了五年本科教育,受到了全面的培养与训练,打下了坚实的知识和技能基础;五年中,在党的阳光照耀下,我们大家努力刻苦读书,勤奋学习,思想活跃,追求进步,坚持体育锻炼,积极开展文艺活动,努力做到德智体全面发展。1964年毕业时,在党的号召和指引下,我们走向了全国各地,在各自的工作岗位上建功立业,奉献了自己的青春和才智,为培养祖国下一代,为国家的社会主义事业作出了自己的贡献!正如胡启迪老师所说的,我们人人都"谱写了一曲多彩的人生之歌!"

我们退休后,在党的领导和关怀下,我们每个人都过上了安详、幸福、多彩多姿的退休生活。特别是在世界各地新冠肺炎疫情仍十分严峻的当下,在党的领导下,我们国家能稳如泰山,在全球率先控制疫情,率先复苏经济,让老百姓过着祥和安康的幸福生活,最根本的还是依靠着中国共产党的坚强领导,依靠党始终不忘和践行"全心全意为人民服务"的初心,坚持"人民的生命至上"的理念,并将"把人民对美好生活的向往作为奋斗目标"落到实处。我退休前曾有机会兼任过上海市高校退管会副主任,在工作实践中我深深感到,我们党和政府始终认为,老教师、老干部、老同志是党和国家的宝贵财富,今天一切的进步和成就,都是在他们过去工作的基础上发展起来的,这就是历史,而历史是割不断的。从而从党和政府的层面上采取了一系列举措关心、关爱老教师、老干部和老同志。所以,我们始终要感恩伟大的党,感恩亲爱的母校!等会大家的发言中一定会用更多具体生动的事例和亲身的经历来阐述自己两个"感恩"的深切体会。

如今,我们都已步入耄耋之年,让我们相互勉励,一定要"懂得善待自己,更加珍爱身体,珍重情谊,珍惜夕阳,珍藏生活中的每一滴喜悦!"

最后,我用两句话来作为我发言的结束语:"人生过的是心情,生活活的是心态,心态好,则一切皆好!""世界是你的,也是我的,但归根结底属于那些身体好的!"让我们一起用这两句话作为共勉语,快乐、健康地走进九十岁、一百岁!

祝今天5907联谊会视频会议取得圆满成功!谢谢!

鼓舞、感动与期待

——在上海市莆田商会第一届第二次会长办公会议上的发言*

我作为商会的顾问，作为老同志的代表，很高兴受邀参加今天的会议。刚才吴锋毅执行会长对商会前一阶段的工作进行了总结和报告，支援莆田抗疫工作的四位队长代表医护人员作了交流发言，林瑞琪执行会长宣读了《关于表彰在支援莆田市抗击新冠肺炎斗争中作出贡献的单位和个人的通报》，对支援莆田抗疫的工作的医护人员颁发了荣誉证书，黄银贤会长部署了年底前商会的重点工作，多位同志进行了大会交流发言，我很受教育、鼓舞与感动，同时使我们对商会今后的工作与发展，更加充满信心和期待。上海市莆田商会经莆田市政府有关部门同意和上海市民政局批准正式成立，由于疫情的原因，虽然至今还未召开全体会员参加的成立庆典大会，但在黄银贤会长的领导下，通过会长联席会议这样的运作机制，各项工作照样有序有效地开展起来，这是很值得点赞和肯定的！尤其是这次支援家乡莆田抗疫工作，上海市莆田商会由黄银贤会长带头，各副会长和广大会员迅速响应与行动，第一时间向家乡施以援手，不但捐款捐物，还派去了5支由在沪共109名医护人员组成的抗疫医疗队伍，为家乡及时成功阻疫抗疫作出了突出贡献，谱写了一曲齐心协力抗疫的壮丽凯歌，受到了家乡莆田各有关方面和广大父老乡亲们的高度肯定和一致赞扬！上面四位医疗队队长介绍和交流他们赴莆抗疫的事迹和故事，非常令人感动！我认为，从这次上海市莆田商会积极主动、及时有效地支援家乡莆田抗疫的行动中，充分体现了商会和在沪莆田商企浓浓的大爱与无私奉献精神，以及崇高的社会责任感和使命担当！也充分证明了我们上海市莆田商会是个很有号召力、凝聚力、执行力和战斗力的社团组织！我们高兴地看到，在近期短短的几个月中，在商会的协力和促进下，已成立了由莆田市在沪的63位医学

---

* 发言时间为 2021 年 10 月 29 日。

专家组建的人才工作站,还成立了青年人才工作站,各项工作正在有条不紊地开展中,其中莆田市在沪医学专家人才工作站的工作已切实有效地运行运作,形成了沪莆医疗专家资源共享,使家乡人民在家门口就能享有与上海同质化的医疗健康服务。商会还积极开展对会员企业的走访活动,听取会员企业发展需求,努力做好相关的服务工作。

  10月22日,商会和中共莆田市委驻沪流动党工委共同组织了由部分商会党员参加的到浦东新场古镇进行"寻红色记忆,讲奉献精神"的党建活动,我也有幸参加了。通过这次党建活动,使参加的莆商党员受到了一次具体生动的红色元素、红色记忆、红色精神的教育,强化了在沪莆商党员努力做到"学史明理、学史增信、学史崇德、学史力行"的意识,努力践行和发扬"坚持真理、坚守理想,践行初心、担当使命,不怕牺牲、英勇斗争,对党忠诚、不负人民"的伟大建党精神,努力发扬党员在商会各项工作中的先锋模范作用。这是一次"党建引领促会建,会建发展强党建"的很好实践。

  总之,从以上所开展的各项工作和活动中,从黄会长部署的下阶段商会重点工作以及大家提出的许多很有见地的工作建议中,我们可以预见,在黄会长的带领下,在各执行会长和副会长的倾心支持和协力下,在广大商会会员的共同热情参与下,上海市莆田商会的工作一定会做得更好更出色,一定会进一步落实商会提出的"凝聚乡情,互帮互助,开拓创新,合力发展"的办会宗旨,一定会实现"凝聚莆商力量,传承莆商文化,弘扬莆商精神,展现莆商风采"的商会使命,一定会将上海市莆田商会办成全国的"四好"(政治引领好、队伍建设好、服务发展好、自我规范好)商会,并逐步成就"百家上海莆商名企"的目标!正如会长在商会寄语中所说的,我们现在"国逢盛世",只要我们"汇众人之智,合众人之力,集天时地利人和",一起撸起袖子加油干,成功一定属于我们在沪莆商!

常怀感恩之心,践行感恩之举

——在莆田二中(哲理中学)上海校友会 2021 在线年会上的发言*

许金廉理事长客气地要我最后再作个发言,我想就以"常怀感恩之心,践行感恩之举"这个话题,说点感悟和学习的体会。

一、重温关于感恩的一些格言与警句

我们常说:"受人滴水之恩,当涌泉相报。""知恩是福,知恩是金。""一日为师,终生为父。""母校音容心底藏,栽培恩泽永难忘。""悠悠天宇旷,浓浓家乡情。""功成不忘家乡情,回馈桑梓赤子心。"

哲人们说,感恩是一种品质和境界,感恩是一种处世哲学和智慧,感恩是一种积极向上的思考和谦卑态度。

还有的哲人说,感恩是一种歌唱生活的方式,它来自对生活的爱与希望;感恩犹如心灵的泉水,它源源不断地滋润着一个人的心田,让你的生命充满生机,洋溢朝气,遍洒阳光,享受生活的美好和幸福!

二、为陈国雄等诸校友对母校、老师和家乡的感恩善举点赞

理事长刚才在总结二中上海校友会的工作中提到,陈国雄校友在 2018 年母校 140 周年校庆时决定每年捐资 10 万元,连续 10 年共 100 万元给母校莆田二中、哲理中学用于母校退休老师慰问和帮困。今年他已连续第三年将 10 万元汇到二中退教协,每年用这笔资助款慰问住院和家庭生活困难的退休老师。并在五一劳动节、教师节、重阳节、春节等重大节庆日,邀请全体退休老师庆祝节日和餐叙,退休老师们感到特别的温暖、温馨,非常感谢国雄校友的用心、爱心和感恩之心。

---

* 发言时间为 2021 年 12 月 18 日,原载 2022 年 1 月 12 日《联谊园》第 157 期。

理事长前面还提到了张建辉校友,从去年起,每年无私资助10万元给莆田市在沪医学专家人才工作站,也是连续10年共100万元,作为工作站日常运行的经费。理事长受莆田市委组织部聘请担任莆田市在沪医学专家人才工作站站长(主任),上海市第六人民医院原副院长曾炳芳校友受聘担任工作站名誉站长,在他俩的牵头和领导下,工作站已形成沪莆医疗专家资源共享、先进诊疗技术互通、严把医疗质量的协调机制,使莆田家乡人民在家门口就能享有与上海同质化的医疗健康服务。目前已有63位在沪莆田籍医学专家人才加盟工作站,其中已有4位专家在莆田设立名医工作室。这是又一项实实在在的感恩服务于家乡的善举,受到家乡人民一致的高度称誉!从工作站筹备、成立到顺利运行开展工作,许金廉理事长满腔的工作热情、一丝不苟的工作作风,他的人格魅力,他的无私奉献精神和为此付出的辛劳,大家都有目共睹,真是令人特别钦佩与感动!我想这就是许金廉理事长与感恩同行的深深的家国情怀!同样,曾炳芳院长对工作站的倾力支持与投入,也令人非常钦佩,因为我们二中人都有与爱同行的深厚的家国情怀!

近年来在许金廉理事长的带领和坚持下,在各位骨干校友的全力支持和配合下,每年都安排在沪的莆田二中(哲理中学)老校友聚会,对老校友进行亲切的慰问,使老校友们十分感动,这和咱们二中校友们都懂得孝敬父母和家中长辈一样,也是感恩同行!说明大家都懂得,年轻一代的今天是靠老一辈和父母无私奉献和艰苦奋斗获得的,是站在前辈的肩膀上生存、学习、成长、创造和发展的。对家中的长辈,尤其是父母,有一句话说得特别到位而深刻:"孝"是稍纵即逝的眷恋,是无法重现的幸福,在"孝"的天平上,对每个人都是等值的!所以"孝"不能等,一定要懂得及时行孝。

今年9月上旬,新冠肺炎疫情突袭家乡莆田,众多的莆田在沪企业家和医护人员都纷纷献出爱心。我们二中在沪校友泰盛集团吴明武董事长,他一次捐赠500万元,并捐赠价值300万元的相关物资和设备,共价值达800万元。还有吴锋毅、陈剑聪、张建辉、祁特志和邓晓红等二中在沪校友都献了爱心,为家乡莆田打赢这场抗疫战斗贡献了力量!

关于感恩善举,我还特别想到我们二中亲密的老朋友谢敬通老先生,正如理事长在前面工作总结中所说的,谢老是我们大家学习的楷模。涂石老校友和我有幸担任已由上海大学出版社出版的《百年追梦——谢敬通的奋斗人生》的主编和副主编。谢老今年已94岁,63岁时他从上海市人防办退休时,受组织委托，创办上海三维工程建设咨询公司，艰苦创业，由初创时只有7位员工，发展到今天有全员科技骨干和职工1 200余人，先后承担监理全国各地的大小工程建设4 000多个，其中600多个是全国各大城市的重点工程项目，为全国各地的城市工程建设作出了重大贡献！近年来，谢老用自己在公司股份所得的积蓄，先后为家乡莆田捐资1 400多万元，资助家乡的教育事业，培养人才。他特别为家乡设立"新时代好少年敬通奖"，作为长期奖项，每年表彰奖励200名莆田中小学校中品学兼优的学生，激励家乡的莘莘学子铭记父母养育之恩和老师教诲之情，勤学善思，博学笃志，明德求真，奋发向上，立志成才，报效祖国。谢老曾对我说："一个人一定要懂得感恩，感恩社会，感恩他人！凡是做善事的人一定心情愉快，身心自然就健康且长寿了！"

三、感恩伟大的中国共产党

我想，今天对我们而言特别还需要感恩伟大的中国共产党！今年是中国共产党成立100周年，强调说一下这一感恩大话题有重大的意义！因为没有共产党就没有新中国，也就没有今天的幸福和一切！

"幸有中国共产党的百年经验，得今日我们祖国坚若磐石！"一百年来，中国共产党经千难而前仆后继，历万险而锲而不舍，在列强侵略时顽强抗争，在山河破碎时浴血奋战，在一穷二白时发奋图强，在时代发展中与时俱进，团结带领中国人民取得一次又一次胜利！我们的神州大地从开天辟地到改天换地、从翻天覆地到顶天立地的飞跃，充分彰显了中国共产党的伟大、光荣、正确！最近我们都在认真学习习近平总书记在庆祝中国共产党成立100周年大会上的重要讲话，特别是他精辟概括的中国共产党的伟大建党精神："坚持真理、坚守理想，践行初心、担当使命，不怕牺牲、英勇斗争，对党忠诚、不负人民"，这是中国共产党的精神之源！尤其最后一句"对党忠诚、不负人民"，非常深刻地揭示了中国共产党品德高尚、情系人民的鲜明特质，展现了中国共产党强大的道德优势，突出表明了党的"为了谁"的根本属性和"往哪去"的奋斗方向，这是伟大建党精神的本质和核心！就是中国共产党始终代表的是最广大人民群众的根本利益，除此以外，她没有自己的特殊利益，这是中国共产党的根、血脉和力量所在！当前，我们面临世界百年未有之变局，我们国家能够稳如泰山、化险为夷，在全球率先控制疫情，率先复苏经济，全国人民过着安定幸福的生活，最根本的是因为我们有中国共产党的坚强领导！时与势也更加印证了中国共产党为什么能,中国特色社会主义为什么好!总之,我们今天的幸福生活和一切来之不易,千言万语汇成一句话:"吃水不忘挖井人,幸福不忘共产党!"为了我们国家今后的进一步发展,党已制定了"十四五"规划,绘就了第二个百年奋斗目标的宏伟蓝图,让我们每一位二中校友都在各自不同的岗位上,有一分力发一分光,紧密团结在以习近平同志为核心的党中央周围,为实现中华民族伟大复兴的中国梦共同进发!

愿我们每一天都用感恩的心去领悟生命的意义,以知足之心去珍惜身边的一切,品味生命的甘美与激越!有感恩的心,一定永远年轻,做感恩的人,必定永远快乐!

以上是我作为一位老校友,也是一位老党员的一点学习体会和心里话,与校友们共勉,不对的地方请大家批评指正!

向谢老敬通先生学习、致敬
——在上海市莆田商会迎春茶话会上的发言*

2021年是个极不平凡的年头,在严酷的新冠疫情面前,在严峻的经济态势和挑战中,在座的各位副会长、监事长和秘书长,在黄银贤会长的带领下,充分利用上海市莆田商会这个平台,积极凝聚乡情,广泛团结在沪莆田籍企业家们合力发展,共克时艰,商会的各项工作(包括党建工作)健康有序有效地开展,大家的事业仍取得了亮丽的发展和可喜的进步,这是很值得我们大家一起点赞和庆贺的!

今天,我有幸参加这次商会会长办公会议暨迎春茶话会,听了林瑞棋执行会长关于商会工作的总结、工作计划和副监事长王超伟的监事工作报告,黄会长宣读的关于《向谢敬通同志学习的倡议书》,听了谢老、赵闽阳主任深刻精彩的讲话,以及许多同志的交流发言,还有刚才黄会长的新年祝词,我深受教育和鼓舞!既使我感受到了大家一年来的艰辛与付出,又分享了各位一年来的奉献、收获与喜悦,更是我向大家学习的很好机会。每次与大家一起,我作为老同志,与谢老一样,总是感受到我更年轻了,似乎也更有活力了!

商会发出向谢老学习的倡议,我认为非常适时、非常好!正如黄银贤会长所说所强调的,中国有句谚语叫作"家有一老,如获至宝",我们在沪莆商能有谢老,就是我们最为宝贵的财富!我在《百年追梦——谢敬通的奋斗人生》这本书的序言及2021年12月31日发表在莆田《湄洲日报》上的《坚毅奋斗,心系桑梓——我所认识的谢敬通先生》文章中,用三个"深深地"表达了我对谢老的认识、认知与感念和感动:一是谢老始终不忘初心,一心为革命事业、为城市人防工程建设质量服务的高度责任心和使命感深深地教育了我;二是谢老1993年退休后第二次创业所书写的人生传奇深深地感动了我;三是谢老始终

---

* 发言时间为2022年1月15日。

心系家乡莆田,他热爱家乡、热爱教育、热爱青少年的深厚情怀深深地鼓舞了我!

最近,我特意查阅查看了2020年7月党中央首次以红头文件的形式对企业家所提出的36个字的要求:"爱国敬业,遵纪守法,艰苦奋斗;创新发展,专注品质,追求卓越;履行责任,敢于担当,服务社会。"这36个字共有三层含义,高度概括了新时代中国特色社会主义企业家的精神内涵和实质,为企业家自身修炼指明了方向!我们对照谢老奋斗的一生、不平凡的一生,甚至是传奇一生的经历和他所作出的奉献与贡献,我认为这36个字谢老都做到了,而且做得很好!特别是谢老始终爱党、爱祖国、爱家乡的浓浓的情怀,他几十年如一日始终艰苦奋斗执着的敬业精神,他以社会责任感为本,敢于担当,履行责任,奉献爱心,回报社会的底色和精神,等等,都值得我们深思,值得我们好好学习、借鉴和发扬光大!我完全赞赏赞同黄银贤会长对谢老的高度评价:"谢老对我们莆商来说是一面旗帜,是一种精神!"所以我希望,也是我们大家一起共勉,让我们在学习我们身边的最可亲可爱可敬的榜样谢老的倡议和实践活动中,不忘初心,砥砺奋进,不断践行和塑造优秀企业家的精神和品格,将莆商企业进一步做大做精做强,为国家和社会作出更大的贡献!

值此"金牛俯首辞旧岁,瑞虎腾跃迎新年"之际,我衷心祝福大家虎年虎虎生威,继续事事顺、步步高,心宽体健,阖家幸福,万事如意!在新的一年里,让我们一起在上海市莆田商会这个平台上,在会长的带领下,共同努力,继续抱团发展,正如习近平总书记在新年贺词中所说的,我们一起向未来!祝福我们伟大的祖国国泰民安!

如歌岁月军医路
——记原第二军医大学训练部副部长许金廉教授*

许金廉,教授,大校军衔(专业技术级别相当副军级),曾任全国基础医学教育学会副主任委员、解放军统筹学会常务理事等;是《基础医学教育》《上海高等医学教育》《军医教育》编委;先后以第一作者在国内外专业期刊发表学术专业和管理论文40余篇;获军队科技二等奖、三等奖三项;编写论著教材五部,获全国优秀教材一部;所领导的基础医学是全国全军重点学科;曾荣立三等功一次,被评为军队优秀师旅团主官。2016年转业服务地方工作。

谈起许金廉,他曾经的老师和同学都会不约而同地说出四个字:品学兼优。从小学到高中都是班里的骨干:班长、数学科代表、体育委员、劳动委员、团支部书记。他从小立志成才,1981年以优异成绩如愿考进第一军医大学,步入神圣的军医之门,并先后在第二军医大学、第三军医大学、第四军医大学、解放军后勤指挥学院以及美国马里兰大学等高等学府学习、深造。先后担任原济南军区第145医院军医、主治军医,第二军医大学附属长征医院内科主治军医、协理医师,第二军医大学基础部生理学教研室讲师、基础部办公室主任、基础部副主任、训练部教保处处长、基础部主任、训练部副部长。2016年转业后,先后担任上海大学医学院筹建项目组组长、医学院(筹)副院长、转化医学研究院名誉院长、学术委员会主任等。笔者通过长期与许金廉的交往、交流以及向他身边领导、同事、学生进行深入了解,深切地感受到他既平和平易又坚毅笃行、既平常平凡又时时闪光:无论是作为军队基层军医还是军校教师,无论是从事教医研专业还是医学教育管理,无论是在参谋岗位还是重要领导岗位上,始终牢记初心,处处以身作则、身先士卒、全身投入;他既是一只"老黄牛",又是一只"拓荒牛",先后完成艰巨性、挑战性、开拓性使命任务,他干一行爱一

---
* 写于2022年4月5日。

行、干一行专一行,勇于担当,勇于创新,勇于追求,兢兢业业、默默无闻地在军医的路上耕耘贡献。通过以下事例,我们可以了解他丰富的人生、如歌的岁月和不平凡的军医之路。

一、勇立大志 不懈拼搏

1963年12月,许金廉出生于莆田县城厢区胜利(梅峰)街一个贫穷的家庭。年少时有很多的经历和回忆,但有两件事让他铭记在心,对他的人生影响深刻。

第一件事是1968年,由于父亲的历史遗留问题,幼年的他随全家被下放到莆田梧塘公社一个山贫地瘠的小村庄,全家6口人挤在一间不足20平方米、破旧不堪的老屋,一家仅有两分自留地,生活难以为继,甚至生存都成问题,可谓是穷困潦倒,加上当地村民对这一戴着"五类分子"帽子的"外来户"的歧视排斥,全家人头不敢抬、话不敢说、理不敢争,承受着巨大的生活和心理压力。母亲从小是在莆田县城古谯楼后大院内长大的"大家闺秀",面对失落的现实、贫困的处境、无望的未来,加上长期饥饿劳累和焦虑抑郁,忧劳成疾,病痛缠身,而且常常是半夜发作,由于发病时疼痛难忍,发出痛苦的叫声和呻吟声,声声都刺痛着他童年的心灵。"穷人的孩子早当家。"不管离公社卫生院路有多远、多黑、多崎岖,母亲每次发病,年幼的他都要跟着家人,推着小板车,把母亲送到卫生院治疗,每次打完针后,母亲的病症就能缓解,那时在他眼里,医生真神啊,能做到药到病除。那时,他就想要是自己是个医生该多好啊,不但可以不让母亲这么痛苦,而且还可以减轻家里的经济负担,简单朴素的想法就这么牢牢记住了。

另一件事则对他选择军旅生涯有深刻影响。由于生活所迫,父亲常利用家里唯一值钱的小板车,到山里拉柴火回去卖,以挣些钱到"黑市"购买大米充饥。由于山路坡多陡峭行进难,拉一车木柴需要前拉后推,十分吃力。有一次进山拉柴,正值盛夏中午时分,父亲带着他推拉着载满货物的小板车往回走,父亲为了省钱,想回到家后再吃饭,他们就空着肚子推小板车向坡上行进,当经过当地三山后卓军营门前时,父子由于体力不支,加上出汗过多,体内盐分丢失,肌肉出现抽筋,小板车在坡上向下滑动,在这危急时刻,两名解放军战士毫不犹豫地冲跑过来,拿着石块垫在车轮下,小板车稳住了,还避免了一场不测!当两位战士了解情况后,就把随身携带的水壶里的水让给父子饮用,并在稍作休息后,帮着他们父子一起把小板车推上坡!几十年后,每当提及此事,许金廉都会眼含深情地说,这事对他影响太大了,当时就想长大后一定要去当个解放军战士。1980年,南昌陆军指挥学校到莆田二中(哲理中学)招收学员,得知消息后,许金廉多次找班主任主动请缨,以他的成绩和综合表现或许可以如愿,后来由于各种原因(主要还是父亲的历史问题)没能实现。从此他更加发奋努力,蓄力以待,终于以高分通过高考,当时根据成绩可选择的学校还很多,但当看到第一军医大学在学校招生时,他欣喜若狂,找到班主任陈乐章老师,说了自己的想法和志向,立刻得到陈老师的大力支持和推荐,此时正好赶上他父亲的历史问题有结论并得到平反,他如愿地进入第一军医大学(现南方医科大学)!

这一切倾注了老师们的心血、倾注了同学们的帮助、倾注了家人的期盼啊!这一切来之不易,是因为赶上了改革开放、实事求是、拨乱反正的好时代啊!他知道要珍惜一切机会,进入军校后,他发现在中学时的"尖子班"里的"尖子生",跟来自全国其他中学的学员相比差距很大,仅高考成绩他只排在400名学员中的300名左右,更不用说其他综合能力!认识到自身的不足后,他奋起直追,刻苦学习,把全部精力投入到学习这一中心任务上,并团结同志,爱护集体,积极参加各种活动,脏活累活争着干,集体事务抢着上,危难时临危不惧,挺身而出。1984年在珠江医院见习期间,一天在医院教室旁的一家工厂突然着火,当时他正在教室自习,火情就是命令,他与其他同学立刻自发前往扑火。医院教室与工厂虽然只有一道高墙相隔,但若要从工厂门口进去,需10分钟以上路程。火情愈发严重,刻不容缓,他和同学毫不犹豫,许金廉喊了一声"踩我肩膀上",用他厚实的身躯搭起人梯,托起一个个同学翻墙而过,经与工厂师傅们一起奋力扑救,在消防队到达之前及时扑灭了明火,避免了一场大火灾,事后得知,工厂内存放有易燃物品,不及时扑灭,后果不堪设想!当同学们要为他请功时,他只是憨厚一笑,淡淡一声"应该做的"。在五年大学期间他表现突出,几乎每年被评为"三好学员",还光荣地加入中国共产党。他的学习成绩也跻身前50名,多个科目排在前10名,带这些成绩和积累,毕业后的他踏上北上列车,成为原济南军区后勤十分部第145医院的一名军医,他知道感恩时候到了,一定要做个童年时所印记的好军人、做个德艺双馨的好军医、做个优秀称职的好党员!

二、心系临床　攻坚克难

1986年6月,进入医院面临二次分配,当时他的意愿是当个骨科医生,但由于医院内科人手不足,领导介绍说明相关情况后,他愉快地服从组织安排,到该院内二科工作,穿上了梦想中的白大褂,一种使命责任感油然而生。可一接触临床患者,就发现临床诊疗工作与学校所学的教科书不完全是一回事,它需要大量的经验积累和实践操作,这无疑对他是个重大的考验,而更大的挑战是该科为综合内科,包括小儿科、神经内科、心血管内科和肾内科等,每个学科都很专业,为了尽快胜任,他暗下决心,一定要"啃下"眼下的"硬骨头",于是他一心扑在临床一线,虚心向老军医学习临床诊疗知识和技术,向护士学习护理常规和操作,从对患者的诊疗过程中积累临床经验。从书写病例、开处方、做穿刺到亲自陪同患者到相关辅助科室做检查,从积极跟随上级军医查房到规范粘贴每一张化验单,从每次介绍患者病情到每次细心耐心解答患者疑问等,他都是踏踏实实、认认真真、勤勤恳恳的。他很快适应了临床工作,也深得同事和患者的好评,在医院组织的由资深专家任考官的临床知识技能考核(相当现在临床规范化考核)中,他以满分100分的成绩独占鳌头,他实现了第一次升华——由一名军校毕业生到合格军医的转变。

在成绩面前,他不骄不躁,也不故步自封,反而更感觉到无形的压力,他清醒地认识到:医海无涯苦作舟!好的临床工作者需要分析、思考、创新和担当。在胶东地区风湿性心脏病并发二尖瓣狭窄是多发病,许多患者往往在30岁以内就因心力衰竭而死,他心如针扎,查找了大量国外资料,及时向医院提出开展球囊扩张术的可行性建议;在抢救患者时,为了及时掌握用药反应,他经常日夜守在病床前,是既当军医又当护士,下好医嘱后,自己操作,亲自观察并记录病人用药后的反应,并根据患者的临床表现及时调整用药,成功救治了一例又一例危难急重患者,如一名患重症病毒性脑干脑炎并发休克的年轻人,一位前侧、后壁及下壁大面积心肌梗死心跳停止的83岁老年患者,又如一名重症婴儿肺炎患者,之前用过多种抗生素但久治不愈,他仔细观察、查找资料、正确判断,认为患者病因是由于喉软骨发育不良而引起的吸入性肺炎所致,并调整医治策略使患者病情得到控制并很快治愈,患儿出院时父母感激得要下跪!再如他成功处置脑中风并发吸入性窒息、格林巴利呼吸肌麻痹……正是他不断的实践创新和全身心的投入,很快就成为独当一面的优秀军医,深受患者、患者家属以及同行的高度信任和赞誉,也受到医院和上级党委的表彰嘉奖——实现了由一名合格军医向优秀军医的升华!

"机会是给有准备的人。"也正是有这些成绩,1990年许金廉被推荐考取第四军医大学进修外语;1991年考取第二军医大学硕士课程班;1993年考取第二军大学附属长征医院内科硕士,承担并完成部分军队"九五重大课题"研究项目;1994年分别被推荐到第三军医大学和解放军总医院专项学习,从而不断拓宽了专业视野、增进了知识技能、丰富了专业素养。

三、服从安排　转换角色

由于在攻读研究生期间的优异表现,临床硕士毕业后许金廉被分配到位于上海最繁华的南京路上的军中名院——上海长征医院当内科医生,这是多少军中学子梦寐以求的啊!一到临床科室,导师刘志民主任就让他担起内科协理军医这一非常重要的职责,他要负责医院门、急诊和内科病房紧急病情抢救指导,并且要负责8小时外临床其他科室的急诊会诊,可以说是临床一线的"指挥长",他在新岗位主动担当、尽职尽责,高质量地完成了各项救治任务。不久后的一天,领导找到他,说学校基础部生理学教研室急需有临床经历的年轻教师从事教学及科研,特别是跟临床相关的科研工作(即现在的转化医学研究),他虽然有许多不舍,但经过短暂的思想斗争后决定服从组织的安排——从一名临床军医转为基础医学的教师!

生理学是阐述正常人体机能活动机制"道理"的学科,只有掌握生理知识理论,才能了解疾病发生发展的规律和机制(即病理生理等),为临床诊疗奠定坚实基础,它是医学人才培养中最重要的学科之一,虽然在大学和研究生期间研修过该课程,但相对于生理学教师来说,那些还只是"皮毛"。新的角色对许金廉来说是莫大的挑战,加上当时夫妻分居两地、孩子幼小、父母年迈,但工作和家庭的双重困难与压力并没有难倒他!到科室后他虚心向老教授讨教教学方法,加班加点练习掌握生理动物实验带教技术,认真书写教案,积极撰写科研标书,反复练就教学技能,常常把自己关在实验室练板书、作试讲、做预实验。功夫不负有心人,他很快掌握生理学教学科研技能,承担生理学教学的主干课程,采取的PBL式、CBL式等教学方法取得很好的教学效果,也深得同学们的欢迎。他还积极参与教研室公共事务,用他的亲和、真诚和勤奋,协助科室处理各种复杂关系,营造良好的学科氛围。不到两年后,在党支部换届选举中,他以全票获选支部书记,考虑年龄经历等因素,组织上安排他先当副书记锻炼。许金廉从小就养成了吃苦耐劳和善良好助的习惯,再加上医、教、研的经历和专业素质,使他在完成教研室教研工作之时,还担任教学助理,在生理学申报国家"211工程"重点学科、生理学课程申报学校优秀课程等重大任务中,迎难而上,积极承担,主动作为,使生理学成为全国首批"211工程"重点学科、生理学课程成为学校第一批优秀课程。他还利用课余时间精心带教指导学员进行第二课堂科研活动,所带的学员现均已成为优秀学科骨干,由于突出的成绩,他也被评为全校每届仅有两名的"第二课堂优秀指导教师"而受到学校表彰。

1998年,由于工作需要,上级领导经过考核,决定调任他为第二军医大学基础部办公室主任,从此走上医学教育管理岗位,由专业教师角色转为专业管理者的角色! 由于勤勉出色的管理能力、扎实细致的工作作风、知心热心的为人为事,2002年他被提任为基础部副主任,2003年转任学校教保处处长。

四、敢创一流　忘我奉献

第二军医大学的基础部所涉及的学科面广,与地方医科大学基础医学院不同的是,它不仅有基础医学一级学科,还涵盖生物学、预防医学和公共卫生、特种医学等七个一级学科,是大学的最重要的专业部门。"基础不牢,地动山摇。"在军医大学,基础部素有"半壁江山"之说。学校对基础部领导的配备历来十分重视,许金廉是自1992年基础部成立以来,在基础部主任岗位上任职时间最长的领导。基础学科虽然重要,但建设发展困难重重! 经过历届基础人的不懈努力,学科建设有所发展,但学校的基础学科在全军、全国同行中还不强,一段时间以来,地方各大学人才优惠政策的纷纷出台,对军校内被称为"苦行僧"基础专家教授的思想产生冲击,一些知名专家教授提出要到地方工作,一度使学校的专家队伍建设受到影响。加上当时基础部领导转业,学校急需配备一名专业素质全面、领导能力强、懂教学科研和学科建设规律的领导,经过专家民主测评、组织考核,2004年12月,学校党委决定任命时任教保处处长的许金廉兼任基础部主任(代)。他遵命上任,面对的是当年底几十个职工工资没有出处、骨干专家要求转业、行政管理混乱、教学科研质量滑坡、部分学科内部矛盾突出等难题,他深入教研室进行逐个走访调研,通过深入谈心、了解思想、倾听建议、现场办公等形式,分门别类地梳理问题,分析产生问题的根源,掌握一手资料,一方面及时向上级建议,争取支持;一方面主动作为,针对存在的问题,有针对地制定了"经费管理""学科人才建设规划""师资培养计划""学术交流""车辆管理"等多个方面的管理规定,同时紧紧依靠党委采取有力措施,对建设管理不力的学科进行调整。由于这些规定和措施"对症下药"、方法得当,加上他本人是由基础部副主任调任学校教保处的,长期与专家教授在一起,专家教授对他也很有感情,也对他作为主任领导基础部有充分信心,对他采取的措施也很给"面子",十分支持。在学校党委大力支持下,经过共同努力,他很快稳住了局面,专家教授的积极性得到充分的调动,各项工作得到有序推进。令他难忘的是,在不久后举行的"基础部党代会"选举中,他满票当选主任,这是连他自己都难以相信的结果,因为实施一系列规定和措施,毫无疑问会触动一些学科或个人的利益,会"得罪"人,但事实证明,只要出于公心公正,广大专家教授是认的! 他自己说,这次选举满票结果,对他是个鞭策,也是激发他更潜心谋划基础学科建设发展的动力!

如何在新起点上进一步发展是摆在许金廉面前的首要问题,他充分利用基础医学全国副主委的优势,先后到北京大学医学部、协和医学院、首都医科大学、湘雅医学院、中山大学医学院、上海交通大学医学院、复旦大学上海医学院、南方医科大学等国内知名学校学习取经,出访日本京都大学、美国马里兰大学、美国国立卫生研究院、美国食品药品监督管理局等十多个国外医学教育、科研、临床、行政机构调研交流,他紧紧以国家和军队战略需求为牵引、以教育教学为中心、以学科人才建设为载体,结合本校实际,提出"抓两头促中间"的学科发展思路,"有所为,有所不为",聚焦凝练,通过以重点学科、重点方向为核心,推行了以课题为纽带、联合攻关、成果共享等联合联动机制,成立和强化15个中心(所)建设,从而探索一条优势学科更强、一般学科更优、薄弱学科促进的学科建设路子;制定实施了"五个一"青年教师培养计划、"三精三优"课程建设计划、"三种人员,三种技能"培训计划、"三全"教学督导计划、"三化"教学建设计划等一系列教学科研建设促进措施,有力地推动了基础学科的快速发展。在他领导任期内,学校创造了多个第一:全军第一个WHO实验室、全校第一个基础领域全国重点实验室、全军第一个GLP实验室、全军第一个国家一级重点学科(全国仅三个),校基础医学被列入国家实施的世界一流建设学科,这也是全军第一个! 这些成绩是各级党委正确领导、广大专家教授教职员工的辛勤贡献的结果。作为在任11年基础部主任的许金廉,作出了他应有的贡献,也作出了巨大牺牲。基础部拥有22个学科教研室,各级各类人员近600人,但由于基础学科特点,各种资源相对不足,供需矛盾一直十分突出,为了把有限的资源用在刀刃上,也为了维护公信公平公正,他给自己定了"三不"约定,即:放弃自己专业,不给自己留实验室,把有限的人员、经费等用在学科建设上;不给自己招研究生,把有限的招生名额留给重点学科知名专家教授;不利用自己权力地位为自己晋职晋级评功授奖等。他是这么说的,也是这么做的,也因此得到广大专家教授的高度称赞和信任,在他调离基础部前,正逢基础部召开新一届党代会,会上他又一次以满票当选主任!俗话说"金杯银杯不如群众的口碑",许金廉正是以自己的为人、为事、为官和作为,换取专家教授、教职员工的口碑!担任训练部副部长后,分管教育训练工作,他一如既往,工作到位而不越位,积极推动"联席授课""实验中心建设""顶天立地"等教学和教学改革,获得广大师生的好评!特别是2014年9月,他作为团长,带领中国第一支军校军医代表团访问巴基斯坦,为深化双方军事医学合作作出贡献,这在当时的国际背景下具有十分重要的意义,也为中巴友谊添砖加瓦!

从一名贫苦的孩子到一名军校的学员,从一名普通的军医到一名优秀的军医,从一名优秀的军医到一名培养军医的优秀教师,从一名优秀教师到一名优秀的军队医学教育管理干部,从一名优秀的军队医学教育管理干部到一名优秀的军队医学教育领导,都与"军"和"医"结下不解之缘,许金廉用自己踏实的脚步,用自己的行动,用自己的成就,履行自己的职责,实现自己的志向,也印证他常说的一句话:人生路上踏实步,步步都算数!

退出现役后,许金廉仍保持优良的传统和作风,负责筹建上海大学医学院,继续为医学教育事业献计、献策、献力。他还热心公益,关心家乡和母校的医疗教育事业,作为在沪医学人才工作站站长和校友会理事长,继续发力、发光、发挥作用!

附　录

心印沪莆壮杏坛
——记教育管理研究员黄良汉[*]

郑邦俊

我在莆田二中的同窗学友黄良汉研究员，在探索教育科学与管理的理论与实践上取得了丰硕的成果，并为支持家乡与母校的发展作出了突出的贡献。

锐意进取　改革创新

黄良汉任上海市教委人事处长期间，在市教委主任郑令德、张伟江和分管主任张民生的领导、支持下，会同同事一起率先在全市普教系统成功推进、实施聘用合同制和中小学校长职级制的改革试点，为深化、完善中小学人事制度改革作了探索和贡献，并在全国教育人事工作会议上作经验介绍，获得国家教育部领导和与会代表的充分肯定和好评。聘用合同制的实施促进了上海中小学"优秀人才进得来、骨干队伍稳得住、不胜任人员出得去"的动态平衡机制的建立。校长职级制的实行系全国普教系统首创，打破了传统的校长"官本位"，形成符合中小学管理特点、符合校长成长规律和校长"职务能上能下、待遇能高能低、流动能进能出"的竞争激励机制。如今，这两种机制已在上海全市中小学全面实行，许多省、市慕名前来学习、取经，不少省市邀请他前去介绍经验。黄良汉的主管领导对他的改革创新意识在年度考核评鉴中给予充分的肯定："工作上锐意进取，注意抓大事、促改革，重在人事工作新机制的形成。"

黄良汉按照"海纳百川，呈现人才高地优势"的思路，多次牵头组织复旦大学等上海12所高校和普教系统招聘团，受命任团长，到北京、武汉、西安、哈尔滨和广州等地招聘教师，在上海高校和中小学中产生了人才近悦远来的"叠加效应"，为构筑上海人才高地、优化师资队伍结构作出了有益的贡献。《文汇

---

[*] 原载2018年10月15日《莆田侨乡时报》。作为本文集附录，作者于2022年4月作了修改与补充。

报》《新民晚报》等媒体都给予热情的赞扬。中央电视台、《中国教育报》和北京、武汉等所在地的媒体也纷纷报道上海这一广纳贤才的举措。

从2002年底退休起至2014年,黄良汉被聘为上海中小学幼儿教师奖励基金会副理事长兼秘书长,在理事长、原任上海市人大副主任胡正昌领导下,与同事们一起认真贯彻"积极稳妥、分散风险、依法理财、确保安全"的原则,使基金增值创历史新高,其净值由原7 000万元增至1亿元人民币,为基金会适应新局面打下良好而坚实的基础,使该会为主组织的12次上海市园丁奖、15年资助中青年教学评优活动、8年的郊区初中校长培训班及与上海教育报刊总社同办70多期《上海教师》等硕果累累,该会被各界称道为"宗旨明确、特色鲜明和社会影响广泛的基金会",上海市市长韩正特地发贺信欣祝该会20周年庆。

教育交流合作双赢

1994年10月,黄良汉受上海市人民政府教卫办主任王生洪教授委托担任上海市政府教育代表团团长和中方专家咨询委员会主任,率同济大学、上海工程技术大学汽车学院院长及上海汽车工业总公司培训部主任等6人,经多次谈判、磋商,在德国布伦瑞克市成功地与德国下萨克森州文教部长签订了长期合作的援助计划书,为同济大学、上海工程技术大学汽车学院进一步发展奠定了物质和师资基础。1996年6月,他作为上海建平中学、上海中学等8所重点名牌中学校长赴台访问团团长,组团赴台访问与教育考察,增进了沪台教育界的交流与友谊,是该市教育界赴台访问最早的团队之一,台湾媒体频频访谈与报道,也增强了宝岛民众对上海教育与上海的了解与向往。

由上海市中小学幼儿教师奖励基金会参与资助的以"共同的梦想"为主题的第八届澳门、上海、台北、香港青少年朗诵表演比赛,于2006年8月在澳门举行,黄良汉作为上海市参赛团的顾问全程出席比赛活动,对促进普通话的普及与推广,增进四地青少年和教育工作者的交流与友谊,作出了重要的贡献。

黄良汉还曾随团赴澳大利亚、美国、法国、意大利、奥地利、日本、韩国、新加坡等国和我国香港地区考察,积极推动教育发展的内外交流或境外交流。黄良汉说,他到美国、澳大利亚探亲旅行时,还特地去哈佛大学、麻省理工学院、斯坦福大学、普林斯顿大学和悉尼大学、墨尔本大学等参观,以增加对国外著名大学的感性认识。

探索践行　全为育才

　　黄良汉认真学习与探索践行古今中外教育理论的精华。如对世界著名心理学家、教育家,美国哈佛大学教授霍华德·加德纳的多元智能理论,他反复学习与深入研究,积极推进运用于当今的学校教育工作。他在不同场合对基层的校长和师生宣讲中一直倡导,认为每一个学生都有不同智能的强项与弱项,有效地进行引导和开发,都可以得到属于自己的发展;学生人人有才,人无全才,扬长避短,必定成才。他在上海市郊区初级中学校长培训班结业典礼上作总结讲话及莆田二中师生教育讲座时都特别强调,学校教学生只有几年,但要着眼于学生今后几十年的发展,为他们毕生发展打下良好的人生基础。学校教育是为了学生发展的教育,是为了学生健康的教育,是为了学生幸福的教育。校长要努力成为教育家,教育家办学要真办教育,办真教育,视教育为一辈子的事业和信念;视教育为一辈子的志向和追求;视教育为一辈子的责任和担当;视教育为一辈子的专业和奉献! 黄良汉在对莆田二中师生作教育讲座报告时,还对师恩作了阐释,他说,人们常讲"一朝聆教诲,终身铭师恩",师爱不但伟大,而且崇高,我们要常怀一颗感恩老师之心,真是至理至情之言! 他接受《湄洲日报》记者专访时强调说,莆田市港城建设不仅需要各行业的专家,还需要众多实用性技能型人才和高素质的劳动者,要鼓励支持学校全面推进素质教育,努力探索创新教育教学模式和方法,促进学生身心、学业和人格和谐发展,引导莆田学子走多方面成才的道路。

　　为办一流教育,积极倡导教育新理念,黄良汉先后在省、市和国家级刊物上发表《普通高等学校合格评估制度研究》《论加强高校教师队伍建设》《深化上海高等教育改革若干问题的思考》和《加强领导,稳步推进,深化上海普教系统用人制度改革》等论文 40 余篇。合著《高等教育为地方经济服务》《高等教育发展战略研究》《深化改革优化机制——上海市中小学内部管理体制改革的探索》《高等教育为地方经济服务途径和对策研究》等,并参加编著出版《师风、师德、师魂》《师典》《教师人文应用全书》,主编《以人为本　转变观念　构建现代教育人事制度——上海教育人事管理改革的实践与探索》《改革　创新　发展——上海教育人才人事工作实践与探索》等,特地赠给母校。黄良汉为促进建设一流教育出谋献策,合作研究成果《上海教育发展战略研究》《高等教育为地方经济服务的途径和对策》(第二作者)分别获上海市科技进步一等奖和三等奖,为制定上海教育事业十年规划和"八五"计划提供了重要依据。

心系乡亲　挚爱母校

黄良汉退休后又担任多个社会职务,虽然没领过工资,但从不挂空名,而是尽心尽责。他说:"人生征途千万里,难忘故乡山水情。""对家乡、在沪乡亲和母校托办的事情,理应是滴水之恩,当涌泉相报。"只要是力所能及的,他都认真牵线搭桥,热心服务。

如莆田高专申办本科成立莆田学院的咨询与师资引进,在莆高专林文扬书记申办莆田学院坚定决心与执着精神的感召下,黄良汉曾组织以上海理工大学校长为牵头人、由上海交通大学等六校人事处处长组成的上海高校考察团,专题对莆田学院的筹建工作提出咨询意见与建议。之后,还抽派几位上海教授来莆田学院任教和带教青年教师,莆田学院正式挂牌成立时,上海一些著名大学校长发来贺信、贺词。他还邀请复旦大学王生洪校长到莆田学院考察并指导;他接待莆田高专、莆田学院党、政领导多次到上海高校学习考察等;此后,莆田学院举行重大教研与节庆活动,他是每请必来,且事先作好准备,建言献策。

2011年该校十年庆,他应邀作"祝愿莆田学院进一步凝练办学特色和优势,为建设现代化莆田新港城作出更大贡献"报告,详尽介绍上海高教新成就、新思路与新举措,提出切实又有前瞻性的好建议。他建议莆田学院应成立妈祖文化研究中心,筹建青年教师工程基金,用于选拔、培养与资助优秀青年教师,提升莆田学院的发展后劲;进一步打造学校的特色与风格,成为与莆田历史上作为"文献名邦"相称、与现代化港城匹配的一所优质大学。他特地邀请上海市第六人民医院副院长、著名骨科专家曾炳芳校友作学术报告。陪同年已85岁的上海三维建设咨询公司董事长谢敬通乡亲考察莆田学院,他俩同为该学院董事会顾问,共同商讨捐资培养青年教师问题。会后又先后陪同谢老参观莆田二中、哲理中学,并和我们学友相会,资助《联谊园》出版两期彩印特刊,采写谢、曾两人传记及报告,深受读者欢迎!

他作为莆田市开发湄洲湾协会上海委员会副会长,还常常参加接待莆田市领导到上海的一些学习考察活动,热心支持莆田经济、社会事业发展等有益家乡的工作,真是不辞辛劳,竭尽所能。先后接待多批莆田教育界领导率团去上海考察教育,进行参观访问;为莆田市科委邀请在沪莆田籍院士、专家到莆田参加会议作传经送宝。他作为上海市莆田商会的顾问,常为商会的工作出谋划策,提出合理化建议。2014年,他应邀在年会上对上海市莆田商会当年的工作进行点评时,充分肯定商会发挥七大服务功能及呈现的三大工作亮点,期望商会在"服务、创新、合力、共赢"的路上越走越精彩,得到与会400多位领导、专家和会员单位的首肯与赞誉。同年,他受上海市莆田商会会长的委托,与有关领导一起出席莆田市庆祝第30个教师节,向由上海市莆田商会捐资评出的"莆田教坛之星"优秀教师颁奖。他牵线搭桥,促成上海市莆田商会捐资60万元在莆田二中、哲理中学设立奖教奖学基金。2014年春,他力促在沪爱乡老党员谢敬通捐资500万元喜设莆田市"美德青少年敬通奖",且全程陪同已颁发六届!他还为谢老传记的出版奔忙。由涂石主编、他任副主编的《百年追梦——谢敬通的奋斗人生》已由上海大学出版社出版。经他牵线搭桥,又由他全程陪同,2016年春、夏,上海莆田两地中小学校长专题交流座谈会在莆田市召开,两地校长结成对子;同年夏,他热情接待莆田市张丽冰副市长率团考察上海教育,也取得丰硕成果!

  他作为莆田二中上海校友会理事长,先后为母校与上海名校结成姐妹校,引设黄日昌奖/助学金至今已颁发十一届,常忙里偷闲赶回,向师生作教育讲座,邀请专家作励志报告,并赠送一些有参考价值的教育图书。母校校庆等重大活动,他总是招之而来!母校136周年校庆暨奖教奖学金颁奖大会,上海市莆田商会朱金标秘书长和他莅会,他在应邀讲话中以习近平总书记强调教师队伍建设特别重要的指示,高度赞扬该会捐款先行奖励教师的明智义举!2016年5月,他精心筹划联络,陪同上海34位优秀中小学校长访问母校。对家乡其他学校有所求的,他也尽心竭力!他引荐和接待莆田市名师工作室的优秀教师到上海名校学习取经,全程接待莆田一中、莆田五中领导为新校园设计到已建成的上海现代化寄宿制高中进行实地参观与学习考察,吸取上海名校校园建设的长处与优点。经他牵线搭桥,2017年有12所莆田市一级达标高中校长到上海6所名校跟班学习办学经验一个月,有莆田一中、二中等10校创客教育负责人到华东师大二附中、七宝中学等校,学习创建学生科创实验室的做法与经验,助推莆田深化教育改革与创新。他还建言献策,在莆田市教育局主编的《取法于上——上海市中学跟岗日记》一书上发表《为了莆田教育更美好的明天——关于莆田市借鉴学习上海中小学改革的思考与建议》。他对母校老师恭敬有加!前年为出版他初中班主任林文泉老师从教60周年纪念册《九华丹枫》，攀枝花市政协主席刘庆华校友一倡议，他立即响应，带头捐资并题词，撰写有分量的纪念文章，还专程回莆参加首发式，纪念林师的本次活动，《海峡都市报》《湄洲日报》专门报道，在全市乃至全省引起轰动！他人在上海，积极倡导组织56届初中/59届高中学友联谊会，因他和翁云飞会长及骨干学友辛勤而出色的工作，联谊会历二三十年而不辍，参会的人数之多、活动内容之丰富、影响之深广，是母校甚至莆田之仅有！参加本会老同学在莆田组织的联谊会，他是在外学友回莆田与会最多，对《联谊园》赞助最多和写稿、投稿最多的学友之一。本会出版高中毕业50周年纪念册《映雪春晖夕照明》，在最关键时刻，他一接到电话就给予大力支持，并及时请好友著名企业家范锦鸿先生全额赞助出版经费。他经常出差祖国各地，总是主动约请在各地的学友校友见面，或登门拜访，一起促膝谈心，合影留念，介绍母校和59届联谊会盛况，代表校友会邀请他们回莆田欢聚，堪为本会最积极、最出色的联络员！

从华东师大数学系59级—64届校友联谊会编撰的《走过半个世纪》纪念册中看到，校友联谊会的另一位召集人说，黄良汉同学几十年来一直同他一起为校友活动出力效劳，他多年小病大病不断，经常力不从心，黄良汉积极努力地挑起了召集人和指挥者的担子。很多参观、观光的单位和交通事务，都是黄良汉联系落实的，很多活动安排和事务工作都是黄良汉团结志愿者们一起干的。所以他特别感激感谢黄良汉同学的无私付出，同学们也都对黄良汉同学在校友活动中的贡献给予高度评价！

黄良汉具有男高音歌喉，还是上海市教卫机关老干部合唱团的副团长。他和中学、大学的学友聚会时，常常应邀欢歌，他的美声唱法，高亢嘹亮，声情并茂，格外亲切和温馨！他欢唱大家熟悉的老歌，将大家带回那壮丽的青春岁月！大家都说，他是同学中年纪最轻的、更是同学中心态最年轻的一位！

最后，我用上海市和莆田市的两位市、省重点中学校长对黄良汉的赞誉作为本文的结束语。上海市的赵校长说："黄老，您是德高望重的老领导，谢谢您对我的关心与肯定，我只是用心办学而已！您在市教委是培养校长的专家，是培养校长的领导，您对教育家办学的内涵说得透彻、实在，对我继续努力办最好的学校是很大的鼓舞！"莆田市的施校长写"嵌名藏头诗"说："黄云万里动风色，良言千语劝学德，汉界楚河越申荔，一片丹心铸高格。"他还说："黄老在莆田施福、布道、联谊、济困……好事、善事，事事圆满，乡谊、友谊，谊谊完美；识黄老者，有口皆碑。希望黄老多回家看看，青春不老，初心永恒！"